持続可能社会を築く
中小企業経営

環境・歴史・文化・地域との
共生を目指して

森下　正・竜　浩一　著

八千代出版

はじめに

　今日の中小企業研究では、地方自治体や中小企業支援機関などの後押しも
ある中で、地域と中小企業の関係性、地域産業の担い手の主体、日本経済を
牽引する中小企業という観点が前提の下、様々な分野の活動が取り上げられ
ている。中にはかつての自動車産業の構造やその再評価、あるいは中小企業
政策の再評価・成果確認など、中小企業に関する歴史研究も充実してきてお
り、研究分野における発展は目覚ましい。

　実際の中小企業の動きをみても、地域経済やコミュニティの維持、持続を
意識した活動に邁進する企業など、社会課題の解決や事業における利潤追求
以外の要素を重視する企業も増加傾向にある。社会全体でみれば SDGs や
ESG 経営など、様々な文言で、企業組織の新しい方向性を模索する動きは、
大手グローバル企業を中心に 1990 年頃から過去 30 年以上継続して行われて
きた。そうした企業組織としての深化が、中小企業においても重要性を増し
ている。

　また、機械・科学技術革新は目覚ましく、戦後復興期やバブル経済崩壊期
などと比較しても新規創業、新規事業導入のチャンスは拡大している。当然、
これら技術の発展は国際市場の拡大も伴い、企業にとって競争の激化と優位
性の確立を難化させている。総じて、努力を惜しまず市場のニーズ確保を意
識することの意義は間違いなく増しているだろう。

　一方で、日本経済の状況と中小企業を取り巻く環境に目を向けると、旧来
より通念であった中小企業の抱える本質的な経営の困難さ、先行きの不透明
さなどが完全に解消されたとは言い難い。規模の小さい、小規模零細企業に
おける資本の不足は現在も事業活動を制限し、人口の減少とも重なって大企
業に様々な人材を取られ、人的資源不足の解消が喫緊の課題となっている。
同時並行で IT・DX 化を通じた、企業組織としての革新や産業内の構造転換
が日夜発生し、これまた意識せねばならない経営の進化として経営者の肩に
重くのしかかっている。足元の経営力、経営基盤をいかに確保・安定化させ

た上で、上述した社会的な要求も果たしていく必要がある。今日の中小企業に求められる要求は、我々一人ひとりへの社会的要求と同じく高い水準となっている。

　本書は、こうした中小企業の現状と、変化してきた社会・経済環境を再度精査し、現代から先を見据えた中小企業のあり方・役割に対して言及していく。特に、中小企業を学ぶ学生のみならず、企業経営者や中小企業支援者に対しても、アイディアの一助となりうるよう事例や具体的手法、考え方に主眼を置いた執筆が行われた。なお各章の執筆者は、以下の通りとなる。

　明治大学　森下　正　専任教授
　　第1章、第3章、第4章、第8章、第9章
　阪南大学　竜　浩一　専任准教授
　　第2章、第5章、第6章、第7章

　第1章では、中小企業を取り巻く現在の日本経済・社会の概況を述べた。特に人口減少問題に触れつつ、地域社会の構造変化、外国人の増加に伴う社会保障への影響と変化における人の問題に言及している。また、地球環境変化やデジタル技術の進捗も触れている。

　第2章では、中小企業の歴史的な立ち位置や特性を再確認しつつ、変化してきた今日における中小企業像の定義に挑戦した。中小企業が本質的に持つ変化しない強みや特性を振り返りつつ、現代の地域や持続可能社会と共生する上で、必要な考え方の記述を意識した。

　第3章では、地域の枠組み以外の社会パラダイム変化、新規中小企業のあり方を踏まえた、具体的な示唆と方法論の提示を行った。地域機能を取り戻すための取組や、人間関係に重きを置いた国際化、ネットワーク構築など、幅広い社会通念の変化に対する中小企業の取組を述べている。

　第4章では、中小企業の目指すべき持続可能な経営を達成しつつある企業群として、長寿企業の存在と特性に着目した。日本は長寿企業・老舗企業が国際的にも多数存在する国であり、そうした長寿企業の中には中小企業の存

在も少なくない。それらの企業が保有する経営特質や、自社の理念・特性を従業員へ伝えていく仕組みの強さを見出した。

第5章では、新規事業創造の理論に立ち返りつつ、今日の社会に合わせた様々な新規創業に必要な要素、源泉が何かを模索した。理論的な記述や定義、解説も多いが、様々な中小企業を取り巻く環境ごとの新規創業とその方向性を提示した。

第6章では、競争優位理論の内容を確認しつつ、生産から流通・物流面というモノの流れとそれに対応する中小企業の戦略に着目した。理論の進展に伴う現場作業や仕組みの変化を考慮しつつ、サプライチェーンを通じた優位性をどのように中小企業が構築すべきかの方向性を示唆した。

第7章では、グローバルという枠組みも踏まえて、再度、地域経済・社会のあり方と中小企業の立ち位置を模索した。各地域を支える中小企業の実態と役割をみつつ、地方発のグローバル企業という今日の中小企業に求められる成長の方向性にも言及した。

第8章では、AI/IoT化の進展と手仕事、伝統的な技術の関係性を詳述しつつ、いわゆる産業用ロボットの役割と可能性を模索している。省力化の必要性は高まりつつあるが、技術的に自動化の難しい分野やノウハウをどのように達成していくか、その障壁の乗り越え方を示唆した。

第9章では、総括としてSDGs、グローバル化、地球環境、地域文化と各要素を踏まえた中小企業の立ち回り方を再確認した。その上で、まとめとなる基本的マネジメント力を定義し、中小企業が押さえるべき地域、従業員、顧客との関係性に言及している。

本書はこのように、地域と社会環境という大枠を用意しつつ、中小企業の現代における役割と方向性に言及した書籍となった。一部、既存研究の確認で留まった記述もあるが、今後の研究課題としたい。

2024年12月吉日

阪南大学経営学部　専任准教授　竜　浩一

目　　次

はじめに　i

第1章　中小企業と地域の持続可能性に対する不都合な現実　　1

第1節　国内問題から国際問題へ拡大する少子高齢化と人口減少　1

第2節　消滅する地域の都市機能と中小企業　5

第3節　拡大する外国人労働者の役割と社会保障制度の課題　9

第4節　価値観の変化による人材採用の壁　18

第5節　地球環境と社会環境の悪化による持続的経済発展の限界　22

第6節　デジタル技術による企業経営へのインパクト　25

第2章　日本経済における中小企業の根源的機能と役割　　31

第1節　戦後高度経済成長を支えた中小企業の実態　32

第2節　バブル経済崩壊後の中小企業の動向　37

第3節　リーマンショック期以降の中小企業の発展　39

第4節　時代を超えて変わらぬ中小企業の機能と役割　42

第5節　持続可能社会に求められる中小企業の新たな機能と役割　44

第3章　新しいパラダイムと中小企業のあり方　　57

第1節　新しいパラダイムで生き抜くための方法論　57

第2節　求められる地域の都市機能の回復と社会的事業の創造　68

第3節　地域内外での多様なヒューマンネットワークの形成　71

第4節　中小企業にしかできない人材の採用・育成・登用　73

第5節　地域の持続的な経済発展に資する中小企業と組合　77

第6節　小回り性と機動性の発揮による多角化（分社化）　80

第4章　長寿中小企業に学ぶ革新的経営思考と手法　　87

第1節　100年企業の国際比較と日本の特異性　87

第2節　長寿企業の経営理念の源泉　89

第3節　老舗企業が有する経営特質　93

第4節　環境変化適応力と新事業開発　101

第5節　マーケティング活動とブランド展開の極意　104

第6節　揺るぎない信用・信頼のネットワーク構築力　105

第5章　産業構造の変革を促す新事業創造への期待と可能性　　109

第1節　既存産業の変革を促す事業創造の源泉の獲得　　113

第2節　既存産業を変革させる新事業創造の形態　　118

第3節　新規創業に資する事業創造の源泉の獲得　　122

第4節　環境問題対応型産業への転換に資する事業創造　　124

第5節　先端テクノロジーを駆使したイノベーション型新事業創造　　129

第6節　社会課題解決につながる企業家への期待　　132

第6章　競争優位をもたらす生産・物流・流通構造の改革　　137

第1節　5S・TQC・6Σ の思想と手法の普及とその困難性　　140

第2節　TPS（リーン）方式の製造業から流通・物流業への拡大　　146

第3節　動脈物流から静脈物流への拡張による循環型社会への発展　　150

第4節　競争優位の具現化につながるグローバル・サプライチェーンの活用　　153

第7章　グローバルとローカルとの狭間で生きる地域の中小企業　　161

第1節　東京の世界都市化と地方の地域機能崩壊の実態　　161

第2節　地方経済を支える中小企業の特徴と課題　　164

第3節　中小企業による地域機能の維持・再生の可能性　　169

第4節　地方発グローバル企業誕生への期待　　176

第5節　地域の課題解決型中小企業と連携組織の展開　　178

第8章　AI/IoT 化と匠の技の対立と融合　　185

第1節　少子高齢化で消えゆく手仕事による匠の技　　185

第2節　世界有数のロボット生産国日本の中小企業の課題　　189

第3節　AI/IoT 化の可能性と限界　　192

第4節　消費者と生産者の多様性維持に資する熟練の担い手　　193

第9章　21 世紀の新しい中小企業らしさを目指して　　197

第1節　SDGs に基づく社会的責任の担い手としての中小企業　　197

第2節　グローバル化への対応力強化　　198

第3節　地球環境問題への対策と環境重視経営は必須　　201

第4節　地域の文化と伝統に基づく経営の実践　　204

第5節　基本的マネジメント力としての地域・従業員・顧客重視　　206

おわりに：謝辞　　211

索　　引　　212

第 1 章

中小企業と地域の持続可能性に対する不都合な現実

第 1 節　国内問題から国際問題へ拡大する少子高齢化と人口減少

　日本が少子高齢化と人口減少に陥っていることを改めて振り返ると、国勢調査基準で2010年の1億2806万人をピークに減少し始め、2030年には1億1913万人、2055年には1億人を割り9744万人、2065年には8808万人となり、1955年水準の8928万人近くにまで減少する（図表1-1参照）。

　年齢3区分別人口の推移をみていくと（図表1-1参照）、年少人口は1955年の2980万人でピークに達し、一旦減少傾向に陥るが1970年の2482万人をボトムに再び増加に転じ、1980年には2751万人にまで回復した。しかし、その後、一貫して減少傾向に陥り2000年には2000万人を割り1847万人、2021年には1490万人、2060年には1000万人を割り951万人、2065年には898万人になる。今後も現状の低出生率が続く限り、少子化傾向は収まらない。

　また、生産年齢人口は1995年の8717万人をピークに減少し始め、2015年には8000万人を割り7728万人となり、以降一貫して減少し続け、2060年には5000万人も割り込み4793万人となり、2065年には1995年の約半分の4529万人にまで減少する。

　一方、高齢者人口は、1884年以降、一貫して増加し続け、2000年には2000万人を突破し2201万人となり、2015年には3387万人、そして2040年の3921万人でピークを迎え、以降減少傾向に陥り、2065年には3381万人となる。

　なお年齢3区分別人口の割合は、年少人口が1940年の36.7％、生産年齢人口が1990年の69.5％がピークであったが、2065年には人口の10.2％が年少人口、51.4％が生産年齢人口で過去最低となる一方で、高齢者人口は

図表 1-1 年齢 3 区分別人口の推移（1884～2065 年）

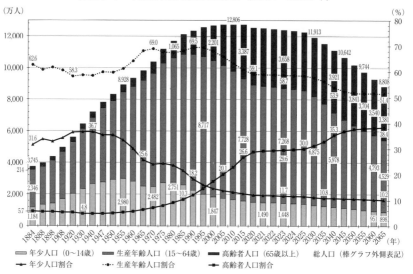

出典：国立社会保障・人口問題研究所『人口統計資料集（2022）』（https://www.ipss.go.jp/syoushika/tohkei/Data/Popular2022/T02-05.xls、およびhttps://www.ipss.go.jp/syoushika/tohkei/Data/Popular2022/T02-07.xls、2022年5月15日所収）より作成。

38.4％で過去最高となる。

　このように少子高齢化と人口減少に歯止めがかからないと予想される中で、これまでも日本の中小企業は長年、人材確保に悩まされ、人材不足の課題を抱えてきた。従業者規模別大卒予定者求人数・就職希望者数の推移からも、大企業と中小企業との格差は大きいことがわかる（図表 1-2 参照）。

　ちなみに、300人以上の大企業の場合は2016年卒と2017年卒を除き、求人数が就職希望者数を常に下回り、有効求人倍率も1未満である。特に2011年卒の求人数と就職希望者数との乖離が最大で、有効求人倍率は0.7倍であった。しかし、299人以下の中小企業の場合は常に求人数が就職希望者数を大きく上回り、有効求人倍率は2013年卒と2014年卒の3.3倍を最低に、2019年卒は9.9倍と過去最高となった。また、2021年卒は前年の8.6倍から3.4倍へと急激に低下した。これは新型コロナウイルス感染症による景気後退の影響を受け、前年より求人数が大幅に減少したことによる。とはいえ、

図表1-2 従業者規模別大卒予定者求人数・就職希望者数の推移

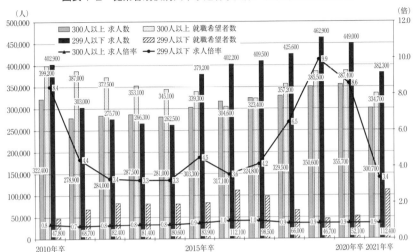

注：求人倍率＝求人数／就職希望者数。
資料：リクルートワークス研究所「ワークス大卒求人倍率調査」。
出典：中小企業庁『2021年版 中小企業白書』日経印刷、Ⅰ-53頁（https://www.chusho.meti.go.jp/pamflet/hakusyo/2021/chusho/excel/b1_1_59.xlsx、およびhttps://www.chusho.meti.go.jp/pamflet/hakusyo/2021/chusho/excel/b1_1_60.xlsx、2022年5月16日所収）。

2021年卒は2015年卒よりも高い求人数を維持していることから、有効求人倍率の急激な低下は就職希望者数が前年の2倍を超えていたことの影響が大きい。

このように大企業の有効求人倍率は常時1倍未満で推移している一方で、中小企業の有効求人倍率は上下の変動があるものの、常に3〜9倍の高水準で推移している。したがって、中小企業の場合、様々な経営環境変化があっても、人材の採用難が続いてきた長年の経緯を鑑みると、今後も求人難の傾向に大きな変化はないものと思われる。

人材の採用難が続く中小企業は、人材不足に対応するために、外国人労働力（技能実習、技術・人文知識・国際業務、技能・特定技能など）の活用、中途採用への注力、自動化やIT投資、業務の効率化に資する改善活動などに取り組んできた。中でも、抜本的な人材不足に対して外国人労働力の獲得が最も期

第1章 中小企業と地域の持続可能性に対する不都合な現実　**3**

待されてきたが、この外国人労働力への依存にも陰りがみえ始めてきた。つまり、日本へ労働力を供給してきた主要諸国も、少子高齢化に伴い、人口減少と生産年齢人口の減少に陥る可能性が高まってきている。

厚生労働省『「外国人雇用状況」の届出状況まとめ（令和4年10月末現在）』による出身国別外国人労働者数の推移をみると（図表1-3参照）、2020年と2021年は新型コロナウイルス感染症の影響に伴う経済活動の停滞により外国人労働者数が対前年で減少している出身国が多い。しかし、感染症に対する規制が緩和され始めた2022年は、ほとんどの国からの労働者数が増加しているにもかかわらず、中国と韓国は減少傾向が続いている。両国は、いずれも急激に少子高齢化が進行中で、すでに自国の生産年齢人口は減少傾向に

図表1-3　出身国別外国人労働者数の推移

出身国	2018年		2019年		2020年		2021年		2022年	
	実数（人）	対前年増加率（%）	実数（人）	対前年増加率（%）	実数（人）	対前年増加率（%）	実数（人）	対前年増加率（%）	実数（人）	対前年増加率（%）
外国人労働者総数	1,460,463	14.2	1,658,804	13.6	1,724,328	4.0	1,727,221	0.2	1,822,725	5.5
中国（香港、マカオを含む）	389,117	4.5	418,327	7.5	419,431	0.3	397,084	−5.3	385,848	−2.8
韓国	62,516	11.8	69,191	10.7	68,897	−0.4	67,638	−1.8	67,335	−0.4
ペルー	28,686	3.6	29,554	3.0	29,054	−1.7	31,381	8.0	31,263	−0.4
ブラジル	127,392	8.6	135,455	6.3	131,112	−3.2	134,977	2.9	135,167	0.1
ベトナム	316,840	31.9	401,326	26.7	443,998	10.6	453,344	2.1	462,384	2.0
G7等	77,505	5.3	81,003	4.5	80,414	−0.7	78,621	−2.2	81,175	3.2
うちアメリカ	32,976	4.5	34,454	4.5	33,697	−2.2	33,141	−1.6	34,178	3.1
うちイギリス	12,236	4.3	12,352	0.9	12,330	−0.2	11,917	−3.3	12,470	4.6
フィリピン	164,006	11.7	179,685	9.6	184,750	2.8	191,083	3.4	206,050	7.8
ネパール	81,562	18.0	91,770	12.5	99,628	8.6	98,260	−1.4	118,196	20.3
ミャンマー	21,611	30.5	27,798	28.6	31,410	13.0	34,501	9.8	47,498	37.7
インドネシア	41,586	21.7	51,337	23.4	53,395	4.0	52,810	−1.1	77,889	47.5
その他	149,642	19.8	173,358	15.8	182,239	5.1	187,522	2.9	209,920	11.9

注1：各年10月末現在。
注2：G7等とは、フランス、アメリカ、イギリス、ドイツ、イタリア、カナダ、オーストラリア、ニュージーランド、ロシアをいう。
注3：灰色網かけは増加率がマイナスの箇所。
資料：厚生労働省『「外国人雇用状況」の届出状況まとめ（令和4年10月末現在）』（https://www.mhlw.go.jp/content/11655000/001044545.xlsx、2023年5月2日所収）より作成。

あり、今後、人口減少に陥ることも予想されている。また、2022年時点で外国人労働者数が対前年で増加している諸国も、2030年頃を境に、それ以降は少子高齢化が進み、人口減少に先立って生産年齢人口の減少が始まる見込みである[1]。

　加えて、外国人労働者の供給国では、依然として日本との間で所得格差があるとはいえ、今後、自国の経済発展に伴う所得水準の向上が見込めることから、日本で就労することの魅力の低下が進むことも予想できる。

　したがって、少子高齢化と人口減少は、単純な国内問題ではなく、周辺諸国を中心とした生産年齢人口の不足という国際問題にもつながることから、日本の中小企業は、国内の生産年齢人口の減少分を外国人労働力に依存したビジネスモデルでは、今後の安定的な企業成長と発展は見込めなくなる可能性がある。

第2節　消滅する地域の都市機能と中小企業

　グローバルな経済活動は、地域の中小企業や経済にとって決してプラスの影響だけを及ぼしているのではなく、逆に大都市圏への人口流入、事業所、収益、資産などの一極集中を加速させる。と同時に、大都市圏を除く地方の地域では、都市機能を空洞化、あるいは崩壊させてしまう場合もある。

　ここでいう都市機能とは「職・住・楽・教」の4つからなる。まず「職」は、地域の中小企業をはじめとする事業所や地域産業によって創出される雇用のことで、地域住民にとっては生活の糧を稼ぎ出す場である。「住」は、衣食住のみではなく、道路交通・上下水道・電気ガスなどのインフラ整備や住民福祉の向上につながる事業が含まれる。「楽」は、スポーツや芸術のみではなく、会話や飲食を楽しむ場といった地域住民が集える機能のことで、地域の祭りや伝統行事なども含む。最後に「教」は、小中学校や高校、大学といった教育機関に加え、博物館・美術館・公民館など学習機会を提供する機能のことで、自治体や地域の企業による職業訓練校も含む。今日、この4つの地域機能を維持・発展させる役割の担い手として、地域の中小企業に対す

第1章　中小企業と地域の持続可能性に対する不都合な現実　**5**

る期待が高まっている。中でも、「職」を担う地域の中小企業の魅力を向上させることが必要不可欠である[2]。

　というのも、「職」の担い手である地域の産業が衰退、消滅することは、他の3つの都市機能の機能不全を招き、地域経済・社会の衰退要因となるからである。特に、「職」の都市機能は、日本を含む先進諸国のみならず、新興工業諸国においても、大企業や中小企業をはじめとする事業所が集中・集積立地している地域で顕著にみられる機能である[3]。

　また、「職」の都市機能が集中・集積立地している地域は、一定の集積の経済を有している。この集積の経済とは、地理的空間に直接的な生産者（企業、工場、商店）、労働プール、金融資本（銀行・信用金庫・信用組合、ベンチャー・キャピタルやエンジェル）、情報（教育・研究機関、情報通信ネットワーク）など、物的・社会的インフラストラクチュアが集中・集積していることによって生み出されるものである。つまり、そのように物的・社会的インフラが密集、集中し、より高度に発達している地域では、あまり集中・集積していない地域よりも、生産コストの削減をはじめとする多様な経済的メリットを、立地している企業などは享受することができる[4]。

　しかも、この集積の経済は、他の地域からの企業や人材の移転を促進する「吸引力」も発揮するために、さらに物的・社会的インフラが拡大成長を遂げることができる[5]。

　ちなみに、集積の経済が中小企業経営に与える多様な経済的メリットの要素として、主に次の6つがある[6]。

① 柔軟な企業間分業を高度に専門化させている域内経済
② 特定産業の技術を確保する際のコストを削減できる外部経済
③ イノベーションに係わる情報の伝搬・確保が容易な人的交流
④ 特定産業に必要な公共サービスのスケールメリット
⑤ 域内における厳しい競争による技術・技能の向上
⑥ 産業の苗床機能

しかし、この集積の経済は、永久不変のものではなく、地域の都市機能である「職」が経済的・社会的・技術的な要因によって衰退、あるいは消滅する事態が発生することは、歴史が経験的に教えてくれる。現に日本では、かつて産炭地域や鉱山地域、鉄鋼業や造船業といった産業によって成立していた企業城下町などで経験してきたことである。例えば、石炭から石油へのエネルギー革命、産業構造の変化、国際的な競争激化などにより、「職」の都市機能を既存産業から新産業へと構造転換を果たせなかった地域もあった。こうした地域の中には、他の3つの都市機能も同時に大幅に縮小、あるいは完全に消滅してしまった地域もある[7]。

　このように、地域の都市機能である「職」を衰退、消滅させてしまう主な要因として、以下の5つがある[8]。

①　市場の変化
②　生産・技術・流通の変化
③　原材料の枯渇と新素材の登場
④　人口減少と労働力不足
⑤　流通体制（サプライチェーン）の変化

　まず市場の変化とは、高度経済成長を通じて実現された個人所得の向上による大衆消費市場の急激な拡大と一般化、ならびに消費者の生活様式や価値観の変化のことである。この変化に対し、新しい技術やビジネスモデルによる既存の商品やサービスを代替できる品質、機能、デザイン、システムなどで優れた市場性のある新商品やサービスの登場に対応できなかった場合のことである[9]。

　第2に生産・技術・流通の変化とは、従来、手作業を中心とした優れた技術とその技術に熟練した労働者を育成し、さらに工程を細分化する分業体制によって労働生産性を高めていたビジネスモデルが技術革新を通じて変化することである。具体的には、手作業から機械化・自動化、情報化・システム化された生産、流通への転換である。結果的に、生産・流通技術の革新に対

第1章　中小企業と地域の持続可能性に対する不都合な現実　**7**

応できなかった中小企業は、低迷、衰退を余儀なくされた。しかし、実際は伝統的な手作業による方式と機械化・自動化、情報化・システム化された方式の双方が残っている(10)。

　第3に原材料の枯渇と新素材の登場は、地元原材料に加え、海外からの輸入原材料を使用し、製品を製造・販売する既存のビジネスモデルの変革を促してきた。ちなみに、天然原材料は年に一度しか収穫できない場合があり、季節的な価格変動に応じて多くの在庫を持たなければならない。さらに、気候条件によって素材の品質も異なる。つまり、天然原材料を使う製品は、生産の安定性と品質の均一性の確保が難しい。そこで、石油・化学工業の技術進歩により、プラスチック、化学繊維などの新素材が登場した。原材料の工業品への転換は、品質が均一の製品を大量かつ、安定的に生産することを可能とした。原料革命は、天然資源の存在によって成立した産地にとっては死活問題であり、新産業に市場を奪われて、衰退した既存の産地もある(11)。

　第4に人口減少と労働力不足は、中小企業にとって日本の少子高齢化による生産年齢人口の減少以前から続く、深刻な課題である。特に、若年労働力が減少する中でも、大企業は労働力を地方から大都市へ吸引することで、若年労働力は地元を離れて地方から流出した。社会全体で高学歴化した現在、若年労働力が認知度の高い大企業や産業分野に集中してしまう。しかし、若年労働力にとって認知度の低い中小企業や産業分野では労働力不足が続いている。これに加え、より重大な課題は、地域産業を支えていた職業倫理の崩壊である。まず、若年労働力不足に対する主婦や高齢者の雇用拡大に伴い、企業体質の硬化、進取の気風の不足など、意識面での立ち遅れが生じた。また、若い頃から職場の雰囲気に馴染んで、技術を学びながら情報を収集・分析しつつ、常に情熱を持って職務に取り組むことで、新しい経済環境に適応する能力を持つ若者も喪失した。結果的に、中小企業では新卒採用もままならないために、中小企業を牽引する若手リーダーの不足が顕著となった。また、技術を指導できることに加え、時代の変化を感知し、新産業を構築していくなど、経営方式を改善するという多面的、複合的な能力を持つ指導者も不足している(12)。

8

最後に流通体制（サプライチェーン）の変化は、一般的に「生産者→産地問屋→消費地問屋→小売業者→消費者」から「生産者→産地問屋→小売業者→消費者」、あるいは「生産者→小売業者→消費者」という単純な流通経路の短縮のことだけではない。こうした変化の前は、国内外を問わず各地で生産された商品は、輸送上の制約から生産者による広範囲の分散的な販売が困難であった。そこで、卸売業者が個々の生産者から商品を買い集め、販路拡大を行い、地域を越えた大規模な市場で商品を販売する流通機能を担った。しかし、情報収集と商品企画力を重視し、より広い市場で薄利多売により資本回転率を増加させ、かつ合理的精神に基づき原価計算を徹底的に行い、生産者と密接な関係を築く卸売業者が登場してきた。この卸売業者の成長発展は、従来の複雑な流通ルートを効率化し、既存の問屋制度を根本的に変容させた。一方、小売業者自らが、個々の生産者から直接商品を買い集め、販路拡大を行い、地域を越えた広範囲の大規模な市場で商品を販売する流通機能を担い、広域的にチェーン展開をするようになった。要するに、生産者から直接仕入れて消費者に直接販売する流通によって、従来と比べ、商品をより高く仕入れ消費者により安く販売できるチェーンストアが台頭するようになった。その結果、取扱商品で競合する地域の中小小売業の多くが衰退、消滅したのである[13]。

　以上のように「職」という地域の都市機能が衰退、消滅すると、生活の糧を失った住民は地域を離れるようになり、人口減少に歯止めがかからなくなってしまう。その結果、他の「住・楽・教」機能の維持も困難となり、暫時縮小過程を経て、荒廃、消滅する事態に至ってしまうのである。

第3節　拡大する外国人労働者の役割と社会保障制度の課題

（1）　増加する外国人労働者とその役割

　日本では移民政策は行われていないにもかかわらず、日本に在留する外国人の人口は増え続けている。1985年以降の在留外国人の人口の推移をみていくと、一貫して増加している（図表1-4参照）。1985年の85万612人から1990

図表1-4 在留外国人人口の推移

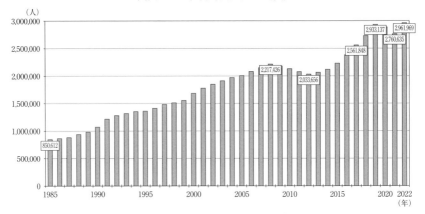

注1:「外国人登録令」「外国人登録法」に基づき登録された各年12月末日現在外国人数。
注2:2022年のみ6月末日現在外国人数。
資料:総務省統計局『日本の長期統計系列〜国籍別、在留資格(永住・非永住)別外国人登録者数(1985〜2009年)〜』および法務省出入国在留管理庁『在留外国人統計(旧登録外国人統計)』2010〜2022年より作成。

年には100万人、2005年には200万人を突破し、2008年に221万7426人に達した後、リーマンショックの影響もあって一旦減少傾向に陥る。しかし、2012年の203万3656人を境に再び増加傾向となり、2019年には293万3137人となった。新型コロナウイルス感染症の影響でこの翌年から再び減少傾向となるが、日本を除く諸外国での感染防止対策の解除、および日本国内での緊急事態宣言の発令などもなかったことから、2022年には過去最高の296万1969人となった。同年の日本の総人口は総務省「住民基本台帳に基づく人口」によれば1億2592万7902人であったことから、在留外国人の総人口に占める割合は2.35%となり、茨城県の289万377人、広島県の278万8687人に相当する人口規模に達している。

　一貫して増加してきた在留外国人は、多様な諸国や地域から来日し、在留資格を得て、日本国内で居住している。そこで、厚生労働省『「外国人雇用状況」の届出状況まとめ(令和4年10月末現在)』にある在留資格別外国人労働者数の推移をみていくと(図表1-5参照)、まず総数は在留外国人の人口の推移とは異なり、新型コロナウイルス感染症による影響で対前年増加率は低下した

図表 1-5　在留資格別外国人労働者数の推移

在留資格	2018 年			2019 年			2020 年		
	実数 (人)	割合 (%)	対前年 増加率 (%)	実数 (人)	割合 (%)	対前年 増加率 (%)	実数 (人)	割合 (%)	対前年 増加率 (%)
外国人労働者総数	1,460,463	100.0	14.2	1,658,804	100.0	13.6	1,724,328	100.0	4.0
専門的・技術的分野の在留資格	276,770	19.0	16.1	329,034	19.8	18.9	359,520	20.8	9.3
うち技術・人文知識・国際業務	213,935	14.6	18.6	260,556	15.7	21.8	282,441	16.4	8.4
特定活動	35,615	2.4	35.6	41,075	2.5	15.3	45,565	2.6	10.9
技能実習	308,489	21.1	19.7	383,978	23.1	24.5	402,356	23.3	4.8
資格外活動	343,791	23.5	15.7	372,894	22.5	8.5	370,346	21.5	- 0.7
うち留学	298,461	20.4	15.0	318,278	19.2	6.6	306,557	17.8	- 3.7
身分に基づく在留資格	495,668	33.9	8.0	531,781	32.1	7.3	546,469	31.7	2.8
うち永住者	287,009	19.7	8.3	308,419	18.6	7.5	322,092	18.7	4.4
うち日本人の配偶者等	89,201	6.1	4.6	94,167	5.7	5.6	95,226	5.5	1.1
うち永住者の配偶者等	13,505	0.9	12.0	14,742	0.9	9.2	15,510	0.9	5.2
うち定住者	105,953	7.3	9.4	114,453	6.9	8.0	113,641	6.6	- 0.7
不明	130	0.0	132.1	42	0.0	- 67.7	72	0.0	71.4

在留資格	2021 年			2022 年			2018～2022 年	
	実数 (人)	割合 (%)	対前年 増加率 (%)	実数 (人)	割合 (%)	対前年 増加率 (%)	実数 (人)	増加率 (%)
外国人労働者総数	1,727,221	100.0	0.2	1,822,725	100.0	5.5	362,262	24.8
専門的・技術的分野の在留資格	394,509	22.8	9.7	479,949	26.3	21.7	203,179	73.4
うち技術・人文知識・国際業務	291,192	16.9	3.1	318,850	17.5	9.5	104,915	49.0
特定活動	65,928	3.8	44.7	73,363	4.0	11.3	37,748	106.0
技能実習	351,788	20.4	- 12.6	343,254	18.8	- 2.4	34,765	11.3
資格外活動	334,603	19.4	- 9.7	330,910	18.2	- 1.1	- 12,881	- 3.7
うち留学	267,594	15.5	- 12.7	258,636	14.2	- 3.3	- 39,825	- 13.3
身分に基づく在留資格	580,328	33.6	6.2	595,207	32.7	2.6	99,539	20.1
うち永住者	345,460	20.0	7.3	357,434	19.6	3.5	70,425	24.5
うち日本人の配偶者等	98,881	5.7	3.8	99,639	5.5	0.8	10,438	11.7
うち永住者の配偶者等	16,589	1.0	7.0	17,126	0.9	3.2	3,621	26.8
うち定住者	119,398	6.9	5.1	121,008	6.6	1.3	15,055	14.2
不明	65	0.0	- 9.7	42	0.0	- 35.4	- 88	- 67.7

注 1：各年 10 月末現在。
注 2：「専門的・技術的分野の在留資格」には、「教授」「芸術」「宗教」「報道」「高度専門職 1 号・
　　　2 号」「経営・管理」「法律・会計業務」「医療」「研究」「教育」「技術・人文知識・国際業務」
　　　「企業内転勤」「介護」「興行」「技能」「特定技能」が含まれる。
注 3：在留資格「特定活動」に該当する活動には、外交官等の家事使用人、ワーキング・ホリデー、
　　　経済連携協定に基づく外国人看護師・介護福祉士候補者等が含まれる。
出典：厚生労働省『「外国人雇用状況」の届出状況まとめ（令和 4 年 10 月末現在）』（https://www.
　　　mhlw.go.jp/content/11655000/001044545.xlsx、2023 年 8 月 8 日所収）より作成。

が、減少せずに増加し続け、2018〜2022年の間に約36万人も増加し、増加率は24.8％であった。中でも、日本国内での就労と関連する在留資格である「専門的・技術的分野の在留資格」は約20万3000人の増加（73.4％増）、「特定活動」は約3万8000人の増加（106.0％増）、「技能実習」は、約3万5000人の増加（11.3％増）であった。

なお、外交官等の家事使用人、ワーキング・ホリデー、経済連携協定に基づく外国人看護師・介護福祉士候補者等が含まれる「特定活動」の増加率が突出している。また、永住者、定住者など身分に基づく在留資格も、2018〜2022年の間に大幅に増加した。これらはいずれも、日本における少子高齢化と人口減少に歯止めがかからない中、日本国内の企業が人材不足の課題解決のために、外国人労働力を積極的に採用してきた結果である。

そこで、このように日本に在留している外国人が日本国内で雇用されている就業状況について、前述した厚生労働省『「外国人雇用状況」の届出状況まとめ（令和4年10月末現在)』より業種別外国人雇用事業所数と事業所規模別外国人雇用事業所数の2018〜2022年の推移をみていくこととする。

まず、業種別外国人雇用事業所数は（図表1-6参照）、すべての業種で外国人雇用事業所数は増加し、2018〜2022年の間に約8万2000カ所も増加し、増加率は38.1％であった。また2018〜2020年までは製造業の事業所が最も多く推移してきたが、2021年に卸売業、小売業が最も多い業種となった。なお、この間の増加率が特に高かった業種は「医療、福祉」の87.2％、「建設業」の74.2％、「卸売業、小売業」の51.3％であった。なお「医療、福祉」の急増は、在留資格別外国人労働者数の推移でみた「特定活動」に含まれる経済連携協定に基づく外国人看護師・介護福祉士候補者等と合致する。

結果として2022年時点で全体に占める割合が10％以上の外国人雇用事業所の業種は、「卸売業、小売業」18.6％、「製造業」17.7％、「宿泊業、飲食サービス業」14.4％、「建設業」11.8％で、全体の約60％を占めている。これら4業種における外国人労働者の果たす役割は高い。また全体に占める割合は2022年時点で6.2％に留まっているが、外国人雇用事業所の増加率が最も高く、少子高齢化が進む日本では、「医療、福祉」での外国人労働者の果た

図表 1-6　業種別外国人雇用事業所数

業種	2018 年			2019 年			2020 年		
	実数 （カ所）	割合 （％）	対前年 増加率 （％）	実数 （カ所）	割合 （％）	対前年 増加率 （％）	実数 （カ所）	割合 （％）	対前年 増加率 （％）
事業所総数	216,348	100.0	11.2	242,608	100.0	12.1	267,243	100.0	10.2
卸売業、小売業	36,813	17.0	10.8	42,255	17.4	14.8	48,299	18.1	14.3
製造業	46,254	21.4	6.8	49,385	20.4	6.8	51,657	19.3	4.6
宿泊業、飲食サービス業	31,453	14.5	13.2	34,345	14.2	9.2	37,274	13.9	8.5
建設業	20,264	9.4	21.3	25,991	10.7	28.3	31,314	11.7	20.5
サービス業（他に分類され ないもの）	17,419	8.1	12.2	19,510	8.0	12.0	21,195	7.9	8.6
医療、福祉	9,913	4.6	13.7	11,700	4.8	18.0	13,804	5.2	18.0
情報通信業	10,037	4.6	8.5	11,058	4.6	10.2	11,912	4.5	7.7
教育、学習支援業	6,144	2.8	4.9	6,471	2.7	5.3	6,663	2.5	3.0
その他	38,051	17.6	11.2	41,893	17.3	10.1	45,125	16.9	7.7

業種	2021 年			2022 年			2018〜2022 年	
	実数 （カ所）	割合 （％）	対前年 増加率 （％）	実数 （カ所）	割合 （％）	対前年 増加率 （％）	実数 （カ所）	増加率 （％）
事業所総数	285,080	100.0	6.7	298,790	100.0	4.8	82,442	38.1
卸売業、小売業	52,726	18.5	9.2	55,712	18.6	5.7	18,899	51.3
製造業	52,363	18.4	1.4	53,026	17.7	1.3	6,772	14.6
宿泊業、飲食サービス業	40,692	14.3	9.2	42,896	14.4	5.4	11,443	36.4
建設業	33,608	11.8	7.3	35,309	11.8	5.1	15,045	74.2
サービス業（他に分類され ないもの）	22,625	7.9	6.7	23,652	7.9	4.5	6,233	35.8
医療、福祉	16,455	5.8	19.2	18,553	6.2	12.7	8,640	87.2
情報通信業	12,180	4.3	2.2	12,601	4.2	3.5	2,564	25.5
教育、学習支援業	6,991	2.5	4.9	7,331	2.5	4.9	1,187	19.3
その他	47,440	16.6	5.1	49,710	16.6	4.8	11,659	30.6

注 1：各年 10 月末現在。
注 2：産業分類は、日本標準産業分類（平成 25 年 10 月改定）に対応している。
出典：図表 1-5 と同じ。

す役割は、今後も高まる可能性が高いといえる。

　次に、事業所規模別外国人雇用事業所数（図表 1-7 参照）も、すべての規模
で外国人雇用事業所数は増加し、特に「30 人未満」の事業所は 2018〜2022
年の間に約 5 万 6000 カ所も増え、増加率は 44.3 ％とすべての規模の中で最
も高く、かつこの間の対前年増加率も常に最も高かった。なお、事業所の規

第 1 章　中小企業と地域の持続可能性に対する不都合な現実　**13**

図表 1-7 事業所規模別外国人雇用事業所数の推移

規模	2018 年			2019 年			2020 年		
	実数 (カ所)	割合 (%)	対前年増加率 (%)	実数 (カ所)	割合 (%)	対前年増加率 (%)	実数 (カ所)	割合 (%)	対前年増加率 (%)
事業所総数	216,348	100.0	11.2	242,608	100.0	12.1	267,243	100.0	10.2
30 人未満	127,226	58.8	13.8	145,000	59.8	14.0	161,429	60.4	11.3
30〜99 人	40,096	18.5	10.5	44,384	18.3	10.7	48,499	18.1	9.3
100〜499 人	25,321	11.7	8.4	27,530	11.3	8.7	28,917	10.8	5.0
500 人以上	8,546	4.0	7.5	9,098	3.8	6.5	9,374	3.5	3.0
不明	15,159	7.0	0.0	16,596	6.8	9.5	19,024	7.1	14.6

規模	2021 年			2022 年			2018〜2022 年	
	実数 (カ所)	割合 (%)	対前年増加率 (%)	実数 (カ所)	割合 (%)	対前年増加率 (%)	実数 (カ所)	増加率 (%)
事業所総数	285,080	100.0	6.7	298,790	100.0	4.8	82,442	38.1
30 人未満	174,214	61.1	7.9	183,551	61.4	5.4	56,325	44.3
30〜99 人	50,891	17.9	4.9	52,737	17.7	3.6	12,641	31.5
100〜499 人	30,288	10.6	4.7	31,208	10.4	3.0	5,887	23.2
500 人以上	9,546	3.3	1.8	9,787	3.3	2.5	1,241	14.5
不明	20,141	7.1	5.9	21,507	7.2	6.8	6,348	41.9

注：各年 10 月末現在。
出典：図表 1-5 と同じ。

模が拡大するに従って、外国人雇用事業所数は少なくなり、かつ対前年増加率も低くなる傾向にある。このことは、長年にわたり有効求人倍率が大企業は 1 倍未満、中小企業は 3〜9 倍の水準で推移してきたことと関連がある。つまり、中小企業は大企業よりも人材の採用難を解消するために、外国人を雇用する傾向が強く、特に規模が小さい「30 人未満」の企業ほど外国人労働者は人材の採用難を解消に果たす役割は高いのである。

このように外国人労働者は「卸売業、小売業」「製造業」「宿泊業、飲食サービス業」「建設業」を中心に、また少子高齢化が進む日本では「医療、福祉」での外国人労働者の果たす役割は高い。特に、中小企業にとっては、規模が小さいほど、日本人の人材採用難を解消できなければ、外国人労働者を

雇用しようとする事業所は今後も減らない可能性が高いのである。

（2） 外国人労働者の雇用に伴う諸問題

外国人労働者の雇用に関連しては、主に労働法上の問題と社会保障制度の課題が存在することを無視することはできない。

まず労働法上の問題は、在留資格の違いによって生じる。なお「身分に基づく在留資格」、つまり「永住者」「日本人の配偶者等」「永住者の配偶者等」「定住者」を除く外国人労働者の場合、就労内容に制限がなく日本国内に滞在して就労することができる。この「身分に基づく在留資格」を除き、日本の出入国管理及び難民認定法（入管法）では、在留資格に応じた就労内容に制限がある。具体的には、一定範囲のものに限って就労できる在留資格は、大きく分けて「専門的・技術的分野の在留資格」「特定活動」「技能実習」がある。第1に「専門的・技術的分野の在留資格」は、主に「教授」「芸術」「報道」「経営・管理」「医療」「研究」「教育」「技術・人文知識・国際業務」「企業内転勤」「介護」「興行」「技能」などである。第2に「特定活動」は、外交官等の家事使用人、ワーキング・ホリデー、経済連携協定に基づく外国人看護師・介護福祉士候補者等がある。第3に中小企業による人材不足の解消策として最も活用されている「技能実習」、いわゆる技能実習生は、研修を経た上で一定要件を満たした外国人が特定の技術、技能、知識の修得をする業務に従事するという在留資格で就労できる[14]。

これらの在留資格を持つ外国人が、その在留資格の範囲内で、与えられた在留期間の範囲内で就労できる。しかし、このような在留資格の制限を超えて就労している労働者は、「不法残留者（不法就労者）」として位置づけられる。その内訳は大きく3つに区分される。第1に在留資格を有して入国したが、認められた在留期間を超えて滞在（不法残留）して就労している場合、第2に当初から許可を与えられずに入国（不法上陸）して就労している場合、第3に在留資格を有して入国し、在留期間内で滞在しているが、在留資格で認められた就労活動の範囲を超えた資格外活動の場合などがある[15]。

ちなみに出入国在留管理庁が2023年5月に発表した不法残留者者は、2023

年1月1日時点で対前年比 5.6％増加し、約7万人となり、長期的には増加傾向にある。なお「短期滞在」が 66.1％を占め、「特定活動」と「技能実習」の合計も 20.1％あり、すべての事業主が不法就労にあたる外国人を雇入れないこと、あるいは外国人の離職の際には外国人雇用状況についてハローワークに届出をすることが徹底されていない状況が続いている[16]。

次に、社会保障制度の課題としては、日本に滞在する外国人の増加、特に短期滞在する外国人（期限付きの在留期間の最長期間が5年）向けに制度があまり対応できていないことから保障の問題を生じさせている。それゆえ、短期滞在する外国人については「保険料の掛け捨て」や「保険へのただ乗り」など、社会保険の機能を損得で測る発想がある。こうした発想は日本人にも生じるが、短期滞在する外国人については、わかりやすい形で問題が生じるために損得の発想が生じやすい。しかし、社会保険を基盤とする社会連帯は社会の構成員同士の助け合いであり、そこでは強制的にリスク分散に参加することに意義がある。「掛け捨て」や「ただ乗り」という現象に対処することで社会連帯の本質を損なうことがないよう、外国人に対する社会保険の制度設計とその運用は、適正な社会連帯を維持する観点から常に改善する必要がある[17]。

なお公的年金制度についても、国民年金の場合、現在、外国人も基本的に日本人と同様に強制加入することになっている。しかし、日本に相当期間滞在して病院・診療所に入院し疾病・傷害について医療を受ける活動を行う者、及びその者の世話をする活動を行う者、日本に1年を超えない期間滞在して観光・保養などを行う者は除外されている。また、正規の就労資格を持って日本で就労する場合は、厚生年金の適用も受ける。つまり、外国人も日本人と同様に加入する必要がある。また、国民年金・厚生年金の適用を受け、年金の支給要件を満たした外国人は、年金受給権が発生し年金が支給される。支給要件を満たした時点で海外に居住していても、また支給開始後に海外に転居した場合も、年金受給権は影響を受けず、海外の金融機関を通じて受け取ることができる。なお、短期滞在の外国人の場合、障害・死亡のリスクに対する保障は日本に滞在期間中に受けているため、保険のメリットを全く享

受しないわけではない。しかし、集団内でリスク分散する制度が社会保険であることが、外国人であっても保険料の掛け捨てを回避する仕組みを特別に用意する理由になると考えられている[18]。

　一方、公的医療制度については、医療保険の適用の有無にかかわらず、外国人患者の受入れに伴う医療機関に生じるコスト、外国人患者を受け入れるための社会的な基盤整備も、その集団的な負担方法を含め、その対応策について、今後も検討していく必要がある。その際、外国人患者を受け入れる個々の医療機関での取組を方向づけ、促進する方策を提供する国の役割が重要になってくる。今後も日本で就労する外国労働者が増加する傾向にある今、その定住化に伴い外国人の高齢化も進展していく。外国人・医療機関双方への支援の充実が求められるが、それに伴い増加するコストへの対応について、実効性の高い負担システムの検討が求められている状況にある[19]。

　例えば、外国人介護労働者の場合、受入れ国側のメリットとして介護労働者不足の解消や育成コストの節約、送り出し国にとっては受入れ国で得た賃金の一部送金、送り出した介護労働者が帰国した際の介護サービス水準の向上などが期待できる。また、社会保障面では、受入れ国での税や社会保険料の収入増加、特に年金財政における収入の増加や年金基金の積立金の増加が期待できる。一方、送り出し国では、将来におけるかつての受入れ国からの年金受け取りが期待できる。しかし課題として、受入れ国では、外国人介護労働者の社会への適応の支援のほか、介護技能のスキルアップや補充訓練のニーズも大きくなるであろう。加えて、社会保険への未加入に伴う、疾病時の医療費が自己負担になることによる受診抑制、年金未加入の結果として年金受給権が得られないことがある。特に後者は、高齢期の貧困問題につながる。その一方で、送り出し国での人材枯渇は、特に送り出し国に戻らない場合には生じる可能性がある。さらに、受入れ国が不況になった時、外国人介護労働者が失業した場合に失業給付が増え、将来彼らが年金受給権を得ると年金の支出も増えるという課題も残されている[20]。

第4節　価値観の変化による人材採用の壁

日本がまだ高度経済成長期にあった頃は、「労働は美徳」といわれていた。しかし、長時間労働に対する国内外の批判により、日本でも労働時間の短縮は急速に進んできた。ちなみに、日本の就業者一人あたり平均年間総実労働時間は、1985年時点で2093時間あったが減少し続け、2021年には1607時間となり、先進7カ国中、すでにアメリカ、カナダ、イタリアよりも短い（図表1-8参照）。

このように労働時間の短縮が進む中で、働くことに対する価値観も変化してきた。そこで、内閣府『平成30年版　子供・若者白書』より、「仕事を選択する際に重要視する観点」について、16～29歳の若者が重要視する観点を2011年と2017年の比較でみていくと（図表1-9参照）、調査年で若干記述が異なるが、「とても重要」と「まあ重要」を合わせた「重要の合計」の上位3位は「収入が多いこと」「自分のやりたいことができること（自分の好きなことができること）」「安定していて長く続けられること」で変化はない。しかし、いずれの割合も、2017年度は2011年度よりも約4～8％減少した。収入の確保とやりたいことや好きなことへの執着、ならびに安定志向は若干弱まったが、

図表1-8　先進7カ国における就業者一人あたり平均年間総実労働時間

(単位：時間)

先進7カ国	1985年	1990年	1995年	2000年	2005年	2010年	2015年	2020年	2021年
日本	2,093	2,031	1,884	1,821	1,777	1,733	1,719	1,598	1,607
アメリカ	1,838	1,833	1,839	1,832	1,794	1,772	1,783	1,767	1,791
カナダ	1,795	1,797	1,775	1,787	1,745	1,715	1,712	1,644	1,685
イタリア			1,856	1,850	1,811	1,777	1,718	1,554	1,669
イギリス	1,586	1,618	1,586	1,558	1,544	1,507	1,525	1,364	1,497
フランス	1,654	1,645	1,601	1,558	1,532	1,540	1,519	1,407	1,490
ドイツ			1,531	1,466	1,432	1,426	1,401	1,324	1,349

出典：労働政策研究・研修機構『データブック国際労働比較2023』(https://www.jil.go.jp/
kokunai/statistics/databook/2023/06/d23_6T-01.xlsx、2023年8月22日所収）より作成。

図表 1-9　仕事を選択する際に重要視する観点

（単位：％）

調査年度	重要視する観点	とても重要	まあ重要	あまり重要でない	全く重要でない	重要の合計
2017年度	収入が多いこと	46.0	42.7	8.6	2.7	88.7
	自分のやりたいことができること	42.3	46.2	8.2	3.3	88.5
	安定していて長く続けられること	50.0	36.8	8.3	2.9	86.8
	福利厚生が充実していること	41.1	44.1	11.1	3.7	85.2
	自由な時間が多いこと	33.9	48.3	14.3	3.5	82.2
	自宅から通えること	44.3	36.0	14.6	5.2	80.3
	自分が身につけた知識や技術が活かせること	31.2	47.5	16.7	4.6	78.7
	能力を高める機会があること	25.0	48.2	20.6	6.2	73.2
	人の役に立つこと	23.7	48.1	21.4	6.9	71.8
	子育て、介護等との両立がしやすいこと	27.4	42.7	21.1	8.8	70.1
	社会的評価の高い仕事であること	16.4	40.8	33.3	9.6	57.2
	特別に指示されずに、自分の責任で決められること	14.3	41.5	36.0	8.3	55.8
	実力主義で偉くなれること	14.9	36.7	36.1	12.3	51.6
2011年度	安定していて長く続けられること	56.5	38.1	4.6	0.8	94.6
	収入が多いこと	46.6	47.7	5.2	0.6	94.3
	自分の好きなことができること	47.7	45.0	6.6	0.7	92.7
	休みが多いこと	20.7	54.4	21.9	3.1	75.1
	多くの人の役に立つこと	25.5	48.2	21.3	5.0	73.7
	大きな会社であること	11.0	36.7	41.6	10.7	47.7
	独立して自分だけでできること	10.3	28.0	47.2	14.5	38.3

出典：内閣府『平成 30 年版　子供・若者白書』2018 年、11 頁（https://www8.cao.go.jp/youth/whitepaper/h30honpen/pdf/b1_00toku_01.pdf、2023 年 8 月 22 日所収）より作成。

依然としてその傾向は強い。

　また 2011 年度と 2017 年度の観点の記述は異なるが類似した意味合いを持ち、「重要の合計」が約 70〜80 ％程度と高い観点として、「休みが多いこと」と「自由な時間が多いこと」は約 7 ％増加した。一方で、「多くの人の役に立

第 1 章　中小企業と地域の持続可能性に対する不都合な現実　**19**

つこと」と「人の役に立つこと」も約70％程度で高止まりしているが、わずかに約2％減少した。休みや自由な時間といった個人的な活動に対する意識が強まった一方で、人の役に立つという社会的な活動への意識が若干弱まる傾向がみられることは確かなのである。

なお2011年度のみだが「大きな会社であること」と「独立して自分だけでできること」は、「重要の合計」50％を下回っており、若者が大企業志向に固執しているわけではないが、独立志向も決して強いとはいえない。また2017年度については、すべての重要視する観点の「重要の合計」が50％を上回っている。特に「福利厚生が充実していること」「自宅から通えること」「自分が身につけた知識や技術が活かせること」「能力を高める機会があること」「子育て、介護等との両立がしやすいこと」は、70％以上となっている。

そこで、特に2017年度で最も多かった「収入が多いこと」について賃金の観点から考察すると、厚生労働省『令和4年賃金構造基本統計調査の概況』によれば、2022年の大企業（常用労働者1000人以上）は348.3千円、中企業（100～999人）は303.0千円、小企業（10～99人）は284.5千円であった。なお、大企業を100とした場合、中企業は87.0、小企業は81.7であった[21]。

つまり、「収入が多いこと」を重要視する観点が弱まっているとはいえ、高止まりしている状況にある現状では、大企業と中小企業との間の賃金格差のために、中小企業による人材採用は大企業よりも不利な状況にあることで変わりはない。

次に、2017年度の「自分のやりたいことができること」は2番目に多く、また2011年度の「自分の好きなことができること」も3番目に多かったが、これらは「やりたい仕事」や「やりがいのある仕事」のことと言い換えることができる。そこで、採用される就業者の立場からみて、事前に明確であった事項について明らかにした中小企業庁『2015年版　中小企業白書』によれば、「仕事のやりがい」については、大企業の就業者が16.8％、中規模企業の就業者が16.3％、小規模事業者の就業者が14.1％でわずかな差に留まっていた。しかし、これらの数値はいずれも「賃金」や「労働条件」「福利厚生」と比べて約半分程度であった[22]。

このように「自分のやりたいことができること」については、中小企業と大企業との間の差がほとんどなく、中小企業にとっても強みになる可能性がある。しかし、企業の知名度と情報発信で大企業との差が障壁として残らざるをえない。

また、「安定していて長く続けられること」については、企業が倒産しないこと、ならびに事業が長期にわたって続くことの観点から、資本金規模別倒産確率と売上規模別老舗企業の出現率を用いて考察する。

そこで、帝国データバンク情報統括部『全国企業倒産集計　2022年報2022年12月報』および総務省統計局『平成28年経済センサス–活動調査　確報集計（企業等に関する集計）』を用いて、資本金規模別倒産確率の推計値を求めると、1000万円未満は0.48％、1000〜5000万円未満は0.3％、5000万〜1億円未満は0.38％、1億円以上は0.17％となる[23]。

いずれの規模も1％未満の倒産確率ではあるが、規模が小さいほど倒産確率は高いことは事実である。一方、売上規模別老舗企業の出現率は、帝国データバンク情報統括部『特別企画：全国「老舗企業」分析調査（2022年）』によれば、100年以上続く老舗企業は2022年8月時点で4万409社あり、全体の出現率は2.54％であった。また、売上高「1000億円以上」の老舗出現率は20.7％と最も高く、以下順に「500〜1000億円未満」は14.2％、「100〜500億円未満」は9.6％となり、売上高が大きいほど老舗出現率が高い。なお、44.9％が「1億円未満」、36.0％が「1〜10億円未満」であったことから、規模は小さくとも長く事業を続けている企業が大半を占めていることも事実なのである[24]。

最後に、休みや自由な時間といった個人的な活動に対する意識が強まっている中で、働く人が自分の時間を確保できること、つまり直接的には十分な休日日数を確保できているのかとの観点から、完全週休2日制実施企業の全企業に占める割合と年間休日総数を用いて考察する。

そこで、厚生労働省『労働統計要覧（令和4年度）』によれば、2022年の1000人以上の大企業で完全週休2日制を74.1％が実施し、年間休日総数は115.5日、300〜999人の大企業では62.6％が実施し、年間休日総数は114.1日で

あった。しかし、100〜299人の中企業では46.7％が実施し、年間休日総数は109.2日、30〜99人の小企業では47.4％が実施し、年間休日総数は105.3日であった[25]。

このように完全週休2日制は企業規模が大きいほど実施割合が高く、逆に企業規模が小さいほど実施割合が低い。また、年間休日総数も、企業規模が大きいほど多く、企業規模が小さいほど少ない。したがって、休日日数の確保の観点からみても、大企業と中小企業との間で大きな格差が存在する状況下では、中小企業による人材採用は大企業よりも依然として厳しい状況にある。

働く人の価値観の変化は、中小企業にとっては依然として人材採用・育成の壁として立ちはだかっているのである。「収入が多いこと」は大企業との賃金格差を埋めるため、生産性向上と高付加価値化が必須である。なお、週休2日制の完全実施や年間休日総数の増加も、生産性向上と高付加価値化が実現できなければ、コストアップ要因になりかねない。また、「仕事のやりがい」は、採用時のミスマッチを防ぐとともに、企業の成長を通じた新しい職種や部署の創設を通じた責任ある仕事に取り組める環境作りも必要であろう。そして、倒産確率は中小企業も決して高くはないが、大企業との差は残っており、事業の安定性確保は、経営者による経営思考の変革のみならず、財務基盤、顧客基盤、環境変化への適応力など、継続的なマネジメント体制の充実も必要不可欠なのである。

第5節　地球環境と社会環境の悪化による持続的経済発展の限界

中小企業と組合の持続的発展にとっての死活問題がある。それが、地球環境と社会環境の悪化である。この地球環境と社会環境の悪化は、それぞれ別次元の問題と思われがちであるが、実はいずれも我々人間が日常生活や経済活動を通じて生じさせてきた問題であり、切っても切れない関係にある。また、この2つの問題の解決は、すべてテクノロジー（技術）によってのみ実現できるものではない。

ちなみに、2012年6月に開催されたリオ＋20の成果文書「我々が望む未来（The Future We Want）」では、あらゆる側面で持続可能な開発を達成するために、経済的、社会的、環境的側面を統合し、それらの相関を認識し、あらゆるレベルで持続可能な開発を主流として、さらに組み込む必要があることが宣言されたのである[26]。

　例えば、私たちの身近なところでも、地球環境と社会環境の問題が同居している。例えば、埼玉県入間郡三芳町に今でも多く残る里山は、そもそも広葉樹を中心とした人工の雑木林と農地がセットで江戸時代に開墾された。この雑木林の落葉は、農家によって「山はき（雑木林内の落葉を集め、堆肥として利用するための農作業）」が行われることで、年間を通じて雑木林は根元まで太陽の日が注ぐ状態が保たれてきた。しかし、農業従事者の高齢化や後継者不足、あるいは堆肥から化学肥料への転換によって、「山はき」が行われなくなってしまった。その結果、雑木林の中は、雑多な灌木や竹が群生し、荒廃する。荒廃した雑木林は、廃棄物の不法投棄の格好の場となってしまった過去もある。不法投棄を辞めなければ、いずれ荒廃した雑木林も枯れてしまう。大事な二酸化炭素の吸収源であった林がなくなってしまうのである。現在、一部の地域では、地域住民や地元企業の努力で、里山保全が行われているが、そもそも社会問題を引き起こした人間の所業が地球環境の問題に直結している[27]。

　そこで、地球環境の悪化に伴い発生する可能性の高いグローバルリスクの上位5位の推移をみていくと（図表1-10参照）、気候変動に関係があるとされるリスクの中で「極端な異常気象」が4年連続して登場している。また、「温室効果ガス排出量の増大」は、2012年、2013年に登場し、その後、上位5位には入っていないが、この影響が「極端な異常気象」「気候変動（の緩和と適応の失敗）」「重要な自然環境の大規模破壊」「大規模自然災害」といった目立った現象に変わったと理解することもできる。

　このように地球環境の問題は、経済活動におけるグローバルリスクとして認識されている。そして、このグローバルリスクを緩和・軽減する取組として最も注目される動きとしては、フランス政府が2017年7月11日に、続い

第1章　中小企業と地域の持続可能性に対する不都合な現実　**23**

図表 1-10　発生する可能性の高いグローバルリスクの上位 5 位

順位	2011 年	2012 年	2013 年	2014 年	2015 年	2016 年	2017 年
1	気象災害	極端な所得格差	極端な所得格差	所得格差	重要な地域に関する国家間の対立	大規模な強制移住	極端な異常気象
2	水害	長期間にわたる財政不均衡	長期間にわたる財政不均衡	極端な異常気象	極端な異常気象	極端な異常気象	大規模な強制移住
3	不正行為	温室効果ガス排出量の増大	温室効果ガス排出量の増大	失業及び不完全雇用	国家統治の失敗	気候変動の緩和と適応の失敗	大規模自然災害
4	生物多様性の喪失	サイバー攻撃	水資源危機	気候変動	国家の崩壊又はその危機	重要な地域に関する国家間の対立	テロ攻撃
5	気候変動による災害	水資源危機	高齢化への対応の失敗	サイバー攻撃	構造的な失業及び不完全雇用	重要な自然環境の大規模破壊	データの詐欺／盗用

注：灰色網かけは気候変動に関係があるとされるリスク。
資料：世界経済フォーラム「グローバルリスク報告書」より環境省作成。
出典：環境省『平成 29 年版　環境・循環型社会・生物多様性白書』日経印刷、2017 年、
　　　34 頁（https://www.env.go.jp/policy/hakusyo/h29/pdf/full.pdf、2023 年 8 月 28 日
　　　所収）。

てイギリス政府が同年 7 月 26 日に発表した、2040 年以降ガソリン車・ディー
ゼル車の国内における新車販売の禁止であろう。いずれも、ガソリン車・
ディーゼル車から、CO_2 をはじめとする温室効果ガスや環境汚染物質を含む
排ガスを全く出さない電気自動車などへ転換する期限を示したものである。
しかし、この発表に先立つ 2015 年 10 月 14 日に開催された「トヨタ環境
フォーラム 2015」において、トヨタ自動車は、すでに『トヨタ環境チャレン
ジ 2050』を発表している。トヨタの発表によれば、新車 CO_2 ゼロチャレンジ
の目標を 2010 年比で 2050 年までに 90 ％削減するとしている。また、その方
法はエンジン車から現在の環境車両の主力である HV に加え、PHV、FCV、
EV の 3 つの方式を加えて展開するというものである[28]。
　いずれの発表も、環境問題が深刻な影響を日常生活に及ぼすとの認識に基
づくものであり、その対応を早急に進めなければ、自動車産業は持続できな
い状況にあることを表すものである。しかも、エンジン車、HV から、PHV、

FCV、EV へと車が大きく変化する中で、現在、生産している部品や材料が不要となり、業務それ自体が消滅することが予想される製造業者は、転換を余儀なくされるであろう。

さらに発生する可能性の高いグルーバルリスクの上位 5 位のうち、気候変動とは関連しないリスクで、しかも日本国内の社会環境問題との関連が強いものに（図表 1-10 参照）、「不正行為」「(極端な) 所得格差」「サイバー攻撃」「高齢化への対応の失敗」「長期間にわたる財政不均衡」「データの詐欺／盗用」がある。

ちなみに「不正行為」には、会社ぐるみの粉飾決算や法令違反など、経営者や従業員個人による詐欺行為や利益相反に至るまで多岐にわたった問題がある。また「所得格差」は、企業規模間での格差、正規・非正規労働者間や男女間の格差など、依然として解決していない問題である。「サイバー攻撃」「データの詐欺／盗用」は、インターネットが普及し、今後、さらに IoT、AI の高度利用が求められる中、日常的に発生している問題である。「高齢化への対応の失敗」は、日本では高齢者の福祉や年金問題のみでは済まず、少子化によって恒常的な若年労働力不足を引き起こす。と同時に、中小企業にとっては技術・技能の継承と後継者不足など、依然として解決困難な課題となっている。そして、「長期間にわたる財政不均衡」は、政府が抱える赤字財政の問題であり、日常的に苦になることはないが、「高齢化への対応の失敗」と並んで、税金や社会保障費の増額といった問題を避けて通ることはできないのである。

第 6 節　デジタル技術による企業経営へのインパクト

最近、デジタル技術に関連する用語として AI や IoT に加え、DX（デジタルトランスフォーメーション）という用語を耳にする機会が増えた。この DX について内閣府『令和 3 年度　経済財政白書』(2021) は、「単なるアナログ情報のデジタル化にとどまらず、プロセス全体もデジタル化することで新たな価値を創造、その結果として社会的な影響・便益をもたらすものである。これ

を企業に当てはめた場合、デジタル技術を用いて、新たな製品やサービス、新しいビジネスモデルを構築し、ネットとリアルの両面で顧客体験の変革を図ることで価値を創出し、競争上の優位性を確立すること」とし、DX の理想形を示した(29)。

　一方、中小企業庁『2022 年版　中小企業白書』は、デジタル化を「段階 1：紙や口頭による業務が中心で、デジタル化が図られていない状態、段階 2：アナログな状況からデジタルツールを利用した業務環境に移行している状態、段階 3：デジタル化による業務効率化やデータ分析に取り組んでいる状態、段階 4：デジタル化によるビジネスモデルの変革や競争力強化に取り組んでいる状態」に区分した(30)。

　事実、デジタル化により、すでに身近なところで電子マネーが使えるお店も増えた。お店もお客も現金不要、お店にとっては面倒な小銭を用意する手間は省け、売上伝票は自動計算されるので手計算の必要もない。いわゆる、顧客と企業の双方にとっての利便性の大幅な向上が期待できる。さらに、企業にとっては、顧客の属性と購入履歴などが明確にわかるので、販売戦略を立てる際の購買・市場分析にも使えるといったメリットも大きい。

　しかし、デジタル技術による企業経営へのインパクトは、新しいビジネスモデルの創造や競争力強化などのメリットばかりではない。つまり、AI や IoT を活用した新しいビジネスモデルによる新規企業のアタックが既存企業の事業存続に大きなデメリットをもたらす場合もある。例えば、ネット販売が拡大・普及した現在、どこの町にもあった中小企業を中心とした小さな町の書店は、その数を大幅に減らしてきた。つまり、デジタル技術を活用した新しいビジネスモデルが既存のビジネスモデルに取って代わる場合もあるということ、言い換えれば異分野からの突然のアタックに対し、既存のビジネスモデルが脆弱なのである。

　デジタル技術による企業経営へのインパクトは、既存の企業やビジネスモデルにとって、大きな脅威となりうることを見逃してはならないのである。

注

1 ）総務省統計局『世界の統計　2023』日本統計協会、2023 年、15〜16 頁参照。

2 ）森下正『組合活性化アドバイス』滋賀県中小企業団体中央会、2023 年、42 頁。

3 ）Walter Isard, *Introduction to Regional Science*, Prentice-Hall, 1975, p.113.

4 ）See, Bennett Harrison, "Industrial Districts: Old Wine in New Bottles?", in *Regional Studies*, 26(5), 1992, p.472, and Alfred Marshall, *Principles of Economics -9th edition-*, Macmillan and Co. Limited, 1961, p.266, 284, pp.317-318.

5 ）See, Everett S. Lee, "A Theory of Migration", in David M. Heer (ed.), *Readings on Population*, Prentice-Hall, 1968, pp.184-186.

6 ）See, Harry W. Richardson, "Economies and Diseconomies of Agglomeration", in Herbert Giersch (ed.), *Urban Agglomeration and Economic Growth*, Springer, 1995, p.125、および関満博『フルセット型産業構造を超えて』中公新書、1993 年、37〜39 頁、伊丹敬之・松島茂・橘川武郎編『産業集積の本質』有斐閣、1998 年、251〜252 頁。

7 ）2006 年 6 月夕張市の財政破綻が表面化したことは有名だが、北海道内の産炭地域に企業誘致や地元企業の育成、新産業創造などを推進することで、石炭鉱業の閉山に対応した地域振興策を展開してきたが、1972 年設立の北海道産炭地域振興協会（1987 年に北海道産炭地域振興センターに改組）も、2021 年には解散となった。釧路産炭地域の歴史については、佐藤芳雄・市橋大明・竹ヶ原浩司・松下泰夫・佐藤冨喜雄・坂田元・石川孝織・久保田康生・熊崎農夫博『釧路炭田産炭史』北海道産炭地域振興センター、2011 年（https://www.santankushiro.com/pdf/santanshi2011.pdf、2023 年 8 月 9 日所収）に詳しい。

8 ）下平尾勲『地場産業—地域からみた戦後日本経済分析—』新評論、1996 年、34〜73 頁参照。

9 ）同上書、36〜37 頁参照。

10）同上書、38〜42 頁参照。

11）同上書、42〜45 頁参照。

12）同上書、46〜53 頁参照。

13）同上書、54〜73 頁参照。

14）山川隆一「外国人労働者と労働法上の問題点」、『季刊社会保障研究』第 43 巻 2 号（通巻 177 号）、国立社会保障・人口問題研究所、2007 年、119 頁参照。

15）山川隆一「外国人労働者と労働法上の問題点」、前掲書『季刊社会保障研究』119〜120 頁参照。

16）出入国在留管理庁『本邦における不法残留者数について（令和 5 年 1 月 1 日現在）』（https://www.moj.go.jp/isa/content/001392966.pdf、2023 年 8 月 16 日所収）を参照。

17）嵩さやか「外国人労働者と社会保障制度の課題」、『日本労働研究雑誌』2022 年 7 月号（第 64 巻 7 号）、労働政策研究・研修機構、2022 年、63 頁。

18）嵩さやか「外国人労働者と社会保障制度の課題」、前掲書『日本労働研究雑誌』56〜57 頁参照。

19）嵩さやか「外国人労働者と社会保障制度の課題」、前掲書『日本労働研究雑誌』63 頁参照。

20) 石井太・小島克久・是川夕「外国人受入れ拡大による社会保障財政影響シミュレーションに関する基礎的研究」、小池司朗編著『長期的人口減少と大国際人口移動時代における将来人口・世帯推計の方法論的発展と応用に関する研究　厚労科研報告書　令和2年度　総括研究報告書』厚生労働行政推進調査事業費補助金　政策科学総合研究事業（政策科学推進研究事業）、2021年、260頁参照。

21) 厚生労働省『令和4年賃金構造基本統計調査の概況』2023年、9頁（https://www.mhlw.go.jp/toukei/itiran/roudou/chingin/kouzou/z2022/dl/13.pdf、2023年8月23日所収）を参照。

22) 中小企業庁『2015年版　中小企業白書』日経印刷、2015年、217頁。

23) 資本金規模別倒産確率の推計値は、帝国データバンク情報統括部『全国企業倒産集計　2022年報　2022年12月報』帝国データバンク、2022年、7頁（https://www.tdb.co.jp/tosan/syukei/pdf/22nen.pdf、2023年8月23日所収）の資本金別倒産件数を、総務省統計局『平成28年経済センサス−活動調査　確報集計（企業等に関する集計）』2016年（https://www.e-stat.go.jp/stat-search/file-download?statInfId=000031722003&fileKind=1、2023年8月23日所収）の資本金別企業数で割った数値を百分率（％）で表示した。

24) 帝国データバンク情報統括部『特別企画：全国「老舗企業」分析調査（2022年）』帝国データバンク、2022年、1、6頁（https://www.tdb.co.jp/report/watching/press/pdf/p221003.pdf、2023年8月26日所収）。

25) 厚生労働省『労働統計要覧（令和4年度）』2023年（https://www.mhlw.go.jp/toukei/youran/datar04r/D-10.xlsx、および https://www.mhlw.go.jp/toukei/youran/datar04r/D-12.xlsx、2023年8月23日所収）を参照。なお完全週休2日制は、監視または断続労働に従事する者、監督または管理の地位にある者などで、労働時間の定めのないものは除外している。また年間休日総数は、適用労働者一人平均年間休日総数を用いた。適用労働者一人平均年間休日総数は、企業において最も多くの労働者に適用される年間休日総数についての割合で、その適用を受ける労働者により加重平均したもの。

26) 環境省『平成29年版　環境・循環型社会・生物多様性白書』日経印刷、2017年、7頁。

27) 筆者の故郷、埼玉県川越市福原地区も三芳町と同じ江戸時代に開墾された地域で「山はき」が行われていたが、不法投棄で雑木林が枯れた時期があった。また、春先に都心を襲う北風の砂嵐は、住宅開発で防風林として機能してきた雑木林が伐採されたことで畑の表土の飛翔を食い止められなくなったためである。また、同じ三芳町で産業廃棄物処理業（再生資源製造業）を営む石坂産業は里山保全に取り組んでいる。石坂典子『絶体絶命でも世界一愛される会社に変える！　2代目女性社長の号泣戦記』ダイヤモンド社、2014年、および石坂典子『五感経営　産廃会社の娘、逆転を語る』日経BP社、2016年を参照。

28) 伊勢清貴「チャレンジ1　新車CO_2ゼロチャレンジ」、トヨタ自動車編『トヨタ環境チャレンジ2050』2015年（http://www.toyota.co.jp/jpn/sustainability/environment/challenge2050/6challenges/pdf/presentation_1.pdf、2017年9月9日所収）を参照。

29) 内閣府『令和 3 年度　経済財政白書』2021 年、日経印刷、117 頁（https://www5.
　　cao.go.jp/j-j/wp/wp-je21/pdf/p020121.pdf、2023 年 8 月 28 日所収）。

30) 中小企業庁『2022 年版　中小企業白書小規模企業白書　下』日経印刷、2022 年、II-
　　288 頁（https://www.chusho.meti.go.jp/pamflet/hakusyo/2022/PDF/chusho/
　　04sHakusho_part2_chap3_web.pdf、2023 年 8 月 28 日所収）。

第 2 章

日本経済における中小企業の根源的機能と役割

　日本経済にとって、中小企業はその主体である、という認識を今日の我々は保有している。

　もちろん、中小企業という言葉や、それが指し示す企業の定義や分類については、戦後からの約80年間で数字上の基準に基づいて構築され、近年また多少の変更が加えられた可変的なものである。いうなれば、我々が認識している中小企業というものは、歴史上でみても比較的新しい存在といえるのである。しかしながら、法律上、観念上の定義がなかったとしても、中小企業は古くから日本経済を担う存在として活躍してきたのは事実である。であるからこそ、今日我々が議論する100年企業、老舗企業という概念が創出されたのである。

　このように、中小企業は日本の歴史と経済に密接に関わってきており、その役割は時代によって変化してきている。特に、中小企業というものが、中小工業という名称で学術分野において初めて分類された1940年代から、戦後の高度経済成長期、プラザ合意を踏まえた円ドルショック時期、バブル経済崩壊後、リーマンショック後と、2025年現在までの、また約80年余りの経済動向の変化と企業の役割変化は大きいものであろう。科学技術の進展やグローバル社会の拡大、21世紀という新時代の到来、これら時代に合わせた研究分野の進展がひときわ大きい時期でもあったからである。本章では、これら激動の時代を変遷してきた日本の中小企業の様相をまとめていき、今日、そして今後の中小企業に求められる新たな機能とはどういうものか、本書の主張を書いていきたい。

第1節　戦後高度経済成長を支えた中小企業の実態

（1）　戦後復興を支える中小企業たち

　中小企業という区分で、日本の企業が取り上げられるようになったのは、終戦間際の1941年頃であるといえる。この時、小宮山琢二が初めて学術分野において、特に製造業分野の中でも規模が小さい企業群を取り上げ、中小工業という名称をあてはめたのが、中小企業という概念の始まりといえる[1]。日本における企業や産業に対する研究自体は、1884年に前田正名という農商務省の役人が編纂した『興業意見』の中で、在来工業（在来産業）に対する分析が記されていたが[2]、企業の持つ取引関係や、組織規模に着目して分類を試みたのは、中村秀一郎が最初であろう。この時期の日本企業は、いうまでもなく戦時体制下にあり、軍需生産を中心とした経済統制下にあり、いわゆる自由な経済活動が行われていたとはいいづらい。

　その後、終戦後の日本は GHQ の統制の下、国民生活の安定を目指して、いわゆる生業型の企業が多く登場したといえる。すなわち、戦中から続いていた軍需産業や財閥の解体が進む中で、職を失った人々が生活をしていくために企業へ雇用されるのではなく、自らの手で事業を興そうとする動きが活発であった。同時に、日本各地の産業集積地域では、とりわけ多数の中小製造業によって構築されていた繊維産業と雑貨産業が輸出を中心に外貨を獲得していた時期でもあった。つまり戦後の日本は、中小企業を中心に経済の復興が目指されていたのである[3]。

　こうした戦後復興期における中小企業を対象とした政策は、1948年に中小企業庁が設置されてから本格化したものである。しかし、その実態は主に個別企業への指導といった即時対応的な内容が多く、中小企業全体をバックアップする体制というものは構築しきれてはいなかった。その理由として、GHQ 統制下という行政の状態では、1880 年代などから見受けられた組合、連携を中心としたグループを対象とした支援施策を継続することができなかったという点がある。敗戦国側である日本では、組織化による経済・政治

活動の実施はきわめて困難だったのである[4]。

　こうした実態がある中で、いわゆる現代まで続く中小企業問題が整理され
たのもこの戦後の時期であった。特に、国力の復興を目的とした傾斜生産方
式が導入され、鉄鋼・石炭関連産業へ国を挙げての支援など注力が進むと、
人々が自ら興した生業寄りの事業、残存する地域産業への資源・資金の投入
は限られたものとなっていった。今日も中小企業問題を議論する際に必ず取
り上げられる資源不足が、特に顕著な時期だったといえるのである。この歴
史的背景に伴い、戦後日本における中小企業に対する認識には、経済復興の
要という側面に加え、経済的弱者という視点も現出したと考えられる。

(2)　経済的弱者とみられる下請中小企業群

　中小企業の経済的弱者という観点がより強固になったといえるのが、1950
年代の後半の、高度経済成長期に差し掛かろうという時期であったといえる。
というのは、当時日本国内では再発達し始めた大規模製造業の部品、工程の
外注を請け負う形で、無数の下請中小製造業が活発な事業展開を行っていた
ためである。戦後の経済復興という環境において、これら小規模企業と、そ
れに手助け、後押しされる形でより発達した大企業という2つの存在は、中
間にあるべき経営力のある企業組織の存在を一時かすれさせたと考えられる。
この経済構造を指して、かの二重構造という言葉が誕生したのである。すな
わち、生産性や技術面の低さを持つ小規模企業、農業と大企業の雇用、賃金、
技術革新による波及効果といった各種側面に差が生まれたのだと考えられて
いる[5]。

　こうした二重構造という社会動向が存在することを前提に、研究分野では
大企業が、中小企業を中心とした外注先、仕入先（サプライヤー）をバッファー、
すなわちリスクを転嫁する相手として上手く活用していたという仮説も存在
する[6]。しかし一方で、下請の取引構造に基づいた、中長期的な企業間関係
の構築や、技術指導による下請企業側の成長発展も発生しており、田杉（1961）
や清成（1970）によって、有益な意味での二重構造の取り上げられ方も分析
されている[7]。実際に、渡辺（1961）が分析した繊維産業、機械器具製造産業

においては、特定大企業がいわゆる系列取引の構造を構築し、下請先への技術供与、生産指導が種々の方法で実践されていた[8]。

また、労働経済学の分野においても、二重構造という言葉は活用されていた。つまり、企業内部の労働市場と外部の労働市場という2種類に労働市場を分類した場合、日本企業は企業内部の労働市場において人材育成や研修が徹底されており、当時の従業員の間には将来性・教育の機会という面で労働格差が確かに存在したというのである。この場合、外部の労働市場に分類される業種や事業に携わる従業員には、仕事の内容に発展性が薄く、賃金体系の違いが顕著で低賃金のままになりがちであるとされている[9]。

このような社会的、研究分野における認識を背景に、1963年に中小企業基本法が成立し、日本において法律上の中小企業の定義が定められることとなったのである。そして、この時点での中小企業政策は二重構造問題の解消と、中小企業の組織体としての発展を目指し、格差の是正と技術・経営の高度化を推し進める内容となっていた。言い換えると、経済的弱者である中小企業を手助けし、独り立ちさせるための支援が展開されていたのである。

(3) 輸出による産地拡大期とドルショックの影響

一方で、産地、地場産業地域を中心に、中小製造業は国外への製品輸出を通じてその事業を拡大させていた時期もある。1ドル360円という現代では考えづらい超円安時代に、日本各地に点在する地場産業の担い手である中小企業は、外貨獲得による経済活性化を目指して、生産品の輸出事業を積極的に行い続けてきたのである。そうした動向は二度にわたる世界大戦より昔、江戸時代頃から細々と続いており、戦後復興期の勢いに乗って拡大していったのである。

しかしながら、こうした産地企業の輸出戦略は、1970年代のドルショックに始まり、1985年のプラザ合意に至るまでの円高によって徐々に縮小していったと考えられている。1ドル130円と、3分の1程度にまで変化した為替レートは、輸出事業に大きな打撃を与え、1970年代頃から国外製品や為替の影響で縮小しつつあった地場産地は、致命的な打撃を受けることとなった。

すなわち、地域の産業を担う中小企業の縮小が起こった時期でもあるのだ。

　実際の変化としては、輸出による儲けが減少したのみならず、日本国内の産業の構造が変化したことも大きいと考えられている。すなわち、輸出よりも海外直接投資の方が企業経営において効果的な戦略となったのである。結果として、大企業をはじめとする多数の製造業が国外での生産活動に移行して産業の空洞化が発生したとされている。いうなれば、それまで国内で構築できていた社会的分業や取引の構造が国際化し、ビジネスのやり方が急激に変化したのである。そのため、対応しきれない企業は市場から撤退することとなった。また、特に日本の産地では軽工業製品の製造が多く、経済のグローバル化に伴って量産品が新興国などで生産されるようになり、国際的に流通し始めたことで、市場シェアを完全に奪われたという点も、産地地域の縮小と関連している。

　また、卸・小売業に着目して考えると、こうした円安から円高への移行前後の期間は、流通革命に伴う取引構造や市場の変化、卸売業の役割縮小など様々な影響が出ていた時期でもある。

　流通革命とは、林 (1964) で語られた概念であり、中内功などによっても主張されてきた。当時の流通革命は、スーパーマーケットなどの大規模小売店による商流が中心となっていくことから、伝統的な問屋や小売業が駆逐されていくこととなり、アメリカなどでみられた「太く短い」流通経路への転換が必要となるという論調であった。ここでいう太く短い流通経路とは、製造業者などを主軸にした販売の系列化や、最終顧客までつなぐ問屋・小売業（チャネラーと呼称される）を可能な限り短縮していき、より新規の大規模小売・問屋の存在を確立する必要があると捉えられていた。

　特に、日本国内における流通革命は当時アメリカなどで発生したものと違い、スーパーマーケットの歴史や展開が比較的浅い中で進行したもので、急激な変革として発生していることから、現場・学術各段階での対応が乱雑になってきたと指摘されている。と同時に、そうした小売業におけるスーパーへの主体変化といった実際の現象は、あくまで商業・販売革命や配給革命程度に留まるものであり、正確な流通革命には足りていないという指摘もされ

第 2 章　日本経済における中小企業の根源的機能と役割　**35**

ている。曰く、あくまで経路（チャネル）における変化が発生してこそ真の流通革命であり、そこには卸・小売業だけの変化ではなく、物理的に商品を運ぶ輸送の分野においても、取引の短縮化・簡略化が発生すると捉えられている[10]。

同様に、田島（1962）では大量生産・消費を成立させる販売の革新であり、小売業における販売革命と定義している。大量の商品を流通させる構造が整っていなければ、生産された商品は廃棄や無駄を生むこととなりえるため、流通の構造から変化させる必要があるのである。そしてそれは、販売経路やチャネルといった、製品が最終顧客まで流れる道筋を指している。

また、その際にそれまでの日本における商流で基本的な特徴でもあった、低生産性や多段階の取引、小規模零細の企業が多数存在することなどは非近代性と評され、改善が求められるものとして認識されていた。この改善によって販売の革新を行うために、製造業者による経営主導を小売・問屋段階に行うこと、究極を直売とする流通段階の削減、新規の流通経路拡大、問屋の製造業者に基づいた専売化といったことが提案された。一方で、小売業の販売革命については、デパートをはじめとした大規模小売店の成立とそれに伴う商流の変化を指摘し、日本においてはスーパーマーケットがそうした変化の担い手となると捉えられていた[11]。

これらの主義主張において、中小規模の小売業や町中にある個人経営の商店はその数を減らしていき、日本国内には大きな経済環境の変化が訪れると捉えられたのが、高度経済成長から円高への移行期なのである。議論の中では、そうした小規模企業や個人事業主への補填は、経済活動ではなく社会福祉活動として行っていくべきという議論も存在した。

実際に、こうした流れを受けて、前述してきたように産地問屋を軸にした地場産業地域の企業群は、海外市場への販売戦略を展開した側面もあったと考えられる。大量生産品の国内における商流は大規模小売店などを通じて販売していくこととなり、また国外の安価製品なども徐々に入り込み始めた時期であることを考慮すると、一定の品質を保証された産地産品は徐々に嗜好品の領域へ移行しつつあった。そうした中で、国外への販売を促進し、円高

期であったことを生かして外貨獲得に努める形で、産地企業が事業を展開したのは自然な流れであったと考えられる。いずれにしても、流通革命に伴う商流の変化は、中小企業にとっても取引の手法に少なからず影響が及ぶと同時に、事業としての革新や成長の幅を推し進める社会的な変化だったと考えられる。

　事実、中小企業に対する認識が経済的弱者というものから、個性ある事業集団というものに変化し始めたのもこの時期である。変化していく市場の動向に対処し、各企業が事業単位での発展を達成していったことから、日本の経済活動における中小企業の役割が大きくなっていったと考えられる。

第2節　バブル経済崩壊後の中小企業の動向

　時代は進み、コンピュータの黎明期である1980年代に入ると、中小企業の高度化に関する事業も整い始めた時期に、日本はバブル経済期に突入する。特に、1985年のプラザ合意に伴う円高は、前述した輸出産業への打撃を与えながらも、国内の不動産価値は上昇し、急激な好景気を創出することとなった。しかしながら、こうした一時的な経済上昇は長続きせず、1990年代初頭にはバブルの崩壊が発生し、経済状態は悪化の一途を辿る。ここから、経済学における今日まで続く失われた20年、30年の論調が始まったのである。

　この期間の中小企業は、より拡大するグローバル経済の中で、大企業の海外進出に伴う下請取引構造の再編により強く影響されることとなった。すなわち、親企業を中心に構築されていた縦の分業構造、下請取引構造においても、産地の分業構造と同様の構造崩壊が発生したのである。こちらは特に親企業の海外直接投資・海外進出に伴う、中小企業側の移転の可否という面で取引の断絶が発生し、分業体制の崩壊以上に事業の維持が困難になったケースも存在すると推察される。なぜならば、当時の二次、三次下請の中小企業にとって、親企業、一次下請企業との取引は強固な関係性に基づいて構築された、唯一の事業内容であるケースが往々にしてあったためである。言い換えると、取引構造が崩壊した際に別事業へと代替できる技術力、事業内容を

第2章　日本経済における中小企業の根源的機能と役割　**37**

保有していなかった場合が多かったのである。今日でもイメージされる、弱い中小企業の特性はまだ残存していたといえる。

一方で、パソコン等インターネットの普及も伴ってビジネスの簡易化、事業の仕組みの変化が急速に普及していったのも 1990 年代から 2000 年代初頭にかけての動きであったといえる。オフコン自体の普及は 1970 年代から始まっていたが、特に 2000 年の新世紀時期にパソコンの普及、インターネットの一般家庭普及に伴い、最終顧客向けのビジネスは大きな変化にさいなまれたといえる。最も大きな影響は、電子商取引による市場の変化に間違いないだろう。Ｅコマースの普及により、店舗設置型の小売店は大きな打撃を受けることとなった。

同期間の中小企業全般に対する認識は、こうした環境の荒波こそあれ、1999 年の中小企業基本法改正でもわかるように、経済的弱者という特徴はある程度鳴りを潜めることとなった。つまり、中小企業は規模に基づく各種経営課題を抱えていながらも、連携や異業種交流、高度化などを通じて発展し、独自性を持った企業組織として認識されるようになったのである。この発展には、戦後復興を目指した 1950 年代、1960 年代での、下請関係を通じた親企業からの技術共有・指導も大きく寄与しているといえる。

また、海外移転を行う企業が増加するのと同時に、中小企業研究の分野においても、国外企業への着目が増加しつつあった。実際に日本企業が移転先や進出先としていた中国、タイなどのアジア圏をはじめ、産地企業のモデルケースとして分析されたイタリア、経営学分野の先進的なモデルケースやシリコンバレーといったベンチャー企業のメッカとしてのアメリカなど、他国の中小企業に対する分析・検討が進んだのである(12)。

一方国内経済においては、産地地域や地方地域の企業が持つ経済的な重要性は、1990 年代の間は減少していた。特に、円高での輸出型産地の縮小に加え、グローバル型経済への社会的な突入は、日本国内における地方地域、山間地域への企業進出の優位性を消失させ、企業の海外進出を加速させた結果、産業の空洞化を発生させることとなった。この状況に対処するために、地方経済を活性化させる主体として中小企業の役割が 2000 年代以降は検討され、

今日まで続いていると考えられる[13]。

このように、中小企業はバブル経済の崩壊以降、徐々に日本における経済政策の中心へとその役割を変化させてきたといえる。大企業の発展を、国家を挙げて補助するのではなく、事業所数、従業員数、付加価値額などで十分な割合を担う中小企業の発展が、今後の日本の発展に直結するという認識は、2000年代前後で強固になったのである。

第3節　リーマンショック期以降の中小企業の発展

様々な取組や経済補助が計画こそされど、すでに第2節でも記述したように日本の経済状況は1990年を境に失われた30年と呼ばれる低成長期間が継続している。この低成長期間の中でも、日本はいくつかの経済後退にあたる出来事を経験している。一つ目が、2008年に発生し、2009年頃から影響が顕著に出てきたリーマンショックである。アメリカ不動産企業の不祥事に伴うバブル経済の崩壊に端を発したこの金融危機は、為替、金融商品の値下がりといった間接的な影響を製造業、物流業といった幅広い業種に与えることとなる。中小企業においてもそれは例外ではなく、特殊なニッチ市場を確保していた有力中小企業以外は、軒並み2009年時点での売上減、仕事量の激減にさいなまれることとなった。

そこからわずか2年後の2011年に、日本は東日本大震災を経験し、リーマンショックからの回復もしきれない中で再び経済への打撃を受けることとなった。

当該時期の中小企業は、設備投資においても困難な状況に陥り、景気回復後を目指した対策を取りづらい状態にあったとされている。特にそうした動向は、東京都心などの都市圏と、山間地域を含む地方圏での資金借り入れの頻度などで顕著な違いが生まれ、地方と都市の格差がより拡大することとなった。地域経済的な観点からみても、中小企業が保有しがちな規模に基づく経済的な課題が悪化したのである[14]。

加えて、『2010年版　中小企業白書』でも、日本の経済状態がアジア圏へ

の輸出を中心に金融危機でのダメージから回復しつつある中、中小製造業の2009年度からの生産指数の停滞や、中小企業全般における売上高における2008年からの急激な低下とある程度の回復が記録されていた。すなわち、全産業、経済全体が致命的なダメージを負ったというよりも、特定の産業や業界の被害が大きく、その中でも中小規模の企業が大きく影響を受け、中小規模間の格差が拡大したという印象がある。実際に、同時期では小規模企業の倒産件数もそれまでと同様引き続き高く、規模が小さい、企業組織として不安定な枠組みの中で競争の激化が起こっていたと考えられる[15]。

　藤川（2016）が行った金型製造業の動向に関連する研究でも、中小金型製造業がリーマンショックの影響から立ち直りきれていない実態が検証されていた。そこでは、金型製造業における経営力の高さが結果につながらない点を課題として、リーマンショックの影響をつぶさに分析しながら、解決策を模索していた。国外企業との取引や競争など、売上が減少した理由としては企業個別で要因が違ったものの、共通する課題として3点があげられた。具体的には、取引先の製造業による金型コストの削減、金型業界における不況時の低額受注が慣習化してしまった取引構造、量産に利用する後続型（一番型の反対）の生産が海外現地企業に任されるようになった生産構造の変化、以上3点となる[16]。

　古川と瀬川（2017）も、論文ではなく研究発表ではあるが、長野県の上田・坂城地域において、リーマンショックの影響が製造業出荷額に表れていたことを提示している。またその要因として、国外企業との取引増加と、それに伴う国内企業の分業構造、取引関係の希薄化が進展している点をあげた。すなわち、1990年代から進展してきたグローバル化がさらに深化し、企業ごとに外注先の変更や内製化の実施を通じて、事業のやり方そのものへの影響があったと考えられている[17]。

　一方で、地域産業の担い手としての中小企業の役割も、同様に深化したのがこの時期である。1962年から1990年代初頭まで続いた四度にわたる全国総合開発計画を引き継ぐ形で、1998年には「21世紀の国土のグランドデザイン」が、日本における地方地域の活性化、発展を主導する政策として取り組

まれてきた。これら大枠の開発計画に基づいて、2002年には都市再生特別措置法、2005年には地域再生法が施行され、中小企業を主体とした内発的発展、地域経済の維持が目指される動きが強まった。事実、新事業創出促進法は2007年時点で「中小企業の新たな事業活動の促進に関する法律」へと発展を遂げている。また、企業立地促進法や中小企業地域資源活用促進法など、地域産業や産業集積を活性化しようとする産業振興の動きも、中小企業を主体として実践されるようになっていった[18]。

　加えて、産業振興だけでなく、中小企業自体の振興を対象とした取組も、2008年前後では地域経済との関係性を考慮したものが増加していった。例えば、農林水産省が実施母体となっている2007年度からの農商工連携活動や、2019年現在も認定支援を継続している六次産業化などがあげられる。これらの取組では、中小企業が単一の企業組織として事業を進捗して発展するのではなく、農業などの関連産業、異分野との連携を通じた上で、全国各地の地方経済に寄与する形で成長することが画策されている。

　これらの研究や実態からわかるように、リーマンショック期からの中小企業はまず、景気が徐々に回復する中で継続して主張されてきた企業組織としての成長・発展による生き残りを、より強く意識する必要がある過渡期に立たされたのである。大企業と比較してその経営戦略を発展させること以上に、不安定な経済環境の中でいかに生き残るか、またその競争相手としてより同一・類似規模の中小企業群の存在が大きくなってきたことから、既存の協力関係といかに折り合いをつけるかといった、取引構造面での変化がより多く生まれた時代でもあった。さらに、地域産業や経済を盛り上げる主体として中小企業が取り上げられていく中で、支援施策の方向性も、行政からのトップダウン式のものから、新規事業・計画への支援補助金を認定する、現場からのボトムアップ式を主要とするようになっていく。言い換えると、リーマンショック以降の中小企業はより独立性の強い、主体性を伴った経営計画を立案、実行できるか否かによって、存続の危機度が変わってきたのである。2010年の中小企業憲章でも提示された、経済を牽引する時代の先駆け的な主体という側面が、実態の経済においても意識・実行を必要とされるように

なったのである。

第4節　時代を超えて変わらぬ中小企業の機能と役割

　ここまで歴史をみてきた中でも、中小企業はその時代ごとに社会的な認識が変化し、求められる機能も変わってきたことがわかる。経済的弱者という庇護下にあるべき存在と考えられながらも、確かに存在した事業を営む力をベースに下請企業群として経済復興を支えてきた。同時期には、産地企業を中心とした輸出産業の担い手としても活躍してきた。その後は経済活動を継続する中で成長・発展していった中小企業群を指して、特徴を持った企業組織体という認識が社会一般に浸透していった。縮小を継続する地域経済の復興を担う重要な集団という認識もされ、日本経済においては決して理論上だけでなく、実態としても支援、活性化させる必要が生まれたといえる。

　一方で、これまでの中小企業研究の中で培われてきた、理論上の中小企業の役割というものも、時代が変遷する中で変わらず残っていると考えられる。すなわち、①大多数の事業所数を占める雇用の受け皿としての機能、②地域で伝統的に操業を続けてきたことに端を発する地域経済の担い手・中心であるという機能、そして③多数派である点から構築される企業間ネットワークによって独創性・効率性の高い経営手法を生み出す機能の3点がある。

　まず、雇用の担い手という機能については、現実社会において現在でも揺るぎないものであるといえる。2018年時点での日本全体における事業所数、従業者数のうち、中小企業は変わらず99％、70％と高い数値を占め、最も身近な働く場所という側面に変化はみられない。近年では、そうした身近に存在するという事実に基づき、労働環境のモデルケースとして、大企業以上に新卒の就活生や被雇用者に実態を注視されているといえるだろう。ブラック企業を中心とした議論の発展から働き方改革が生まれる中で、労働者側の目線がより重要視され、研究分野だけでなく幅広い層に中小企業の労働環境がみられるように変化しつつある。

　次に、地域経済の担い手という中小企業の機能については、すでに第3節

でも記述したように支援施策、産業振興を通じて強化されている。特に、従来から中小企業は自社の立地地域に対する粘着性を持ち、地域内で在住する人々と密接に関連しながら、雇用や教育といった社会を構成する役割を保持してきたとされている[19]。こうした役割をより明確に行政が支援する形で、中小企業に事業だけではなく、地域への貢献活動や取組にも尽力してもらう形で、地域経済の活性化を目指しているのである。実際に、中小企業側にとっても地域人口の減少は人材確保の難化につながるという観点や、自らの事業を安定化させる意味でも地域経済との密接な関係性は継続すべき要素であるといえる。

　3つ目の、企業間ネットワークに基づく独創性・効率性の高い経営手法を生み出す機能については、現代社会においてより一層重要なものに変化したと考えられる。というのも、まず中小企業が中心となって構成する企業の集まりに関する理論的知見として、産業集積の概念が存在する。日本における産業集積の位置づけとしては、1960、1970年代における地場産地の活躍や、大手自動車、家電メーカーをトップに据えた企業城下町の取引構造など、幅広く研究されてきた重要な経済要素といえる。一方で、時代が進むにつれてこれら産業集積の強みであった取引構造が縮小・崩壊し、近年ではクラスター政策を最後に目立った行政支援は行われていない。ある意味では、議論としては一段落ついたものという認識が強い。しかしながら、こうした産業集積がグローバル経済の進捗に伴い、広範囲にわたる企業間ネットワークをベースにした新しい構造を創出しつつあるとする意見も存在する。いうなれば、既存の理論とは違う新しい産業集積が国際的に構築され、中小企業が今後対応すべき新しい取引構造理論が生まれつつあるのである。

　これら3点の中小企業が持つ機能性は、時代が変わって変化が加速した今日においても引き続き中小企業の重要な役割と認識されている。

第5節　持続可能社会に求められる中小企業の新たな機能と役割

（1）　地域経済の持続を支援する中小企業と地域の関係性

　ここまでの記述から、歴史的な中小企業の動向は取りまとめることができたといえる。では、2025年現在、21世紀に入ってからおよそ25年が経過した今後の日本において、中小企業はどのような役割を持つのだろうか。

　いうまでもなく、日本は先進国であり、1945年の終戦時に敗戦国となり、一時GHQを中心とするアメリカ国家による政治・経済管理を受けた国とは思えないほど発展しているといえる。IMF統計によれば、2000年からの国別GDP（米ドル）をみていくと、2000年時点で日本は世界第2位（4兆8870億ドル）であり、中国に追い抜かれた2018年時点でも世界第3位の名目GDP金額（4兆9710億ドル）を記録している[20]。また、このGDP金額はあくまで上昇しており、日本は低いながらも安定した経済拡大を継続している。

　国内の細かな経済動向を次はみていきたい。

　まず、経済の基調に影響を及ぼす人口の動向だが、総じて日本の人口は直近で減少の傾向にある。また、日本国内における地方地域と都市部地域との経済的格差は明瞭であり、例えば県別の人口変動では、数値上の格差は縮まっていない。

　2000年から今日、2020年までの人口動向をみると、全国で人口が増加した県は千葉、埼玉、東京、神奈川といった首都圏と、大企業の工場などの集積地でもある滋賀県、そして唯一、2000年以降で事業所数、企業数が上昇を続けている沖縄県のみである。一方で、他の県はすべて人口が減少しているわけだが、中でも東北5県（青森、岩手、秋田、山形、福島）と和歌山県、中国2県（島根、山口）、四国3県（徳島、愛媛、高知）、九州2県（長崎、鹿児島）は特に減少幅が大きい（図表2-1〜2-3参照）。

　これらの県はまた、2000年から20年弱で10％以上の減少率を記録しており（図表2-4〜図表2-6参照）、東京一極集中と呼ばれる関東圏への人口の集中傾向は依然続いており、同じく人口集積地といえる大阪、静岡、福岡といった

44

図表 2-1 2000 年以降の人口変動（東北 5 県）

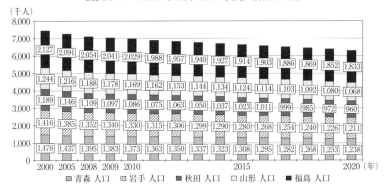

図表 2-2 2000 年以降の人口変動（近畿・中国・四国 6 県）

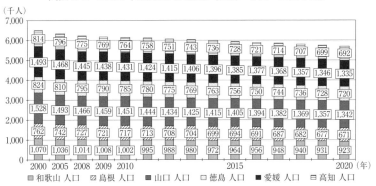

図表 2-3 2000 年以降の人口変動（九州 2 県）

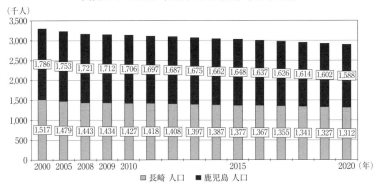

第 2 章 日本経済における中小企業の根源的機能と役割 **45**

各地の人口も減少を続けているのである。

　一方で、同様に2000年から2020年までの期間で県内総生産の変動をみていくと、全国的に数値は上り調子にあることがわかる。ただし、国全体としての人口減少があるからか、日本における総生産自体は直近の2020年などから減少の傾向をみせ始めている。しかしながら、特に人口減少が著しかった東北5県などでは県内総生産自体は2000年当時より減少しているものの、

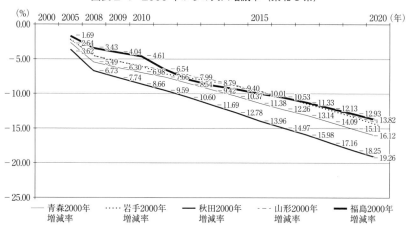

図表2-4　2000年からの人口増減率（東北5県）

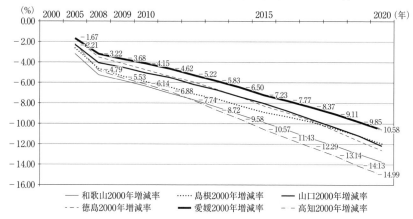

図表2-5　2000年からの人口増減率（近畿・中国・四国6県）

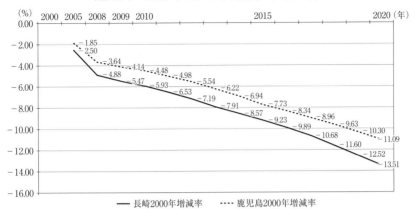

図表 2-6　2000 年からの人口増減率（九州 2 県）

減り幅には差があり、山形県などはほとんど 2000 年と 2020 年の総生産額は変化がない。すなわち、総生産額としては回復基調にあったといえる（図表 2-7 参照）。

　和歌山県はむしろ 2000 年からは総生産が増加しており、2020 年時点で約 6 ％増となっている。2019 年時点では 10 ％増であったことから多少の減衰はあるものの、総じて 20 年間で成長してきたといえる。中国 2 県の島根と山口も同様であり、島根県は 2020 年時点では総生産が減少しているが、他年度はいずれも成長傾向にある。山口県は総じて総生産が上昇傾向にあり、近年は減衰してきているが、人口減少に合わせた緩やかな縮小の傾向が見て取れる（図表 2-8 参照）。

　四国の徳島と愛媛、高知はそれぞれ県内総生産の変化に違いがあり、徳島が 20 年で 20 ％ほど増加して成長をみせているのに対し、愛媛は 1 ～ 5 ％程度の増減を 20 年間で繰り返してきており、安定状態にあるといえる。一方の高知は、2 県と比較しても金額ベースでの格差が見受けられるだけでなく、県内総生産の減少が 10 ％前後で継続しており、回復基調の年もあったが総じて縮小傾向にあるといえる。最後に九州の 2 県の県内総生産はどちらも 2005 年前後から 2014 年頃まで減少傾向をみせていたものの、近年はわずかな成長傾向をみせている。人口の減少はあるものの、経済活動としては一定の活

第 2 章　日本経済における中小企業の根源的機能と役割　**47**

図表 2-7　2000 年以降の県内総生産の変化（東北 5 県）

年度	青森県 県内総生産 (百万円)	青森県 2000年 基準 増減率 (%)	岩手県 県内総生産 (百万円)	岩手県 2000年 基準 増減率 (%)	秋田県 県内総生産 (百万円)	秋田県 2000年 基準 増減率 (%)	山形県 県内総生産 (百万円)	山形県 2000年 基準 増減率 (%)	福島県 県内総生産 (百万円)	福島県 2000年 基準 増減率 (%)
2000	4,566,746	0.00	4,945,636	0.00	3,866,892	0.00	4,313,915	0.00	8,092,154	0.00
2005	4,319,129	− 5.42	4,554,962	− 7.90	3,815,511	− 1.33	4,038,713	− 6.38	7,842,696	− 3.08
2010	4,317,735	− 5.45	3,993,964	− 19.24	3,288,338	− 14.96	3,750,944	− 13.05	7,157,752	− 11.55
2011	4,377,579	− 4.14	4,107,932	− 16.94	3,301,440	− 14.62	3,769,713	− 12.62	6,683,555	− 17.41
2012	4,377,675	− 4.14	4,328,679	− 12.47	3,284,467	− 15.06	3,789,111	− 12.17	7,008,448	− 13.39
2013	4,333,124	− 5.12	4,561,325	− 7.77	3,329,400	− 13.90	3,931,361	− 8.87	7,406,661	− 8.47
2014	4,354,535	− 4.65	4,652,936	− 5.92	3,378,061	− 12.64	3,910,797	− 9.34	7,658,221	− 5.36
2015	4,581,982	0.33	4,679,511	− 5.38	3,444,985	− 10.91	4,040,176	− 6.35	7,821,261	− 3.35
2016	4,605,246	0.84	4,731,438	− 4.33	3,504,863	− 9.36	4,150,438	− 3.79	7,961,970	− 1.61
2017	4,562,690	− 0.09	4,864,349	− 1.64	3,648,132	− 5.66	4,370,045	1.30	8,054,833	− 0.46
2018	4,481,903	− 1.86	4,913,356	− 0.65	3,561,253	− 7.90	4,324,602	0.25	8,022,920	− 0.86
2019	4,527,345	− 0.86	4,856,262	− 1.81	3,607,264	− 6.71	4,325,057	0.26	7,907,778	− 2.28
2020	4,456,607	− 2.41	4,747,426	− 4.01	3,530,452	− 8.70	4,284,158	− 0.69	7,828,577	− 3.26

注：2000 年より 20 年間の各県の記録で、増減率は 2000 年を基準値にしたもの。
資料：県民経済計算時系列データより筆者作成。

図表 2-8　2000 年以降の県内総生産の変化（近畿・中国 3 県）

年度	和歌山県 県内総生産 (百万円)	和歌山県 2000年 基準増減率 (%)	島根県 県内総生産 (百万円)	島根県 2000年 基準増減率 (%)	山口県 県内総生産 (百万円)	山口県 2000年 基準増減率 (%)
2000	3,412,320	0.00	2,584,578	0.00	5,704,108	0.00
2005	3,497,337	2.49	2,471,248	− 4.38	5,941,294	4.16
2010	3,504,304	2.70	2,358,798	− 8.74	5,889,092	3.24
2011	3,659,233	7.24	2,420,484	− 6.35	5,902,283	3.47
2012	3,661,651	7.31	2,379,011	− 7.95	5,831,660	2.24
2013	3,737,170	9.52	2,423,359	− 6.24	5,962,939	4.54
2014	3,659,814	7.25	2,457,472	− 4.92	6,085,182	6.68
2015	3,620,765	6.11	2,586,619	0.08	5,906,015	3.54
2016	3,792,951	11.15	2,594,738	0.39	6,254,245	9.64
2017	3,659,814	7.25	2,604,765	0.78	6,463,536	13.31
2018	3,752,652	9.97	2,635,508	1.97	6,398,545	12.17
2019	3,756,641	10.09	2,661,351	2.97	6,260,734	9.76
2020	3,625,091	6.24	2,575,687	− 0.34	6,148,146	7.78

注・資料：図表 2-7 と同じ。

図表 2-9　2000 年以降の県内総生産の変化（四国・九州 5 県）

年度	徳島県		愛媛県		高知県		長崎県		鹿児島県	
	県内総生産 （百万円）	2000 年 基準 増減率 （％）	県内総生産 （百万円）	2000 年 基準 増減率 （％）	県内総生産 （百万円）	2000 年 基準 増減率 （％）	県内総生産 （百万円）	2000 年 基準 増減率 （％）	県内総生産 （百万円）	2000 年 基準 増減率 （％）
2000	2,646,162	0.00	4,903,412	0.00	2,546,797	0.00	4,351,588	0.00	5,455,747	0.00
2005	2,822,633	6.67	4,923,410	0.41	2,286,754	− 10.21	4,403,742	1.20	5,397,407	− 1.07
2010	2,913,172	10.09	4,736,891	− 3.40	2,243,088	− 11.93	4,322,487	− 0.67	4,870,209	− 10.73
2011	2,961,605	11.92	5,036,026	2.70	2,246,852	− 11.78	4,231,706	− 2.75	5,163,934	− 5.35
2012	2,892,990	9.33	4,663,345	− 4.90	2,247,857	− 11.74	4,166,050	− 4.26	5,133,202	− 5.91
2013	3,018,311	14.06	4,809,557	− 1.91	2,332,178	− 8.43	4,219,000	− 3.05	5,258,671	− 3.61
2014	3,095,163	16.97	4,803,078	− 2.05	2,370,123	− 6.94	4,131,519	− 5.06	5,280,094	− 3.22
2015	3,157,319	19.32	4,993,677	1.84	2,432,688	− 4.48	4,514,071	3.73	5,500,703	0.82
2016	3,143,431	18.79	5,092,826	3.86	2,463,537	− 3.27	4,634,780	6.51	5,581,259	2.30
2017	3,220,285	21.70	5,231,994	6.70	2,487,619	− 2.32	4,665,459	7.21	5,838,605	7.02
2018	3,247,924	22.74	5,140,257	4.83	2,474,732	− 2.83	4,726,581	8.62	5,763,979	5.65
2019	3,232,636	22.16	5,165,669	5.35	2,466,288	− 3.16	4,692,689	7.84	5,796,645	6.25
2020	3,185,168	20.37	4,827,460	− 1.55	2,354,276	− 7.56	4,538,708	4.30	5,610,271	2.83

注・資料：図表 2-7 と同じ。

発さをみせているのである（図表 2-9 参照）。

　このように、縮小地域であっても、日本国内の経済状況は必ずしも悪化の一途を辿っているのではなく、人口が減少しつつも経済活動としては成長基調、あるいは維持する動向がうかがえる。これらの状況をひとえに支えているのが、多様な中小企業であると本書では考えている。

　実際に、同期間でこうした県内総生産の変動を産業別にみていくと、人口の減少がみられた県ではそれぞれに変化の特徴があり、一概にすべての産業縮小が一律で起きたわけではない。例えば、人口減少著しい岩手県などでは、2000 年から 2020 年にかけて、第 1 次産業は約 20 ％生産額が減少するなど縮小著しいものの、第 3 次産業については 4 ％程度の減少と景気動向に左右されたとみることができる程度の変化である。この傾向は秋田県、福島県などでも同じものがみられる。また、前述した総生産で一部上昇も記録した和歌山県などでは、第 2 次産業の生産性が同期間で 7 ％前後上昇し、第 3 次産業の約 2 ％の上昇を含めてみるに、県内の製造・建設業が活気を持ちつつある

傾向がみられる。

　実態としては直近の話だが、和歌山県内では特定地域で中小製造業者を中心に移住、新規雇用を推進した宿泊施設の運営を行っている。他地域からの労働力確保と、流入人口の増加を意識した活動である。人口が縮小する中でも経済活動を維持・成長させようという機運は各地で少なくない。また、その担い手として、地元中小企業が率先して活動をしており、新しい中小企業の役割が見出されつつあると考えられる。

　同時に、地域と都心部の格差を低減させるために、東京一極集中を打開する議論が存在する。この話題は、直近ではより根本的な、地域をどのように維持・発展させるかというものに戻りつつあるといえる。地域間格差は人口の増減から依然存在するものの、生産額の変化や増減は一方的なものとはいえず、各地域の中小企業が状況を改善するためにまず何よりも行動を行っていることが統計から推察される。今日の中小企業に求められる役割として、元来中小企業が保有していた地域との関係性という側面は、やはり重要であると考えられる。ただし、その内容は旧来のような経済成長を促す発展を率先して進捗させるものとは限らない。既存の産業、あるいはそこから派生や、大きく変化した新産業のいずれであろうと、地域の総生産をわずかでも上昇させる、維持していくことが肝要なのである。そしてその役割を担うのは、経済発展と事業拡大を追求する大手、新規ベンチャー企業よりも、地域に残存して事業を継続してきた中小企業の方が適格だと筆者らは捉えている。実際に、最新の『2024 年版　中小企業白書』や、それを踏まえた研究者らの考察や意見をみてみても、同様に地域中小企業に対する期待は高まってきている。

（2）　持続可能社会の定義と中小企業

　現在求められている持続可能社会というのは、研究においても分野ごとに様々な定義や要素があるといえる。例えば、自然環境の保全を意識した脱炭素の社会形成はその一つであり、リサイクルやリユースといった資源の保全や、CO_2 といった温室効果ガスの排出量削減も重要な要素となるだろう。そ

うした側面を踏まえた上で、社会政策における議論でゴフ (2023) は先進諸国が具体的に、"福祉国家"という側面を目指す必要を説いている。そこでは、環境保全を行っていくと同時に経済的な安定を確保するため、グリーン成長、消費の組み換え、脱成長といった3種類の考え方が必要であると主張している。つまり、現状の資本主義経済のみを維持し続ける形では、持続可能社会を形成することは難しく、新しい軸となる考え方が求められるという発想である[21]。グリーンニューディールや、社会保障、インフラサービスの徹底といった、社会福祉の側面と経済発展の側面、双方が維持できる状態を構築していくことが目標とされる。

一方で、2015年に国連採択で決定されたSDGsにおける持続可能社会とは、性別や人種、民族、国といった様々な枠組みを越える形で、すべての人が順風に生活できる社会を指していると考えられる。17個の目標は自然環境に対する努力もあれば、地域社会、生活環境の整備、労働環境の整備、教育の拡充といった、社会を形成する基盤の安定化と幅広く考慮されている[22]。

研究分野においては、安楽城 (2008) が2008年までの中小企業政策の変遷を取りまとめ、そこから中小企業の役割を導出している。彼は、高度経済成長期から徐々に中小企業政策の方向性が変化する中で、実態の中小企業に必要な方針と政策にずれが生じ始めたと捉えている。特に、他の著書なども活用しつつ、近代化政策に伴う中小企業の成長戦略の重要化や、中小企業へのベンチャー企業的期待へと認識が変化したことを振り返っている。さらに21世紀における市場競争の苗床、大企業とのイコールパートナー化、魅力ある雇用の担い手、地域経済発展の担い手といった、4種類の新たな役割を提示し直している。この事実を踏まえた上で、中小企業金融、人材確保、後継者育成と確保といった要素の課題が大きいとし、中小企業政策においても地方自治体の役割を強化しつつ、中小企業とともに戦略を練っていく伴走支援の重要性に近い議論を展開している[23]。いずれにしても、中小企業の新たな役割を振り返るに、従来考察されてきた経済的弱者の側面は最小限となり、地域外、国外といった対外的な市場で戦える企業群としての成長が望まれてきたことがわかる。

こうした社会からの要望や研究分野での意見を踏まえると、今日の中小企業が求められる役割は２種類に大別されると考えられる。すなわち、一つは新産業の先駆者となって新しい技術開発、市場開発に勤しんで地域産業の担い手となることである。これにより、地域における新たな雇用の創出を達成し、流入を含めた人口の拡大に寄与して所属地域、ひいては日本経済の拡大発展を達成できるような、新たな主力産業の中心に立つことである。

　もう一つは、雇用の場として地域経済を支えるという役割を深化させ、地域社会を形成する担い手としての発展である。これは経済活動のみに注力するのではなく、インフラ整備や生活環境への支援といった、社会福祉や自然環境整備にもつながるような活動を推進していくべきことを意味している。つまり、事業活動以外の分野への進出を中小企業が果たすことが求められているのである。この考え方は、いわゆる社会的企業の定義でもある、企業市民としての役割に基づく考え方といえる。

　その上で、中小企業のあり方についても考察していこう。

　まず、中小企業自身が生業型と事業型の２種類に大別することができると考えられるが、生業のあり方というものも今後の社会においては変化していくだろう。生業型の中小企業とは、自身の生活を成立させるために個人事業主、小さな商店といった形でビジネスを始め、その後も継続してきた形式であった。戦後の経済復興期や、金融危機などの経済不安定期にその数を増加させる生業型の企業だが、今後の社会においては生活の基盤を支えるというよりも、経営者自身の人生の目標や、自己表現の一環として事業が行われていくことが考えられる。すなわち、社会的企業の存在が通念化してきたことから、生業型中小企業もその存在意義に社会的側面を内包することが求められると考えられる。

　次に、事業型の企業における中堅規模への成長発展についても一考を記述する。中小企業が事業を継続する中で地域社会や経済の担い手として成長していくことは、企業規模の拡大とそれに伴う雇用の枠の増加を意味する。この考え方は、社会全体の動向としては積極的な経済成長を目指す方向性よりも、持続可能な社会構造を目指す方向に舵を切りつつある点に合致している。

すなわち、極端な規模拡大による経済全般の劇的な発展よりも、長期持続する、ゴーイングコンサーンを考慮した企業組織としての発展が求められている。日本にはもともと多数の老舗企業(24)が存在する国であり、それらの考えを踏まえた上での成長戦略を中小企業は考慮していくことが求められる。ここで重要なのは、中堅規模を目指しつつ、拡大することも必要ということであり、前述した生業型の中小企業であっても、成長戦略を取り入れた長期展望を求められる社会になっている事実である。経営者一族だけが生活できればいいという状態からはいずれ脱却し、中堅規模程度であろうと自社を拡大させ、地域、ひいては日本経済に寄与していくという気概が、今後の中小企業には求められるのである。

　最後に、前述した社会構造の変化も踏まえた上で、取引や組織の構造変化も考察したい。

　流通革命の時期にも発生したのが、中間層の中抜き、いわゆる問屋不要論などに始まる工程、取引の簡略化に伴う事業者の減少である。しかし、実際には事業者の数や工程の簡略化は極端に進んだわけではなく、また今日でも多様な卸売事業者は、製造分野への参入や伝統的な構造の維持から活動を継続している。

　このことから、卸売事業者の事業変化、業種転換・拡大も踏まえていくと、今日の取引構造はかつてより複雑な様相を呈しており、学術の場などで議論されてきた異分野、異業種からの競合参加が日常的に多発している状況にあるといえる。当然、そうした状況の背景には、各種事業のノウハウや技術の共有が以前より進んでおり、情報社会として世の中が発達してきたという点もある。すなわち、事業の競争環境はより熾烈となり、特に差別化の導出が難化している点が、中小企業の事業継続にとっては困難な要素として加わってきているといえる。

　そして、そうした熾烈な競争環境の中においても、様々な事業に求められる方向性に、持続可能社会を意識していることがあげられる。従来通りの事業を営む企業よりも、社会への寄与や産業全体に何らかの貢献をしている企業に対する期待・信頼の高さが重要度を増し、そうした企業を中心にした取

引関係やグループ化が、新しい系列として機能しつつある実態が見受けられる。類似した話として、東大阪地域における中小製造業の動向があげられるだろう。かつてのような他地域の特定メーカーとの取引による部品製造から中心的な事業内容は変化し、何らかの自社製品を取り扱っている企業を中心に、地域内で系列のようなグループ化、様々な事業の取組がなされている。

（3） 中小企業連携における現状

『中小企業白書』ではまた、「団体協約制度」などを通じて、新しい事業協同組合の役割も提示されており、連携組織としての協同組合の役割が再考される時期である[25]。もともと中小企業連携において、事業協同組合の果たしてきた役割は歴史的にも重要なもので、今日でも法人格を持つ連携団体として制度や支援施策が充実している。全国団体による活動も定期的に行われており、地域・組合それぞれの産業への寄与について議論される機会もより多くなり、組合員のためだけに活動するという、従来の役割からは発展しつつあるといえる。

今日の中小企業組合が考慮しなければいけない役割としては、産業全体の質や経済的地位、事業環境の向上を目指していける環境作りを行うような組合が求められているといえる。例えば、東京都に本部を置く、全日本一般缶工業団体連合会は、2010年頃から一般缶製品の環境への寄与、缶製品による包装の工夫とそれを伝えるデザイン商品の展開、地域の小学校などとの連携による地域教育活動、などを行ってきた。これらの組合としての取組は、実働していた単独組合員の利潤創出にももちろんつながったが、活動の本質的な意義は一般缶という産業全体の底上げ、世間的な認知度向上、事業の創出という側面が強かった。だんだんと商品などへの利用機会が減り、需要が低減していた一般缶産業自体を盛り上げようという活動群だったのである。

このような協同組合の活動は、従来意識されていた組合員の利益追求という観点からすると、もう一歩深化した取組であることがわかる。組織に所属している組合員の活動や事業を支援するのは従来通り継続しつつも、活動の本質や方向性は、より広範に影響するものが求められている。また、同業種

の協同組合ではもともと、同一地域内の同種の事業者が集まってきたことから、連携事業や技術・情報の共有に消極的な組合は少なくない。しかし、時代は変遷し、情報通信が発展したことは、他地域の同業種組合同士での交流を可能にしている。他地域であれば、商圏が重なる可能性も少なく、同業種での協働や情報の交流交換は、よりやりやすいと考えられる。実際に、前述した一般缶の組合以外にも、林業の分野でも他地域の事業者間交流を、組合を通じて行っている事例がある。今日の協同組合組織に求められているのはこのように、組織の枠を越えた協同の窓口であり、組合員の支援の仕方も広域的に捉えていく必要があるだろう。

　一方で、任意団体やNPO法人なども含め、異業種での交流や社会課題解決への中小企業連携はその形態を多様化させているといえる。大阪などでは、例えば大阪市内の東成区において、区役所と連携しつつ市内の製造業者が認知度向上と地域貢献、SDGsへの寄与を意識した各種活動を行っている。単純な組合や事業者同士の連携だけではなく、官民の連携も様々に実行されるようになってきている。こうした地域を意識した形での中小企業連携は、地場産業や伝統産品以外の分野でも活発になってきている。

注
1）小宮山琢二『日本中小工業研究』中央公論社、1941年、7頁参照。
2）植田浩史・桑原武志・本多哲夫・義永忠一・関智宏・田中幹大・林幸治『中小企業・ベンチャー企業論　新版』有斐閣コンパクト、2018年、23頁参照。
3）松島茂「中小企業政策の変遷と今後の課題」、『日本労働研究雑誌』2014年8月号（第56巻8号）、労働政策研究・研修機構、2014年、4〜13頁参照。
4）松島茂「中小企業政策の変遷と今後の課題」、前掲書『日本労働研究雑誌』4〜13頁参照。
5）前掲書『中小企業・ベンチャー企業論　新版』26〜27頁参照。
6）浅沼萬里著、菊谷達弥編『日本の企業組織　革新的適応のメカニズム─長期取引関係の構造と機能─』東洋経済新報社、1997年、274頁参照。
7）田杉競「金属機械工業における下請関係の変化」、日本経営学会編『経営組織論の新展開』ダイヤモンド社、1961年、127〜141頁。清成忠男『日本中小企業の構造変動』新評論、1970年。
8）渡辺睦「企業系列化と中小企業の存立形態」、前掲書『経営組織論の新展開』99〜126頁参照。

9）玄田有史「二重構造論―再考―」、『日本労働研究雑誌』2011年4月号（第53巻4号）、労働政策研究・研修機構、2011年、2～5頁参照。

10）林周二『流通革命新論』中公新書、1964年。

11）田島義博『日本の流通革命』マネジメント新書、1962年。

12）前掲書『中小企業・ベンチャー企業論　新版』82頁参照。

13）伊藤正昭・土屋勉男『地域産業・クラスターと革新的中小企業群』学文社、2009年、10頁参照。

14）小塚匡文『リーマンショック後の中小企業における設備投資とその変化―保証制度及びマクロ経済環境との関係―』独立行政法人経済産業研究所、2017年、10、11頁参照。

15）中小企業庁『2010年版　中小企業白書』13～33頁参照。

16）藤川健「金型製造企業の競争力に関する一考察」、『経営学論集』第86集、日本経営学会、2016年、（37)-1～（37)-9頁参照。

17）古川智史・瀬川直樹「地方圏の産業集積における企業内・企業間分業の変化」2017年日本地理学会春季学術大会。

18）山田浩之・徳岡一幸編『地域経済学入門　新版』有斐閣コンパクト、2013年、278～292頁参照。

19）前掲書『中小企業・ベンチャー企業論　新版』173～175頁参照。

20）IMF統計『World Economic Outlook』IMF、2019年。

21）イアン・ゴフ著、上村泰裕訳「持続可能な福祉のための二つのシナリオ―環境社会契約のフレームワーク―」、『社会政策』第14巻3号、ミネルヴァ書房、2023年、52～63頁。

　　　ここでは、グリーン成長は様々な経済活動などから排出を切り離して考えること。消費の組み換えは消費支出全体を削減するわけではなく、高炭素を取り扱わず低炭素に切り替えていくことで消費排出量を削減すること。脱成長は、消費成長として求められる水準を下げ、定常型経済を目指すこと、をそれぞれ意味している。拡大成長を軸にした自由主義経済を突き詰めるのではなく、一定量の経済循環で社会を形成することを目指す考え方である。

22）外務省国際協力局『持続可能な開発目標（SDGs）達成に向けて日本が果たす役割』外務省国際協力局、2023年。

23）安楽城大作「日本経済における中小企業の役割と中小企業政策」、『香川大学経済政策研究』第4号、香川大学経済学部、2008年、49～66頁参照。

24）ここでいう老舗企業は、創業より100年を超えた事業者全般を指し示し、フランスに立地するエノキアン協会の定義に基づく（https://www.henokiens.com/index.php、2024年11月14日所収）。

25）ただし、団体協約制度の具体的な活用や事例はまだ不十分な側面もあり、周知を含めてこれからの動向を注視する必要がある。『中小企業と組合』第79巻8号（2024年8月号）を参照。

第 3 章

新しいパラダイムと中小企業のあり方

第1節 新しいパラダイムで生き抜くための方法論

(1) 新しいパラダイムとは

　中小企業や大企業、あるいは事業協同組合や一般社団法人など、営利・非営利の組織を取り巻く経済・経営環境は、常に変化し続けている。一言でいえば、常にパラダイムは変わっていくのである。

　パラダイムとは、「もともと科学用語として使われてきたが、最近ではモデル、理論、知覚、既成概念、仮定、あるいは一定した見地をさす言葉として広く使われている。もっと一般的に言えば、パラダイムは世界を見る見方であり、私たちの認識、理解、解釈を決めるものである」[1]とされている。

　また、「誠意がありかつ知力に恵まれた人たちであっても、それぞれの経験というレンズ（パラダイム）を通して、同じ事実について異なる見方をすることである」[2]ともいわれる。

　したがって、経済・経営環境が変化し、新しいパラダイムに転換したとは、私たちの経済・経営環境に対する見方、認識、理解、解釈などが大きく変化したということである。企業経営上の問題に限定して捉えるならば、パラダイム転換とは、企業を取り巻く経済・経営環境が中長期的な趨勢の過程で抜本的に大きく変化したことに対する私たちの価値観の変化といえる[3]。

　また今日の新しいパラダイムとして、①少子高齢化による人口減少、②経済活動のグローバル化、③産業の空洞化と集積縮小、④都市（地域）間競争の激化、⑤コモディティ化、⑥ AI/IoT/DX の普及とネット社会の到来、⑦高速交通網の整備の進展、⑧地球・社会環境問題の台頭、⑨ SDGs/Society5.0

図表 3-1　新しいパラダイムと課題、およびチャンスをつかむ方法

新しいパラダイム	産業界で生じる課題	課題を解決し、チャンスをつかむ方法
少子高齢化による人口減少	人材不足、成長・発展する企業と縮小・撤退する企業の二極化	カイゼン（ムリ・ムダ・ムラの排除、省人化、協業化、自働化、コストダウン、DX 導入、サプライチェーンの見直し、企業間協働等の推進）
経済活動のグローバル化	競争激化、為替等価格変動の影響、グローバル・マス・マーケットへの対応	コスト削減・高付加価値化・為替（原材料）等の先物および現物取引
産業の空洞化と集積縮小	分業構造の崩壊・業界再編、ビジネスモデルの再構築	企業間・地域間協働、内製化・M&A
都市（地域）間競争の激化	成長・発展する企業と縮小・撤退する企業の二極化	地域 No.1、日本あるいは世界 No.1 へ、内需プラス外需の獲得、社員教育による人材の能力開発、ビジョン・理念の構築
コモディティ化	過当競争激化、生産性低下	増分効用の創出による高付加価値化
AI/IoT/DX の普及とネット社会の到来	ビジネスモデルの再構築、異業種からのアタック、寡占化・独占化の進展	カイゼン（ムリ・ムダ・ムラの排除、省人化、協業化、自働化、コストダウン、DX 導入、サプライチェーンの見直し、企業間協働等の推進）
高速交通網の整備の進展	企業・地域間競争激化	企業間・地域間協働、内製化・M&A
地球・社会環境問題の台頭	異常気象に伴う損失拡大、成長・発展する企業と縮小・撤退する企業の二極化	環境対応（ハード・ソフト）事業の推進、社員教育・ビジョン・理念の構築と実現
SDGs/Society5.0 の時代	社会的責任の範囲拡大	地域・社会・環境貢献型経営の実践

出典：筆者作成。

の時代などをあげることができる（図表 3-1 参照）。

（2）　少子高齢化による人口減少への対応策

　少子高齢化による人口減少は、大企業よりも人材の採用が困難な中小企業に常に人材不足を引き起こす。人材不足は企業の成長・発展を阻害するため、縮小・撤退する企業を発生させる。しかし、人材不足であっても、事業を成長・発展させる企業が存在する。成長・発展する企業と縮小・撤退する企業の二極化である。

　したがって、人口減少というパラダイムは、企業間の格差を拡大させる一

つの要因となっていることから、人材不足の中にあっても、事業を維持・成長・発展させる方法として、様々な方法を駆使した「カイゼン」活動が企業にとって必要不可欠となる。

（3） 経済活動のグローバル化への対応策

　経済活動のグローバル化は、経済活動のエリア拡大、つまり市場の拡大による市場機会を増加させる一方で、国内外での競争相手の増加も生じさせる。特に1985年のプラザ合意以降、日本の製造業による生産拠点の国際化が急速に進んだ。と同時に、日本や欧米の先進諸国中心の経済圏から、ロシアをはじめとする東欧諸国、そして中国・東アジア諸国やインド、中南米、南アフリカへと経済圏が拡大し、多国間での国際分業が展開されるようになった。

　こうしたグローバル市場が誕生した今日、国内だけで事業展開している中小企業も、為替相場や原燃料価格の変動により、事業の好不調に直接的な影響を受けるようになった。例えば、ドル高・円安は、製品やサービスの販売価格が下がり輸出しやすくなるが、製品やサービスの購入価格が上がり輸入しにくくなる。逆にドル安・円高は、製品やサービスの販売価格が上がり輸出しにくくなるが、製品やサービスの購入価格が下がり輸入しやすくなる。

　こうした為替相場の変動に加え、日本では輸入依存度が高い大豆や小麦、原油や鉄鉱石などの原燃料は、国際市場における需給バランスのみならず、投機マネーの投資対象ともなり、価格が大きく上下動する。そのため、国内で事業を展開している企業も、原燃料価格の国際的な変動による影響を受けずに事業を展開することは不可能である。

　したがって、大企業よりも国内中心に事業展開している企業の多い中小企業も、経済活動のグローバル化への対応として、為替相場や原燃料価格の変動に対するリスク・ヘッジ（発生する可能性のある危機に対する損出を最小限に抑える、あるいは回避する対策）を講じること、また価格競争力を維持するコスト削減、そして非価格競争力を獲得する高付加価値化が必要となる。

第3章　新しいパラダイムと中小企業のあり方　**59**

（4）　産業の空洞化と集積縮小への対応策

1985年のプラザ合意以降、今日に至るまで、価格競争力を失った国内の生産拠点が海外移転したことに伴い、国内の生産拠点は減少してきた。特に製造業を中心に雇用の場が縮小する事態に陥ってきた。加えて人口が減少している日本では、国内の製品やサービスと労働力の市場も縮小しているため、産業の空洞化と集積の縮小も進んでいく。

その結果、日本国内の大都市圏を除く地域、特に地方では「職・住・楽・教」の4つの都市機能が急速に縮小しつつある。この「職」機能の縮小は、地域の分業構造の崩壊と業界再編などを生じさせ、それに伴う急激な人口流出が地域住民の生活必需品やサービスを提供する生活基盤産業（小売・卸売業、飲食店、建設業、サービス業など）の喪失も引き起こしてきた。

言い換えると、多種多様な業種によって構成されていた地域の産業構造が空洞化で歯抜け状態となり、地域に残された企業は域内での自立的な存続が難しくなる。と同時に、地域住民の生活必需品の域内調達が困難な状態を発生させる。結果的に人口流出による過疎化も極限にまで進行し、限界都市や集落、あるいは消滅都市や集落、さらには廃村へと至る地域も少なくない。

こうした厳しい状況にある地域の中小企業は、縮小する域内から域外への市場拡大、つまりサプライチェーンの見直しに取り組む必要がある。さらに、域内に残った企業間での協働や地域を超えた企業間（地域間）協働を展開することで、縮小する地域でも生き残りを果たせる市場を確保していくことが求められる。

（5）　都市（地域）間競争の激化への対応策

都市（地域）間競争が激化する中で、「職・住・楽・教」の4つの都市機能に基づく「吸引力」の違いが都市間競争の勝敗を決める最大の要因となる。特に高速交通網の整備により、ヒトとモノの移動の利便性が国内外でかつてない水準で高まった今日、都市機能の格差を都市間で生じさせている。そのため、都市機能が集中する地域がある一方、都市機能が消失する地域も生じる。

しかし、単純に都市機能の集中する地域に立地する企業が有利で、都市機能の消失する地域の企業が不利という結果にはならない。実際は都市機能の集中・消失にかかわらず、事業を維持・成長・発展させる企業と、逆に縮小・撤退する企業の二極化が進む。つまり、差別化やブランド化などを通じた地域 No.1、日本 No.1、あるいは世界 No.1 を目指す取組や、域内から域外への市場拡大、つまり内需に加えて地域の枠を超えた外需の獲得などが事業の成否を分ける。しかも、こうした取組を開始するにあたって、長期的に事業を継続させ、その方向性を確立するために、社員教育を通じた人材の能力開発と経営理念やビジョンの構築が必要不可欠となる。

(6)　コモディティ化への対応策

　コモディティ化は、競合する製品やサービスの機能、品質、ブランド力などの差別化特性が失われ、価格や買いやすさだけを理由に購入時の選択が行われるようになることを意味する。つまり、同じ製品やサービスであれば、どのメーカーのどの製品やサービスを買っても、技術、機能、性能などの質に大きな差がなく、ほとんど同レベルの状態になり、類似した製品やサービスはすべて価格引き下げ状態に陥らざるをえなくなることである。なお、生産財や中間財では、生産技術の進歩による製品の同質化、消費財では生産技術の進歩と必要経費に占める販売促進費（販売手数料、販売奨励金、アフターサービス費など）の比率の増加から、コモディティ化の進行状況がわかる。このコモディティ化が進展すると、企業は価格競争による過当競争状態に陥るために、高い付加価値を得られず、生産性の低下を招く[4]。

　したがって、コモディティ化への対抗処置として、顧客にとって既存の製品やサービスとは明らかに異なる新しい価値、つまり増分効用による製品やサービスの差別化が必要不可欠となる。

(7)　AI/IoT/DX の普及とネット社会の到来への対応策

　AI/IoT/DX の普及とネット社会は、近年になって突如として到来したわけではない。現在の情報通信技術の歴史は長く、日本企業へのコンピュータ

導入は 1950 年代に始まった。当時は一部の大企業が高額な情報関連機器の導入を、企業内の特定部門での業務効率化を目的として行った。その後、1985 年頃になると、アナログからデジタルへの技術転換が始まる。この頃、中小企業も工場の自動化（FA 化）や事務処理の自動化（OA 化）に取り組むようになった。こうした動きは、生産現場での技術革新から、企画、設計、財務、営業のあらゆる場面での技術革新へと拡大し、今日に至る[5]。

　現在は情報関連機器の小型化、高速化、低コスト化と通信料金の低価格化、および通信速度の高速化・大容量化などによって、世界中の企業と一般消費者を巻き込んだネット社会が形成された。つまり、情報関連機器を介して、いつでもどこでも誰もがインターネットをはじめとする情報通信ネットワークに接続し、情報の受発信とその蓄積、分析、加工を行うことができるようになった。それゆえ、企業の事業活動にとっての情報（文字、画像、音声、設計図、知的財産権など）は、ヒト、モノ、カネに続く第 4 の経営資源として欠かせないものとなった。特に、社内外の情報ネットワークを積極的に活用した経営活動が否応なしに必要となった。

　したがって、今後、企業が事業活動を通じて成果を上げていくためには、情報通信技術（デジタル化）への対応という単純な発想ではなく、生産性や品質の向上、新製品や新サービスの開発、新販売方法や新物流経路の創造、新しい組織運営の実現のためにデジタル化するという発想が求められる。

　なお AI は、Artificial Intelligence の略で人工知能と訳され、コンピュータをはじめとする情報関連機器が自ら学習し、人間を超える高度な判断を可能にするとされている。また IoT は、Internet of Things の略で、実社会のあらゆる情報がデータ化され、ネットワークを通じた自由なやりとりができるといわれている。そして DX は、Digital Transformation の略で、デジタルツール（情報関連機器やネットワークなど）の活用により、企業の日常業務がアナログ（紙や口頭）で行われている段階から、業務の効率化やデータ分析を行っている段階を経て、最終的にビジネスモデルの変革や競争力強化に取り組んでいる状態に発展するといわれている[6]。

（8）　高速交通網の整備の進展への対応策

　高速交通網の整備の進展は、時間距離の短縮によって遠隔地間での取引を可能とし、新たな市場や取引先の開拓といったプラス効果をもたらす一方で、遠隔地間の事業者との競争を激化させるマイナス効果もある。プラス効果を享受できれば事業拡大につながるが、マイナス効果に直面し、競争に敗れた場合は事業の縮小や撤退を余儀なくされる。

　日本国内に限ってみれば、広域的に自社の製品やサービスを提供していくために、利便性の高い高速道路のインターチェンジ、新幹線の駅や空港の近いところに事業所の立地が進む傾向がある。というのも、高速交通網との接続により、特定地域に限定された市場を超えて、海外も含めた広域的な大規模市場へのアクセスが容易になるからである。

　しかし、単純にアクセスのよさを考えた企業立地が事業の成功要因となるとは限らない。高速交通網の整備は従来、競争相手ではなかった海外も含めた他地域の業者との競争も生む。したがって、高速交通網とのアクセス改善に合わせて、事業の差別化を実現し、他地域の同業者よりも競争優位を確保できなければ、逆に苦境に立たされることになる。新しい競合相手への対策が必要不可欠になると同時に、企業や地域の枠を超えた企業（地域）間での協働体制の構築も求められる。

（9）　地球・社会環境問題の台頭への対応策

　地球環境問題といえば、一般的に地球温暖化やゲリラ豪雨のことをイメージする人が多い。一方、社会環境問題といえば、人間関係の希薄化や孤独感の増大、軽犯罪の多発などを思い浮かべる。また、地球環境問題と社会環境問題は別次元のことと考える人も多いが、この2つの問題は、人々の日常生活や経済活動を通じて生じた問題であり、切っても切れない関係にある。

　ちなみに、気候変動に関する政府間パネル（IPCC）第5次評価報告書は、気候変動による人々の強制移転の増加や国家安全保障政策への影響を指摘している。また、2016年のアメリカ国家情報会議（NIC）の報告書は、気候変動がもたらす安全保障の問題として、①国の安定性への脅威（気候関連の災害、旱魃、

飢え、インフラへの損害など）、②社会的・政治的緊張の高まり（河川や水源、土地をめぐっての紛争）、③食料不安（価格および供給）、④人の健康への影響（熱波、伝染病など）、⑤投資や経済的な競争力への負の影響（脆弱な地域への投資回避）、⑥気候の不連続性による突発的な現象をあげている[7]。

こうした問題に伴う損失拡大を最小限に食い止めるために、中小企業を含む事業を営むあらゆる組織は、持続的発展を阻害する損失拡大を防ぐために有効な環境対応型の事業を展開していく必要がある。加えて、自然災害をはじめとする大規模災害に備えた危機管理として、事業継続計画（BCP：Business Continuity Plan）の策定も必要となる。

なお環境関連マネジメントシステムの代表として、スイスに本部がある国際標準化機構（ISO：International Organization for Standardization）によって1996年に発行されたISO14001（環境マネジメントシステム）の認証規格がある。この規格は、すでに世界中で普及し、中小企業にとっても有効な手段を提供する。特にISO14001と関連して、温室効果ガスを排出している事業者向けにはISO14064とエネルギーの省エネ・節電を継続的に行うためのISO50001がある。このほかにも食品安全のISO22000、情報セキュリティーのISO27001、道路交通安全のISO39001、事業継続のISO22301がある。これらすべての認証がどの企業にも必要となるわけではないが、自社の事業内容と規模、そして事業目的に応じて活用される必要がある[8]。

ところで社会環境問題は、日本人の価値観の変化とそれに伴う行動様式の変化から生じている。そこで、戦後の日本人の変化として、「強まった」「どちらかといえば強まった」とする割合の合計が多い上位3つをあげていくと（図表3-2参照）、「個人主義」「お金が一番という考え」「事なかれ主義」となる。これらはいずれも自己中心的な考え方で、企業内や企業間でのチーム・プレーや組織的活動に悪影響を及ぼす可能性がある。

逆に「弱まった」「どちらかといえば弱まった」とする割合の合計が多い上位3つは、「自分を犠牲にしても人のために尽くすという考え」「年長者を敬う心」「組織への忠誠心」であった。人のために尽くすことで顧客に喜ばれるのであり、年長者を敬うからこそ若手への技能や技術の継承も上手くい

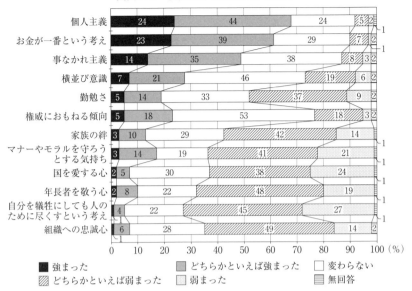

く。しかし、そういった考え方が弱まると、やはり企業内や企業間でのチーム・プレーや組織的行動に支障をきたすことになる。

こうした地球・社会環境の変化に対応して、持続的に事業を展開していくにあたっては、経営理念・ビジョンの構築と、社員教育による人材の能力開発を通じたビジョンの実現が必要不可欠となる。

(10) SDGs/Society5.0 の時代における備え

SDGs/Society5.0 の時代は、地球・社会環境問題の台頭と AI/IoT/DX の普及とネット社会の到来とも関連する。

まず SDGs（Sustainable Development Goals：持続可能な開発目標）は、2015 年に 193 すべての国連加盟国によって採択され、未来の世代を犠牲にすることなく現在の要求を満たす開発を意味する。また 17 の目標から構成され（図表3-3

図表 3-3　SDGs17 の目標とその内容

No	目標	内容
目標 1	貧困	あらゆる場所のあらゆる形態の貧困を終わらせる
目標 2	飢餓	飢餓を終わらせ、食料安全保障及び栄養改善を実現し、持続可能な農業を促進する
目標 3	保健	あらゆる年齢のすべての人々に健康的な生活を確保し、福祉を促進する
目標 4	教育	すべての人々への包摂的かつ公正な質の高い教育を提供し、生涯学習の機会を促進する
目標 5	ジェンダー	ジェンダー平等を達成し、すべての女性及び女児のエンパワーメントを行う
目標 6	水・衛生	すべての人々の水と衛生の利用可能性と持続可能な管理を確保する
目標 7	エネルギー	すべての人々の、安価かつ信頼できる持続可能な近代的エネルギーへのアクセスを確保する
目標 8	経済成長と雇用	包摂的かつ持続可能な経済成長及びすべての人々の完全かつ生産的な雇用と働きがいのある人間らしい雇用（ディーセント・ワーク）を促進する
目標 9	インフラ、産業化、イノベーション	強靭（レジリエント）なインフラ構築、包摂的かつ持続可能な産業化の促進及びイノベーションの推進を図る
目標 10	不平等	各国内及び各国間の不平等を是正する
目標 11	持続可能な都市	包摂的で安全かつ強靭（レジリエント）で持続可能な都市及び人間居住を実現する
目標 12	持続可能な生産と消費	持続可能な生産消費形態を確保する
目標 13	気候変動	気候変動及びその影響を軽減するための緊急対策を講じる
目標 14	海洋資源	持続可能な開発のために海洋・海洋資源を保全し、持続可能な形で利用する
目標 15	陸上資源	陸域生態系の保護、回復、持続可能な利用の推進、持続可能な森林の経営、砂漠化への対処、ならびに土地の劣化の阻止・回復及び生物多様性の損失を阻止する
目標 16	平和	持続可能な開発のための平和で包摂的な社会を促進し、すべての人々に司法へのアクセスを提供し、あらゆるレベルにおいて効果的で説明責任のある包摂的な制度を構築する
目標 17	実施手段	持続可能な開発のための実施手段を強化し、グローバルパートナーシップを活性化する

出典：外務省『我々の世界を変革する：持続可能な開発のための 2030 アジェンダ』2015 年、15 頁（https://www.mofa.go.jp/mofaj/gaiko/oda/sdgs/pdf/000101402.pdf、2023 年 9 月 12 日所収）。

参照)、2030 年を目標達成年度としている⁽⁹⁾。

次に Society5.0 は、内閣府が 2016 年に『第 5 期科学技術基本計画』で発表したもので、経済発展と社会課題の解決を両立する人間中心の社会のこととされる。すでに情報通信端末の小型軽量化と低価格化による普及段階から、半導体の処理速度と通信速度が飛躍的に向上する段階となり、地球上のすべてのヒトとモノが情報通信ネットワークでつながる時代となった。この技術を活用して、経済発展と社会課題の解決を両立しようとするものである⁽¹⁰⁾。

したがって、SDGs と Society5.0 の実現のために、中小企業を含むすべての企業は、拡大する社会的責任を果たすことが必要不可欠となる。

ちなみに、企業の社会的責任（CSR）に対する包括的な概念を 1953 年に提示したボーエンは、企業道徳と企業の社会的義務は企業の社会的責任と同意語であり、企業の社会的責任は社会における目標や価値に則って望ましい方策を追求、決定し、その一連の活動を行うことであるとした⁽¹¹⁾。

また 1988 年にアンダーソンは、企業の社会的責任は伝統的な企業と社会との関係、すなわち企業は社会が必要としている財やサービスの供給、就業機会の提供、生活水準の改善など経済的なものから、大幅にその責任が拡大し続けてきたという。また、企業に向けられる新たな社会的価値に対する責任の増大の結果、国や国際的な諸法制の遵守、公害・環境・安全・健康などの問題解決、生活の質の改善、雇用機会均等、貧困・性的嫌がらせの排除、児童・老人福祉の充実、芸術・大学への支援、そのほか多くの分野のことが含まれるようになったとしている⁽¹²⁾。

なお、企業がこのような社会的責任を持つべきとする考え方が拡大した背景には、現代社会が多元論的社会になったことにある。特に、企業を取り巻くステイクホルダー（従業員、顧客、消費者、仕入先、金融機関、地域住民など、図表 3-4 参照）は、企業には社会を脅かす社会問題を正す道徳的義務があると強く感じ、企業に対して今日顕在化している社会問題に対応するように圧力をかけている⁽¹³⁾。

こうした考え方に対して日本では、江戸時代の近江商人による「三方よし（売り手よし・買い手よし・世間よし）」や、石田梅岩の「石門心学」による「先も

図表 3-4　ステイクホルダー（利害関係集団）と中小企業との関係

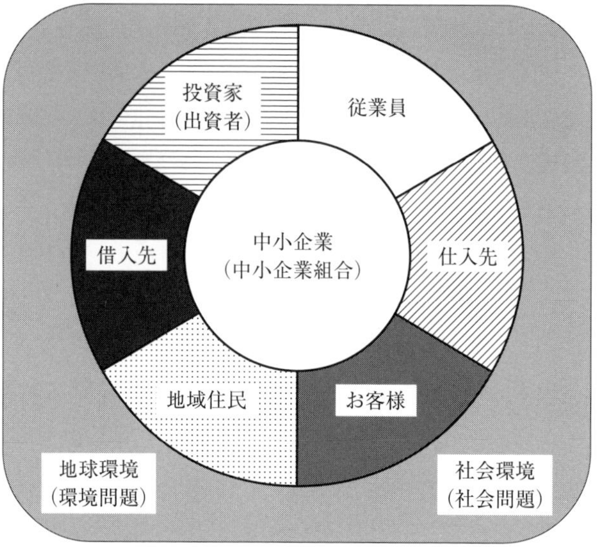

投資家
（出資者）

従業員

借入先

中小企業
（中小企業組合）

仕入先

地域住民

お客様

地球環境
（環境問題）

社会環境
（社会問題）

出典：筆者作成。

立ち、我も立つ」といったステイクホルダー重視の経営理念と経営方針を掲げて事業展開してきた経営者は少なくない[14]。

　したがって、中小企業は企業の社会的責任の領域が拡大する中で、企業が今後も存続、維持、発展していくために、個々の企業の利益を公共の利益に合致させる、つまり自社の利益を追求しつつ、社会全体の利益の実現を目指す必要がある。しかし、こうした企業の行動原理の実行が困難な状況にある企業、具体的には利益が出ずに営業利益が赤字、あるいは借入金過多による債務超過などに陥っている企業もある。こうした企業は、事業再生や事業再構築から始めなければならない。

第2節　求められる地域の都市機能の回復と社会的事業の創造

　経済活動のグローバル化、都市間競争の激化、高速交通網の整備の進展などは、大都市圏への人口と事業所などの一極集中を加速させると同時に、地

方の都市機能を消失させている。つまり、地域の「職・住・楽・教」の都市機能の空洞化である。今日、この都市機能を回復させ、維持・発展させる担い手として、地域の中小企業と複数の中小企業によって集団（組織）化された中小企業組合（事業協同組合や協業組合、商店街振興組合などのこと、以下、組合と表記）に対する期待が高まっている。

　特に地域の中小企業と組合は、従来から地域の都市機能の担い手として社会的責任を果たし、その機能を担ってきた。

　第1に「職」は、中小企業と組合が地域住民に生活の糧を稼ぎ出す場として雇用を創出してきた。加えて、ヒト、モノ、カネ、情報の流入を増加させ、地域の吸引力をアップさせる中心的な存在が地域の中小企業と組合である。つまり、地域の中小企業と組合がその魅力を向上させることが、地域の都市機能の回復に資する原動力となる。そのためには、「職」を担う地域の中小企業と組合が、今後も地域住民が安心して就労できる機会を創出し、そこで働く人々にとって魅力的で安定的な職場を創造していく主体となることが求められている。

　第2に「住」は、小売・卸売業、飲食・宿泊業やサービス業、そして建設業などによって支えられてきた。また、これらの業種の事業者は、商店街振興組合、商業組合、旅館組合、専門工事業組合などの組合を形成して地域に貢献してきた。ちなみに建設業は、地域の住宅建設・修理、あるいは道路・上下水道・電気やガスなどの社会資本の整備と維持を担ってきた。

　第3に「楽」は、会話や飲食を楽しむ場を提供する飲食・宿泊業、スポーツや芸術に関連する商品を扱う小売・卸売業が担ってきた。また、中小企業と組合は、地域の祭りや伝統行事などを、これまでも地元自治会とともに主催、協賛、協力、後援してきたし、神社仏閣などへの寄進、奉納、寄贈もしてきた。

　最後に「教」は、児童、生徒、学生向けのインターンシップ（職場体験）、保育園や幼稚園、学校などに出向いての出張講座などを、これまでも地域の中小企業と組合が担ってきた。しかも、人材不足と人材採用の課題もあって、今後もこの活動は増えていく傾向にある。さらに、職人やデザイナー、専門

第3章　新しいパラダイムと中小企業のあり方　**69**

技術者などを養成する組合も存在する。実際に職業訓練学校やトレーニングセンター、技能検定セミナーなどを展開しているケースもある。

このように中小企業と組合は、地域の都市機能の維持、発展に直接関与してきた。しかし、都市機能をひどく喪失してしまった地域では、視覚的にわかる課題も発生している。例えば、空き店舗やオフィスのみならず、道路の修繕・整備の不良、空き家や公共施設・神社仏閣などの破損・倒壊、未利用地や耕作放棄地、山林の荒廃など、深刻な問題が生じている。こうした厳しい状況下でも、地域の中小企業と組合は、住民とともに、社会経済的問題の解決に資する事業の創造を通じて都市機能の回復を目指す取組をすでに開始している。

例えば、近年、コミュニティ・ビジネスが注目されてきた。このコミュニティ・ビジネスについて中小企業庁は、①地域住民が主体、②利益の最大化を目的としないこと、③コミュニティの抱える課題や住民のニーズに応えるために財・サービスを提供、④地域住民の働く場所を提供、⑤継続的な事業または事業体、⑥行政から人的、資金的に独立した存在などの特徴があるとしている[15]。

したがって、コミュニティ・ビジネスは住民主体の地域事業のことであり、地域コミュニティ内の問題解決と生活の質の向上を、ビジネスを通じて実現することを目指す。しかも地域コミュニティを基点にして、住民が主体となり、顔の見える関係の中で営まれる事業である[16]。

またコミュニティ・ビジネスの組織は、企業家に率いられて社会経済的問題の解決に取り組む事業体であり、その事業は営利的な形態と非営利的な形態がある。あるいは、他者が抱える社会経済的問題に取り組む他助的組織がある一方、自分たちが困り、悩む社会経済的問題への解決を目指す自助・共助的組織もある[17]。

ちなみに具体的なコミュニティ・ビジネスの組織形態には、株式会社、事業協同組合、NPO法人、公益法人、および任意団体などがある。これ以外にも、それぞれの組織を組み合わせた組織（複合組織）の形態もある[18]。

事実、コミュニティ・ビジネスとして、既存の中小企業と組合が地域住民

や地元の高校や大学、地方自治体などを巻き込んだ連携体、あるいは労働者や生産者による団体と地域住民の連携体などが社会的事業を展開し、地域活性化や社会課題解決の担い手としての機能と役割を果たすようになった。特に、女性や高齢者に学生も含めた市民が個々人で解決できない地域の問題（事業承継難、空き店舗・オフィス、田畑山林の荒廃、子育て環境整備の遅れなど）に対して、個人の集団としての力を発揮する団体（企業組合）を設立するケースもある[19]。

また国の政策として総務省も、「地域人口の急減に対処するための特定地域づくり事業の推進に関する法律（特定地域づくり事業協同組合制度）」を2020年に施行させた。この制度は、地域の中小企業によって集団（組織）化された組合により、地域全体の仕事を組み合わせることで、年間を通じた新たな雇用の場の創出を目指す。また、安定的な雇用環境と一定の給与水準を維持するために、組合で職員を雇用して事業者に派遣することで、地域住民の生活の担い手を確保する。こうした取組により、2023年5月時点で全国の92市町村で89の組合が設立されている[20]。

さらに、コミュニティ・ビジネスによる社会経済的事業として、既存の中小企業と地域住民の有志による中心市街地の廃業した大型店や小規模店舗の再生を手がける取組もみられるようになった。例えば、岩手県花巻市のマルカン百貨店や新潟県新潟市の沼垂テラス商店街、愛知県名古屋市の円頓寺商店街など、成功事例もみられるようになった[21]。

こうした事例はいずれも、地域の都市機能喪失に伴う危機に対し、地域の中小企業と組合、そして住民が協働することで成果を上げることが可能なことを証明している。コミュニティ・ビジネスによる社会経済的事業は、地域の都市機能の再生の切り札となる可能性がある。

第3節　地域内外での多様なヒューマンネットワークの形成

ネット社会の到来や高速交通網の整備の進展に伴い、人々の日常生活や企業の事業展開も、行政区域（都道府県、市区町村）を越えた広域的な活動が一般

化した。しかも、国境を越えたグローバルな活動も、今日では日常的な営みとなっている。その一方で、人々は固有名詞を持つ地域を問題にし、個人の顔の見える社会を地域に求めている(22)。

事実、行政区域を越えた広域的な活動を通じて、個人の顔の見える社会の範囲がグローバル化した今日でも、中小企業による国内外での多様なヒューマンネットワークの形成は、イノベーティブな企業の活動を、円滑かつ迅速に実現する機能を果たしている。

例えば、ベンチャー企業の集積で有名なアメリカのシリコンバレーでは、地域内外の経営者、技術者、労働者間で形成されるヒューマンネットワークが、アイディアの具現化と課題解決のために、企業の垣根を越えて、必要な技術を持つ人々が集う場として機能している。事実、このネットワークを通じて事業化が可能と判断されれば、オフィスや開業資金を提供する人、必要な設備を斡旋する人、開発を担う人なども加わり、新事業が開始されていく(23)。

ちなみに、サクセニアンは「シリコンバレーの技術者たちは、個々の企業あるいは業界よりも、むしろ技術者相互の結びつきと技術の発展に対する忠誠心を発展させてきた」としている(24)。

さらに、「シリコンバレーにおける持続的なダイナミズムは、企業間ネットワークの厚みと豊富さによって説明できる。集積内の企業はグローバル市場と域外のサプライヤーに深く依存している一方、コンピュータ関連産業の生産者は地域のサプライヤーを好みかつ、信頼に基づく人間関係を構築して、地元とともに自らも繁栄していこうとする傾向が強い」と指摘している(25)。

日本でも、地域の「職」の機能を担ってきた中小企業は、同業種や異業種による複数の中小企業によって集団(組織)化された人的結合体である組合を通じたヒューマンネットワークを活用してきた。また、組合と同様の経済事業や地域起こしを目的とする任意グループやNPO、ボランティアや社会貢献・慈善活動を行うためのライオンズクラブやロータリークラブなど、多種多様な団体がすでにある。これらの組織は、いずれも特定地域を中心とした活動ではあるが、地元の団体や地域の枠を越えた多様なヒューマンネット

ワークを形成した活動も盛んに行われてきた。

　例えば埼玉県秩父市では、カエデの樹液生産を事業とする秩父樹液生産協同組合と、地元の土産物の開発と販売を事業とする秩父観光土産品協同組合が連携し、多種多様な経営資源を有する他の団体や個人との交流を加えて、進化を遂げてきた。実際、秩父樹液生産協同組合と秩父観光土産品協同組合は、NPO法人秩父百年の森と協働し、森林整備活動（カエデを含む植林）、交流活動（地元と都会の人との交流）、環境教育支援活動（体験学習、カエデの樹液採取体験など）、地域活性化事業（カエデの樹液を活用した土産品の開発）を展開してきた。また、こうした活動が契機となり、2014年には秩父市へUターンした女性起業家によるベンチャー企業も誕生した[26]。

　このように特定地域の中小企業と組合、あるいは企業（組合）間の連携に加え、自分たちが不足する経営資源を、地域内外の多様な団体や個人とのヒューマンネットワークの構築を通じて補うことは、新たな事業を創造し、事業化を果たすイノベーティブな活動の実現につながるのである。

第4節　中小企業にしかできない人材の採用・育成・登用

　大企業の有効求人倍率は常時1倍未満で推移しているが、中小企業の有効求人倍率は毎年変動を繰り返しながら、常に3〜9倍の高水準である。中小企業の場合、様々な経営環境変化があっても、人材採用難が長年にわたって続いている。また人材の採用後も、経営資源に限りがある中小企業では、人材の育成にかける時間とノウハウが不足するために、自社内での研修制度が十分に整備されていない。それゆえ、人材育成の成果として、中小企業の生産性や付加価値の向上、売上増加、従業員の意欲や定着率の向上などにつながっていないことも多い。

　そこで、『中小企業の経営実態に関する調査』（2022年）[27]に基づいて、第1に中小企業による人材採用の方針をみていくと（図表3-5参照）、「退職者が生じた際に採用」が52.8％で最も多く、次いで「事業が拡大した際に採用」の40.4％であった。いずれも計画的な定期採用ではなく、欠員の発生や人材不

図表 3-5　中小企業の人材採用の方針に関して

採用方針	実施割合
退職者が生じた際に採用	52.8 %
事業が拡大した際に採用	40.4 %
中長期経営計画に沿って採用	34.4 %
自社が求める人物像を明確にして採用	33.5 %
入社（採用）基準（能力や資格等）を定義して採用	14.4 %

資料：明治大学政治経済学部森下正中小企業論研究室『中小企業
　　　の経営実態に関する調査』2022 年 10 月 31 日～12 月 5 日
　　　実施より作成。

図表 3-6　中小企業の人材採用の方法について

採用方法	実施割合
ハローワークの活用	71.2 %
経営陣自らによる採用	62.7 %
自社ホームページで募集	31.7 %
社員からの紹介	31.0 %
採用担当による採用	26.7 %
求人情報専門誌の活用	24.5 %
同業者や知人の紹介	22.7 %
学校からの推薦	21.6 %
人材紹介・スカウト会社の活用	20.2 %
人材採用・斡旋事業者へ委託	12.1 %
仕入れ・販売先の紹介	9.7 %
中核人材確保支援センターの活用	2.7 %

資料：図表 3-5 と同じ。

足への対応である。逆に、計画的な人材採用を行っている「中長期経営計画
に沿って採用」は 34.4 %、「自社が求める人物像を明確にして採用」も 33.5 %
に留まっている。さらに、「入社（採用）基準（能力や資格等）を定義して採用」
は 14.4 % に過ぎず、採用後の人材の生かし方や部門・部署、職務上の配置先
を想定した採用を行っている中小企業は少数派である。つまり、中小企業が
いかなる人材を求めているのかを明確化できていないために、求職者に採用
後の不安を助長している可能性がある。
　第 2 に中小企業の人材採用の方法をみていくと（図表 3-6 参照）、公的機関で

あり、オンラインシステムで全国的な求人情報を提供している「ハローワークの活用」が71.2％と最大である。ネットを通じて無料で求人を手軽にできることから、多くの中小企業が活用している。しかし、少数派とはいえ、有料の「求人情報専門誌の活用」が24.5％、「人材紹介・スカウト会社の活用」が20.2％、「人材採用・斡旋事業者へ委託」が12.1％である。「求人情報専門誌の活用」はハローワークと同様、求職者による求人中の中小企業へのアプローチを期待するものであるが、「求人情報専門誌の活用」と「人材採用・斡旋事業者へ委託」は、多くの大企業も採用している。したがって、知名度、認知度の高い大企業に有利に働く採用方法であるため、中小企業は大企業との差別化が困難である。

　一方「経営陣自らによる採用」も62.7％と「ハローワークの活用」に次いで多く、従業員の少ない中小企業では経営陣自らが採用活動を担っている。また「自社ホームページで募集」の31.7％、「社員からの紹介」の31.0％、「採用担当による採用」の26.7％が続き、いずれも自社独自の取組である。しかも、計画的な人材採用、および人物像や入社（採用）基準を明確にした採用方針を有する企業の割合とほぼ同じである。なお、「社員からの紹介」も3割程度ある。社員自身が勤務先に対して、働きやすい、仕事にやりがいを感じる、社内のコミュニケーションが円滑で会社の雰囲気がよいなど、高い評価を有している場合に可能な採用方法といえる。実際、親子と孫まで三世代が勤務、あるいは入社以前からの友人・知人が勤務するケースもみられる。また、実際に働いている人を通じた採用は、採用後の定着率の向上にもつながることが多い。

　最後に、採用後の人材育成（研修）の取組による成果を検討する前に、実施していない（未実施）からみていくと（図表3-7参照）、「後継者及び後継候補者向け研修」が78.0％で最も多く、次いで「業務相談者（メンター）の設定」の76.2％、「入社年次別・階層別研修」の72.3％が続き、7割弱だが「上司と部下とのパートナーの設定」は69.0％にも達している。その他、未実施の割合が5割未満の取組は「新入社員向け研修」と「各種専門資格取得への助成」のみで、これ以外はすべて過半数を超えている。したがって、中小企業では、

図表 3-7　人材育成（研修）の取組による成果

（単位：%）

育成（研修）の取組	育成（研修）成果			未実施
	高い	普通	低い	
各種専門資格取得への助成	14.0	33.7	10.3	42.0
社外研修への派遣及び助成	8.9	27.9	11.2	52.0
目標管理制度の導入	7.0	25.1	9.9	58.0
新入社員向け研修	6.2	43.0	7.4	43.4
業務相談者（メンター）の設定	4.8	11.8	7.2	76.2
管理者及びリーダー候補者向け研修	4.6	31.7	10.0	53.7
職種別研修	3.9	26.5	8.1	61.5
上司と部下とのパートナーの設定	3.4	17.5	10.1	69.0
後継者及び後継候補者向け研修	3.0	14.4	4.6	78.0
入社年次別・階層別研修	2.5	18.2	7.0	72.3

資料：図表 3-5 と同じ。

新人研修や業務に必要な専門知識と技術といった必要最小限の育成に留まっている。

　一方、採用後の人材育成（研修）の成果が「高い」とする取組で最も多いのが「各種専門資格取得への助成」の 14.0 % で、次いで「社外研修への派遣及び助成」の 8.9 %、「目標管理制度の導入」の 7.0 %、そして「新入社員向け研修」の 6.2 % であった（図表 3-7 参照）。

　いずれも未実施が多い中、職務内容と直結する専門資格取得と社外研修への派遣は、社外の検定制度や研修プログラムを活用できるため、自社で人材と資金を投じて、その制度やプログラムを整備する必要がないというメリットがある。しかし、この 2 つを除くすべての取組は、自社独自に行われるものであるが、「目標管理制度の導入」「新入社員向け研修」も高い割合ではない。しかも、これら 4 つを除き、育成の成果が高いとする割合が 5 % 未満に留まっている。その原因として、中小企業は大企業と比較して経営資源に限りがあるため、人材育成に資する専門人材の確保や、日常業務に加えて人材育成に必要な時間の確保などが困難な状況にあるといえる。

第5節　地域の持続的な経済発展に資する中小企業と組合

　いつの時代でも、いかなる経営環境でも、好業績を上げている中小企業が
ある。あるいは、中小企業の経営安定化や競争力の向上、業界全体の改善・
発展を促す共同事業を展開している組合も存在する。こうした中小企業と組
合は、地域の持続的な経済発展に貢献するあり方と手法を示してくれる。特
に、地域の持続的な経済発展に貢献している中小企業は、その企業規模にか
かわらず、倫理・道徳的志向と呼ばれる次のような高邁な経営理念を掲げて
いることが多い[28]。

- ・世界の繁栄と人類の幸福のために貢献する。
- ・オリジナル商品を創出し、産業界に貢献する。
- ・公害、安全など社会的問題に挑戦し、解決を図る。
- ・仕事を通じて人生を楽しみ社会に貢献する。
- ・事業を営む目的は、世の中をよりよいところにすることで、儲けること
　ではない。
- ・創造性と適応性を発揮し、適正な利潤を得て、企業の安定と成長を図り、
　社員の生活向上を目指す。
- ・社会に求められるモノや価値をより高めて提供し、広く社会に貢献する。
- ・今後、人類の諸問題を、自社技術がすべて解決する力を持っていると信
　じ、新製品開発に取り組む。

　こうした理念は、単なる理想の追求に過ぎないとする批判的な見方もある。
しかし、経済道徳に反することのない経営理念の構築こそ、企業を成長させ
る原動力となる。というのも、高度経済成長から低経済成長に転換して久し
い先進諸国では、企業の顧客である消費者やユーザーの欲求や要求に応え続
けることのできる企業だけが、存続、発展を許される時代となったからであ
る。言い換えれば、企業活動を通じて、欠陥品の供給や事故・事件・公害を

第3章　新しいパラダイムと中小企業のあり方　**77**

発生させている企業は、市場から厳しい評価を受け、市場からの大幅な後退や退出を強いられる。また、先進諸国に限らず発展途上諸国を含めた地球規模での環境問題への対応は急務である。こうした問題への対応は、企業が存続、発展していく上で、事業を通じて解決していかなければならない。

実際、新事業を創造して新しく誕生する企業と経営革新に成功する既存企業、いわゆる革新的な経営を行う中小企業の機能として、次の3つがある。

① 大企業よりも多くの新たな職業を創造する役割を果たすこと（雇用創出機能）(29)
② 大企業とは異なる最先端の技術革新活動に多大な貢献を果たすこと（最先端技術革新機能）(30)
③ 多くの競争企業や連携企業の一員として、中小企業が多数出現することで、新技術や新生産方式を活用し、一国の経済的国際競争優位を確立する産業基盤となること（新産業創造機能）(31)

具体的には、経済活力の源泉、雇用の創出、新規産業・先端産業における技術革新の推進、将来において経済を先導する大企業の苗床、地域における雇用の増大と失業の解消、企業経営者と従業員の協調的な労働環境の提供、企業家精神の発揮の場などの機能と役割を果たす中小企業が地域の持続的経済発展に貢献できる(32)。

次に、地域の持続的な経済発展に貢献している組合は、その会員である中小企業（組合員）が組合による共同事業を活用することで、組合員の経営安定化や経営力強化などを実現している。したがって、こうした組合が有する機能と役割は、中小企者の経済的地位の向上と組合員の目的に応じた共同事業の展開の実現にある。

第1に中小企業者の経済的地位の向上に資する共同事業には、①公正な競争の場の確保、②経営の近代化・合理化・高度化、③業界のルール確立・秩序維持、④中小企業者の要望を国の施策に反映などがある。

まず「公正な競争の場の確保」は、中小企業に大企業との無差別な競争を

強いることなく、中小企業を組織化して組合を独立の単位として公正な競争の場を確保することである。例えば、燃料や材料の購入価格は、大企業と中小企業では大きな差がある。一度に安く大量購入できる大企業に対抗するため、複数の中小企業が集まって安く大量購入する仕組みが共同購入である。

次に「経営の近代化・合理化・高度化」は、取引条件の改善、生産性の向上、販売促進、資金調達の円滑化、情報・技術・労務・マーケティングなどの経営ノウハウの充実を図ることである。今日では巨額な資金を伴うハード事業から少額な資金で実施できるソフト事業、特に教育・情報提供事業の人気が高い。この事業は、経営者向けから従業員向けニーズが高まる傾向にある。その背景には、若年労働力の採用と定着にとって教育・研修の実施が必要不可欠だからである。

また「業界のルール確立・秩序維持」は、中小企業の経営の安定と業界全体の改善・発展を図ることを目指す。従来の価格カルテルや業界価格などの構築から、今日では品質の基準と保証体制の確立、地域団体登録商標の認証取得などを通じた組合ブランドの確立へと進歩した。さらに、県外産に対抗するために、県内産の財やサービスの地産地消を目指した組合間連携、自治体や業界団体との協定の締結なども展開されている。

そして「中小企業者の要望を国の施策に反映」は、中小企業者の意見や要望を組合でまとめて国の施策に反映させる（建議申立の）権限が組合にある。

第2に中小企業（組合員）の目的に応じた共同事業の主力は、コスト競争力の向上と人材の能力開発に絞られる。まずコスト競争力の向上は、固定費、変動費などを低減する共同購入と、研究開発費や特許維持費などを低減する共同研究・開発、設備の投資コストを削減する共同施設利用がある。しかし、これらの事業も技術革新の影響を受ける、あるいは設備の老朽化に伴う更新も必要とする。

そして人材の能力開発は、これまでも経営者や従業員の教育を共同で行うことで、技術や技能のレベル向上を図ってきた。今日では、新人の採用・教育、階層別、技術・技能別の研修を行う組合も多い。加えて、地域で行うビジネススクールを組合が常設の企業教育研修機関として、受講者を組合員に

限定せず、地域の企業や個人にも開放するケースも増えた。

　今後も、地域の持続的な経済発展に資する組合事業は、中小企業者の経済的地位の向上と組合員の目的に応じた共同事業を通じて、実現されていくことが期待される。

第6節　小回り性と機動性の発揮による多角化（分社化）

　中小企業には、経済活力の源泉、雇用の創出と失業の解消、新規産業・先端産業における技術革新の推進、将来において経済を先導する産業の苗床、企業経営者と従業員の協調的な労働環境の提供、企業家精神の発揮などの経済的な機能と役割がある[33]。

　こうした機能と役割を担っている中小企業が今日のパラダイム転換によって生じている様々な経営課題を解決し、チャンスをつかむためには、小回り性と機動性の発揮による多角化（分社化）が求められる。というのも、1社1事業では景気変動を含む経営環境変化に対するリスクが高いことから、多角化による1社複数事業の保有は、経営環境変化に対するリスク分散を可能とし、経営安定化につながるからである。

　しかし、2000年代に入り、経済活動のグローバル化や地球・社会環境問題の台頭といったパラダイム転換がより激しくなると、企業は「選択と集中」による事業再構築を迅速に実施する中で、伝統事業や主力事業から撤退する企業が多くみられた。この「選択と集中」は、経営課題を解決する一つの手法で、既存事業の再構築するためにコア事業と非コア事業を選別し、コア事業に経営資源を集中させるものである[34]。

　また、経営資源に限りがあるものの、技術志向・開発志向の中小企業にとっては、ニッチ市場でトップを狙う「選択と集中」が必要との主張もある[35]。

　しかし、未来の経営環境変化を予測することが困難なことから、万一の危機的事態への遭遇に備えるならば、「選択と集中」に従って、単純に自社の事業分野を絞り込むことは危険である。「三本の矢」ではないが、事業の存

続性を高めたいのであれば、コア事業が現在1つならば、第2、第3の事業の柱を獲得していくことが望ましい。しかも、その事業が対象とする分野が異なる、あるいは事業分野の成長性が衰退期、成熟期、成長期、萌芽期のように過去から未来に連続的なつながりがある分野を確保できれば、多角化による事業の多様性が経営の安定化に資することを期待できる。

　例えば、北海道利尻郡利尻町の畑宮食品は、特産品の利尻昆布の加工品を中心に、道内の特産品も扱い、総品数75品を製造、販売する食品加工、販売業者である。現社長は1991年に札幌から帰郷し、事業を引き継いだ。創業時は昆布を加工する製造業であったが、現社長が事業承継してから加工場と直販店を併設する製造と小売を合わせた事業へと多角化した。事業承継時に新規事業の創造（イノベーション）を果たし、1社1事業から1社複数事業へ転換した。

　また、同じく利尻町のヤマツ津田商店は、町内で酒類販売業を営んできた。しかし、2012年に事業承継した現社長は、現在、酒類販売にプロパンガス、金物、大工道具、釣り具などの対面販売と家電のカタログ販売を加え、さらに電気工事業に勤務していた経験を生かし、電気工事業も展開している。こうした多角化の中でも特に、家電販売と電気工事を手がけるようになった理由は、地元の家電屋が廃業したことに伴い、島民に不便な思いをさせたくないとの願いからであった。また、2014年から地域の土産品の販売も開始し、併せて酒類の品揃えを充実させ、観光客への対応も図った。

　一方、新潟県燕市の新越ワークスは、現在、創業当初からの厨房向け製品に加え、アウトドア用器具、木質ペレットストーブなどの製造と販売を行っている。こうした多角化は、1973年と1979年のオイルショック時に、当社が一時、経営危機に陥ったことから、現社長が1984年に入社して以来、経営安定化のために多角化に取り組んだ。なお当社の多角化は、ヒーターの部品製造の受託がきっかけとなった。これ以降、当社は新市場に参入する際、付加価値の高い製品開発を行うこととし、カセットボンベ用ヒーターをはじめとする様々なアウトドア用器具を開発してきた。また、キャンプ用ペレットストーブの共同開発のために、企業間連携を行ってきた結果、2009年に連携

先企業をグループ会社化した。

　また、同じく燕市の武田金型製作所は、プレス金型を顧客から受注後に製作する受注型企業である。しかし、当社では金型以外に事業分野を開拓してきた。その典型がマルチメディア事業で、金型製造技術を生かした自社ブランドの一般消費者向けオリジナル製品を開発してきた。現在、同事業の責任者を現経営者の後継者が務め、SNS を通じた当社の紹介とオリジナル製品のプロモーション活動を行っている。なお、このマルチメディア事業は、現在、分社化している(36)。

　事例にある中小企業の多角化（分社化）への取組は、中小企業が小回り性と機動性を発揮することで実現されている。既存事業に新事業を加える、あるいは既存事業を拡張する事業創造を行っていくことは、縮小する国内市場で生き残りを図る中小企業者にとってヒントとなる。つまり、既存事業を軸としつつ、その後工程を内製化（畑宮食品の加工業から製造販売業へ）、扱い商品の多様化（ヤマツ津田商店の酒類販売業から総合販売・電気工事業へ）、扱い製品の多様化（新越ワークスの厨房器具製造にアウトドア器具と木質ペレットストーブの製造と販売を追加）、そして既存技術を活用した新分野進出（武田金型製作所の金型製造技術を生かした一般消費者向け製品への進出）など、多角化（分社化）により事業の安定化を図ることが、今後の中小企業の新しいあり方といえる。

注

1）スティーブン・R・コヴィー著、ジェームス・スキナー、川西茂訳『7つの習慣』キングベアー出版、1996 年、16 頁。

2）同上書、23 頁。

3）百瀬恵夫「中小企業経営のパラダイム転換」、百瀬恵夫編著『中小企業論新講』白桃書房、2000 年、1〜2 頁参照。

4）大友純「永続性原理の探索と現代企業の基本課題」、上原征彦・大友純『価値づくりマーケティング』丸善出版、2014 年、158〜159 頁、および恩蔵直人『コモディティ化市場のマーケティング論理』有斐閣、2009 年、1〜10 頁参照。

5）百瀬恵夫「中小企業政策の将来展望」、前掲書『中小企業論新講』312〜313 頁参照。

6）AI/IoT については、経済産業省産業構造審議会新産業構造部会『「新産業構造ビジョン」 一人ひとりの、世界の課題を解決する日本の未来』経済産業省産業構造審議会新産業構造部会事務局、2017 年、7 頁、および DX については中小企業庁『2022

年版　中小企業白書』日経印刷、2022 年、II-288 頁を参照。

7 ）環境省『平成 29 年版　環境・循環型社会・生物多様性白書』日経印刷、2017 年、33 頁。

8 ）日本工業標準調査会標準部会・適合性評価部会管理システム規格専門委員会事業競争力ワーキンググループ『中間取りまとめ』日本工業標準調査会、2013 年、4 頁参照。

9 ）外務省国際協力局地球規模課題総括課『持続可能な開発目標（SDGs）達成に向けて日本が果たす役割』2023 年（https://www.mofa.go.jp/mofaj/gaiko/oda/sdgs/pdf/sdgs_gaiyou_202306.pdf、2023 年 9 月 11 日所収）を参照。

10）内閣府『第 5 期科学技術基本計画』2016 年、10 頁（https://www8.cao.go.jp/cstp/kihonkeikaku/5honbun.pdf、2023 年 9 月 11 日所収）、および内閣府『Society 5.0「科学技術イノベーションが拓く新たな社会」説明資料』（https://www8.cao.go.jp/cstp/society5_0/society5_0.pdf、2023 年 9 月 11 日所収）を参照。

11）Howard R. Bowen, *Social Responsibilities of the Businessman*, Harper & Brothers, 1953, p.6.

12）Jerry W. Anderson Jr., *Corporate Social Responsibility*, Quorum Books, 1989, pp.4–6.

13）Op. cit., pp.4–6.

14）近江商人については渕上清二『近江商人ものしり帖　改訂版―ビジネス成功の源泉―』サンライズ出版、2008 年、末永國紀『近江商人学入門　改訂版―CSR の源流「三方よし」―』サンライズ出版、2017 年、西口敏宏・辻田素子『コミュニティー・キャピタル論　近江商人、温州企業、トヨタ、長期繁栄の秘密』光文社新書、2017 年、満田良順『近江日野商人の歴史と商法　近江商人 400 年の奔流』サンライズ出版、2021 年などを、また石田梅岩については田中宏司・水尾順一・蟻生俊夫編著『石田梅岩に学ぶ「石門心学」の経営』同友館、2019 年、および石田梅岩著、加藤周一訳・解説『都鄙問答』中公文庫、2021 年などを参照。

15）中小企業庁『2004 年版　中小企業白書』ぎょうせい、2004 年、106 頁。

16）細内信孝『コミュニティ・ビジネス』中央大学出版部、1999 年、13、18 頁。

17）内本博行「社会的企業概念についての一考察―営利・非営利と自助・他助からのアプローチ―」、『流通經濟大學論集』第 52 巻 4 号、流通経済大学経済学部、2018 年、21～32 頁。

18）前掲書『コミュニティ・ビジネス』152 頁。

19）全国中小企業団体中央会『平成 30 年度中小企業組合のあり方研究会　報告書』全国中小企業団体中央会、2019 年、12 頁。

20）特定地域づくり事業協同組合制度については、総務省自治行政局地域力創造グループ・地域自立応援課地域振興室『特定地域づくり事業協同組合制度について』2023 年（https://www.soumu.go.jp/main_content/000877313.pdf、2023 年 9 月 27 日所収）、および総務省自治行政局地域力創造グループ・地域自立応援課地域振興室『特定地域づくり事業協同組合認定一覧（R5.6.30 現在）』2023 年（https://www.soumu.go.jp/main_content/000888751.pdf、2023 年 9 月 27 日所収）を参照。

21）事例の岩手県花巻市のマルカン百貨店は北山公路『マルカン大食堂の奇跡　岩手・

第 3 章　新しいパラダイムと中小企業のあり方　**83**

花巻発！昭和なデパート大食堂復活までの市民とファンの１年間』双葉社、2017 年を、新潟県新潟市の沼垂テラス商店街は経済産業省中小企業庁『はばたく中小企業・小規模事業者 300 社／商店街 30 選』中小企業庁、2021 年、383〜384 頁、および沼垂テラス商店街（株式会社テラスオフィス）ホームページ（https://nuttari.jp、2023 年 8 月 2 日所収）を、愛知県名古屋市の円頓寺商店街は山口あゆみ『名古屋円頓寺商店街の奇跡』講談社＋α新書、2018 年、および前掲書『はばたく中小企業・小規模事業者 300 社／商店街 30 選』391〜392 頁を参照。

22）宮永昌男『地域パフォーマンスの研究』ミネルヴァ書房、1986 年、6 頁。

23）筆者が 2002 年 5 月〜2003 年 1 月に実施した『シリコンバレー地域産業実態調査』に基づく。

24）AnnaLee Saxenian, *Regional Advantage: Culture and Competition in Silicon Valley amd Route 128*, Harvard University Press, 1996, p.56.

25）AnnaLee Saxenian, "The Origins and Dybamics of Production Networks in Silicon Valley", in Martin Kenney (ed.), *Understanding Silicon Valley: The Anatomy of an Entrepreneurial Region*, Stanford Business, 2000, pp.141-161.

26）筆者が 2016 年 7 月 26 日、8 月 12 日、11 月 4 日に実施した埼玉県秩父市の秩父樹液生産協同組合、秩父観光土産品協同組合、および TAP ＆ SAP へのヒアリング調査に基づく。

27）明治大学政治経済学部森下正中小企業論研究室が 2022 年 10 月 31 日〜12 月 5 日に実施した『中小企業の経営実態に関する調査』は、日本標準産業分類の製造業と卸売業に属し、東京都城東地域（15 ％）、埼玉県秩父地域（16 ％）、新潟県燕・三条地域（20 ％）、静岡県浜松地域（22 ％）、岐阜県東濃地域（20 ％）、愛知県豊田地域（15 ％）に立地する中小企業を対象とし、各地域の市役所、商工会議所など中小企業支援機関や組合などが公開しているデータベースから作成したリストを用い、各地域から無作為で 400 社、総数 2400 社を抽出した。全体の有効回答率は 18 ％、地域別有効回答率は括弧内の数値。

28）百瀬恵夫、ウイッタカー・D・ヒュー、森下正『中小企業　これからの成長戦略』東洋経済新報社、1999 年、235〜238 頁。

29）See, David L. Birch, *Job Creation in America: How Our Smallest Companies Put the Most People to Work*, The Free Press, 1987, pp.14-16, 95-96.

30）See, Zoltan J. Acs, & David B. Audretsch, *Innovation and Small Firms*, MIT Press, 1990, pp.50-59.

31）See, Bennett Harrison, "Industrial Districts: Old Wine in New Bottles?", in *Regional Studies*, 26(5), 1992, p.471. and Michael E. Porter, *The Competitive Advantage of Nations*, The Free Press, 1990, pp.69-130.

32）伊藤正昭「経済発展と中小企業問題」、百瀬恵夫・伊藤正昭編著『新中小企業論』白桃書房、1996 年、26 頁、および三井逸友「世界的な中小企業新時代」、巽信晴・佐藤芳雄編『新中小企業論を学ぶ』有斐閣、1988 年、17〜18 頁。

33）伊藤正昭「経済発展と中小企業問題」、前掲書『新中小企業論』26 頁、および三井逸友「世界的な中小企業新時代」、前掲書『新中小企業論を学ぶ』17〜18 頁。

34) 野坂美穂「日本企業の事業再構築の動向」、今口忠政・李新建・申美花・野坂美穂『日本企業の経営革新―事業再構築のマネジメント―』慶應義塾大学出版会、2008年、109〜116頁参照。

35) 広瀬実樹「2007年問題における中小企業の技術経営（MOT）と人材育成」、『中小企業と組合』第62巻1号（2007年1月号）、中小企業情報化促進協会、2007年、16〜21頁。

36) 株式会社畑宮食品とヤマツ津田商店有限会社の事例は、森下正・社会環境学会北海道プロジェクト『北海道利尻調査報告書』2014年に基づく。また株式会社新越ワークスと株式会社武田金型製作所の事例は、明治大学政治経済学部森下正中小企業論研究室『新潟県燕市内における有力企業ヒアリング調査報告書』2018年、および森下正「発展し続ける燕市産業と輝く企業の未来」、燕商工会議所『70th　平成から令和へのたすき　燕商工会議所70周年記念誌』燕商工会議所、2019年、48〜49、53頁、および森下正・森下研究室大学院生・森下ゼミナール生「企業へのインタビュー記事とコラム」、前掲書『70th　平成から令和へのたすき　燕商工会議所70周年記念誌』133〜140、148〜151頁に基づく。

第 4 章

長寿中小企業に学ぶ革新的経営思考と手法

第1節　100年企業の国際比較と日本の特異性

　長寿企業、いわゆる老舗とは、先祖代々にわたって伝統的に事業を行っている企業のことを指す。語源由来辞典には、動詞の「仕似す」に由来し、「似せる」「真似てする」などの意味で、江戸時代に家業を絶やさず継続する意味となり、長年商売をして信頼を得る意味で用いられるようになったとある。「老」は長い経験を意味し、「舗」は店舗を意味することから、「老舗」は当て字として用いられた[1]。

　日本で最も長寿とされる企業は、578年創業の金剛組である。以来、1500年近くにわたる老舗企業を横澤（2000）は創業の時代別に、①古代（大和～平安時代）、②中世（鎌倉～室町時代）、③近世（安土桃山～江戸時代）、④近代（明治時代～）の4つに分類した。また6～19世紀の1400年間に創業した企業数の所在地分布には、①15世紀までに創業した老舗企業は近畿地方を中心に分布、②17～18世紀には北海道を除く全国に分布、③19世紀に創業した老舗企業数が急増したという傾向を明らかにした。つまり、老舗企業の大半は江戸時代中期以降に誕生し、明治維新を境にその数は爆発的に増加したのである[2]。

　帝国データバンク情報統括部『特別企画：全国「老舗企業」分析調査（2022年）』によると、世界有数の老舗大国の日本では、毎年1000～2000社が業歴100周年を迎え、創業・設立から100年を超えている老舗企業は2022年8月時点で初の4万社を突破して4万409社となった。ちなみに、業歴1000年以上の企業は9社、500年以上は37社、300年以上は814社、200年以上は1685社であった[3]。

また帝国データバンク情報統括部『特別企画：全国「老舗企業」分析調査（2023年）』によると、2023年9月時点の老舗企業は4万3631社となり、今後も同様の傾向で増加することが見込まれている[4]。

　しかも、中小企業は大企業よりも経営資源が不足しており、そのため経営が不安定であるとの一般的な認識に反して、100年以上続く老舗企業に占める中小企業の割合は決して小さくない。『特別企画：全国「老舗企業」分析調査（2022年）』では、売上が判明している老舗企業に占める44.9％が「1億円未満」であり、規模は小さくとも着実に長く事業を続けている中小企業が大半を占めていることを明らかにしている[5]。

　一方、日経BPコンサルティング・周年事業ラボは、世界の企業の創業100年以上と200年以上の企業数を国別に調査し、2022年に『2022年版100年企業〈世界編〉』を発表した。それによると、創業100年以上続く企業が最も多い国は日本で3万7085社、世界の創業100年以上の企業に占める割合も50.1％であった。さらに創業200年以上も日本が1388社で最も多く、その割合も創業100年以上を上回る65.2％であった。なお日本に続く創業100年以上の企業の多い国は、第2位のアメリカが2万1822社で29.5％、第3位のドイツが5290社で7.1％、第4位のイギリスが1984社で2.7％、第5位のイタリアが1182社で1.6％、第6位以降は1000社（1％）未満であった[6]。

　このように日本では100年を超える老舗企業は年々増え続け、しかもその数は世界的にも突出して多い。このことは、日本に企業が立地することで生じる経営環境による影響なのか、あるいは日本人が企業経営に対して特別な思考習慣を有している影響なのかという疑問が残る。

　実際、日本では企業の開業率と廃業率が諸外国と比べて非常に低いことが長年指摘されてきた。先進5カ国と開廃業率の推移をみると（図表4-1参照）、日本は一貫して開廃業率ともに最も低く、2019年の開業率は最も高いフランスの約3分の1、廃業率も最も高いドイツの約4分の1だが、開業率が廃業率を上回っている。ドイツを除く4カ国で開業率が廃業率を上回っているが、開業率が高いほど廃業率も高い。したがって、先進5カ国の中で開廃業率が最も低く、かつ開業率が廃業率よりも高い日本では、企業が創業後も事業を

図表 4-1　先進 5 カ国の開廃業率の推移

(単位：%)

開業率	2015 年	2016 年	2017 年	2018 年	2019 年	2020 年
日本	5.2	5.6	5.6	4.4	4.2	5.1
イギリス	14.2	14.6	12.9	12.7	13.0	11.9
フランス	9.4	9.8	10.0	10.9	12.1	－
アメリカ	9.9	10.1	9.5	9.2	9.2	－
ドイツ	7.1	6.7	6.8	8.0	9.1	－
廃業率	2015 年	2016 年	2017 年	2018 年	2019 年	2020 年
日本	3.8	3.5	3.5	3.5	3.4	3.3
ドイツ	7.8	7.9	7.8	8.7	12.5	－
イギリス	10.4	9.9	11.9	10.8	10.8	10.5
アメリカ	8.7	8.3	9.0	8.7	8.5	－
フランス	5.3	4.7	4.9	4.7	4.6	－

資料：中小企業庁『2022 年版　中小企業白書』日経印刷、2022 年、I-33 頁
(https://www.chusho.meti.go.jp/pamflet/hakusyo/2022/chusho/
excel/b1_1_39.xlsx) より作成。

継続していく確率が他の先進諸国よりも高く、その結果として企業が存続し
続けていく確率も高くなっているものと思われる。

第 2 節　長寿企業の経営理念の源泉

　帝国データバンク情報統括部 (2024) が実施した『コンプライアンス違反
企業の倒産動向調査 (2023 年)』によると、架空の売上計上や融通手形などの
「粉飾」、過積載や産地偽装などの「業法違反」、所得・資産の隠蔽などの「脱
税」のほか、コンプライアンス違反による企業倒産を「コンプライアンス違
反倒産」と定義し、2023 年のコンプライアンス違反倒産 (法的整理のみ、負債
1000 万円以上) は 342 件で、2022 年から 25.7 ％増加し、2 年連続で前年を上
回った。また 2016 年以降、初めて 300 件を超えたと報告している[7]。

　法を守らない企業や公益性を失った企業が社会から排除され、結果として
業績が悪化して倒産する一方、これらの企業と対極の位置にあり、企業の永
続を第一義に置いたものが老舗企業である[8]。

第 4 章　長寿中小企業に学ぶ革新的経営思考と手法　　**89**

実際、多くの老舗企業には家訓・社是・社訓があり、これは老舗企業の強みの一つとなっている。この家訓・社是・社訓は従業員を通じて100年以上も言い伝えられ、あるいは明文化されてきた。中には時代の流れに合わせて企業理念として進化したものもあれば、一族だけに代々口伝されているものもある。この家訓・社是・社訓は、その企業の精神的支柱であり、経営方針の根幹をなす重要な指針である。つまり自社の経営理念を持つことは、企業経営を行う上での指針となる強靭な柱を立てることに似ている。そして、この柱が強ければ強いほど、その企業の経営は崩れにくく、安定経営が行える[9]。

　ちなみに帝国データバンク資料館・産業調査部（2009）が「創業・設立から100年を経過した老舗企業」を対象に行った調査によれば、老舗企業にとって大事なこと、重要なことを漢字1文字で表現した場合、信用や信頼の「信」が圧倒的な支持を集めて1位であった。2位は誠実の「誠」で、以下「継」「心」「真」と続いた。さらに仁義の「仁」、感謝の「謝」のほか、「絆」「礼」「徳」など、老舗企業は現代では希薄となっている日本古来の道徳観を重要視し、代々受け継いでいる。また自社の社風を漢字1文字で表現した場合、「和」をあげた企業が圧倒的に多く、顧客だけではなく従業員、取引先、そして地域社会といったステイクホルダー（利害関係集団）との関係性を重視している[10]。

　老舗企業がこうしたステイクホルダー志向の経営を重視する「和」の精神的な源泉として佐々木（2014）は、日本人の精神的支柱である「武士道」をあげている。そして、この武士道の原点は「十七条憲法」にあるとし、現在の武士道を形成する言葉が数多く老舗企業の経営理念に登場しているという。特に「十七条憲法」の第1条「和をもって貴しとなし、忤らうことなきを宗と為よ」は、「自らは主体性を持ちながら周りと協調する『和』が何よりも尊いものである」と解釈できるという[11]。

　この十七条憲法を原点とする武士道を継承し、現代の経営者に影響を与えている思想や哲学には、中江藤樹（1608〜1648年）の『「不尽小典」抄録』、貝原益軒（1630〜1714年）の『慎思録』、石田梅岩（1685〜1744年）の『都鄙問答』、

二宮尊徳（1787~1856年）の『二宮先生語録』などがある[12]。

　中でも、ステイクホルダー重視の経営管理念の源泉として、石田梅岩の「先も立ち、我も立つ」は、近江商人の「三方よし」の考え方に影響を与え、「家訓」や「店則」に体現された経営理念が実践されてきた。また二宮尊徳の報徳思想・仕法も、石田梅岩の教えと共通点が多い[13]。

　まず近江商人の「三方よし」とは「売り手よし・買い手よし・世間よし」のことで、近江商人は近江の国（滋賀県）の特定地域から輩出された。具体的には、滋賀県の湖東地域（東近江市、近江八幡市、蒲生郡日野町）と湖西地域（高島市）から多くの商人が輩出され、江戸時代に北は北海道松前郡松前町から南は長崎県長崎市、鹿児島県鹿児島市に至るまで全国に出店を構え、さらに遠くは海外のベトナムにまで及ぶ。また今日でも、近江商人による企業が日本全国に老舗企業として存続している[14]。

　この近江商人特有の経営の根幹に、行商期の持下り商いと、その発展形態である全国に出店を構えてからの諸国産物廻しがある。持下り商いは、上方の完成品を地方へ持ち下り、帰路は地方の物産を持ち帰るというもので、往きと帰りの両方で商売をする効率的な商法（鋸商い）であった。しかも最終消費者相手の小売ではなく、地方の商人を対象とする卸売であった。一方、諸国産物廻しは、全国の出店間でそれぞれの産地の商品を回転させる持下り商いの発展形態であった[15]。

　このように近江商人は他地域で行商することを生業としていたため、行商先の人々との間に信頼関係を築くことが重要であった。つまり近江商人は、地縁のないところに出かけ、得意先との地盤を固めていかなければならない。その際、庄屋や旅館など、その土地の情報が集結しているところに商機を求め、書状を介した紹介を受けてネットワークを広げていった。それをきっかけとした出店後も、周辺への行商が続けられていった。このように異境の地で家業を永続させるためには、行商先の人々が得る価値を最優先に考えること、自分の利益だけを考えず、絶えず世の中全体を意識して行動することが必要であった。このような倫理観は、各商家の経済的活動は社会全体の繁栄につながっていくという奉仕の精神に基づいていた[16]。

次に、1787年に相模国足柄上郡栢山村（小田原市）で生まれた二宮尊徳は、
報徳思想を編み出した。この思想に基づく報徳仕法によって困窮する人々の
救済と農村再生を、江戸時代末期に自身の長男である尊行や門弟の富田高慶、
斎藤高行、福住正兄、岡田良一郎らとともに実現させていった。しかし、江
戸幕府崩壊後、報徳仕法は終焉を迎えたが、明治維新以降、尊徳の死後も尊
行や門弟たちによって広められていった。今日でも静岡県掛川市にある大日
本報徳社をはじめとする主要な報徳団体が全国に約20団体、大日本報徳社
に所属する報徳社が2024年時点で44団体、そして尊徳にゆかりのある17の
市町村が加盟する全国報徳研究市町村協議会がある[17]。

　ちなみに「報徳」とは、徳を持って、徳に報いることであり、小田原藩主、
大久保忠真が尊徳に対して「汝のやり方は、論語にある"以徳報徳"だなあ」
と述べたことから、尊徳の思想や行動は「報徳」と称されるようになったと
いわれている。なお、尊徳の報徳思想の重要キーワードとして「至誠、勤労、
分度、推譲」の報徳の四綱領に加え、今日のステイクホルダー志向につなが
る「一円融合（一円観）」などがある（図表4-2参照）[18]。

　こうした「三方よし」の精神や報徳思想・仕法が、今日でも老舗企業で生

図表 4-2　尊徳の報徳思想の重要キーワード

キーワード	内容
至誠	真心を尽くすこと。相手の立場に立って誠心誠意尽くすこと。
勤労	万事、一生懸命、勤勉に心を込めて働くこと。天地人の徳に感謝しなが ら、知恵を育み自己を向上させるために働くこと。
分度	自分が置かれた状況や立場、つまり自分の分量と物事の関係性をよくわき まえて行動すること。周囲との関係性を踏まえて自分の暮らしや生活をど の程度にするかを決めることで自分を悟り、その結果、倹約につなげるこ と。
推譲	分度を守り勤勉に働くことで、結果として金銭や力を蓄え、その蓄財を世 のため、人のために使うこと。
一円融合	あらゆるものが対立するのではなく、調和し、融合していると捉える世界 観。経済活動と道徳規範を融合させた「経済道徳一元論」もその一つで、 経済（売上や利益）を否定するような道徳（倫理）は戯言（無意味、絵空事） であり、逆に道徳を無視した経済は罪悪（不祥事）につながるとされる。

資料：田中宏司・水尾順一・蟻生俊夫編著『二宮尊徳に学ぶ報徳の経営』同友館、2017
　　　年、33～34、37～38、59～60頁より作成。

92

かされている。特に、企業経営における企業の社会的責任とステイクホルダー重視の経営に基づく企業経営のあり方、企業や地域産業の誕生、そしてその維持と発展に対する思想的かつ精神的な裏づけとなっているのである。

第3節　老舗企業が有する経営特質

　明治大学政治経済学部森下正中小企業論研究室が2023年に実施した『中小企業の経営実態に関する調査』に基づいて、①経営者と後継者の特徴、②成長性と成長目標、③他社との比較による競争優位の源泉、④理念を体現する社風・社員像を生む人材の採用と育成の4つの視点で、創業100年以上の老舗企業による経営特質を、創業20年未満の新しい企業との比較でみていくこととする[19]。

（1）　経営者と後継者の特徴

　老舗企業の経営者は、当然のことながら四代目以降の経営者の割合が最も多く、老舗企業のすべてがすでに三代目以降の経営者によって牽引され、しかも招聘者や出向・転籍の経営者は皆無である。一方、新しい企業では代替わりが早く、二代目以降の経営者の割合がすでに4割以上で、中には三代目、四代目以降もいる。また老舗企業では、創業者親族の経営者は9割を超えているが、新しい企業では親族外の社内昇進者が創業者の次に多く、創業者親族は2割にも満たない（図表4-3参照）。

　また後継者の有無とその属性も、老舗企業と新しい企業とでは大きな違いがある。つまり、老舗企業の方が新しい企業よりも後継者がおり、逆に新しい企業の方が老舗企業よりも後継者不在の傾向が強い。しかも後継者の属性は老舗企業の場合、今後も創業者親族や現経営者親族（創業者親族外）といった社内人材によって承継される傾向がある。一方、新しい企業の場合、後継者の属性は社内の人材が半数を占めているが、創業者親族や現経営者親族の割合が老舗企業よりも大幅に低く、社員と社外人材に頼る傾向がみられる。と同時に、未定あるいは不明も4割近くに達し、後継者問題は老舗企業より

第4章　長寿中小企業に学ぶ革新的経営思考と手法　**93**

図表 4-3　経営者の特徴

現経営者の特徴		100 年以上 （1924 年以前）	20 年未満 （2005 年以降）
何代目	創業者	0.0 %	36.8 %
	二代目	0.0 %	42.1 %
	三代目	**34.4 %**	15.8 %
	四代目以降	**65.6 %**	5.3 %
属性	創業者	0.0 %	36.8 %
	創業者親族	**93.5 %**	15.8 %
	社内昇進者（親族外）	6.5 %	21.1 %
	招聘者	0.0 %	10.5 %
	出向・転籍	0.0 %	5.3 %
	その他	0.0 %	10.5 %

注 1：100 年以上と 20 年未満を比較し、それぞれ高い割合を
　　　ゴチックとした。
注 2：最古企業は 1816 年創業、最新企業は 2019 年創業。
出典：明治大学政治経済学部森下正中小企業論研究室『中小
　　　企業の経営実態に関する調査』2023 年 11 月 15 日～12
　　　月 25 日実施より作成。

も新しい企業の方が深刻である（図表 4-4 参照）。

　老舗企業は創業以来、今日に至るまで、後継者への事業承継を繰り返して
きた長年にわたる経験がある。また現経営者のほとんどが創業者親族である
ため、老舗企業が有する家訓・社是・社訓が後継者の育成や事業承継の方針
に強い影響を与えているといえる。逆に新しい企業は、20 年以内の短期間で
事業承継を繰り返し、二代目以降の経営者の企業も多いと同時に、これから
初めて事業承継を行う創業者も少なくない。しかも、後継者の属性も多様化
しているが、社員と社外人材に頼る傾向が強い背景には、創業年数が短いこ
とから後継者の育成にまで手が届いていない可能性がある。

　事実、後継者の選出時に老舗企業は、新しい企業よりも多種多様な実務経
験や専門知識を有した人材を重視している（図表 4-5 参照）。例えば、最も割合
の高かった「特許等知的財産権に関する実務経験や専門知識」は、製品開発
や技術開発を通じて生み出される自社独自の製法、技術、ノウハウ、商標や
デザインなどを守り、それを活用することで他社との差別化を実現するため

図表 4-4　後継者の有無および後継者の属性

後継者の有無と属性		100 年以上 （1924 年以前）	20 年未満 （2005 年以降）
後継者の有無	後継者有り	61.3 %	42.1 %
	後継者は決まっている	51.6 %	21.1 %
	後継候補者が複数いる	9.7 %	21.1 %
	事業承継したばかり（過去 5 年以内）	16.1 %	21.1 %
	後継候補者不在	22.6 %	36.8 %
	現在探している最中	6.5 %	10.5 %
	売却先を模索中	0.0 %	5.3 %
	自主廃業の予定	9.7 %	0.0 %
	未定など	6.5 %	21.1 %
後継者の属性	社内の人材	79.3 %	52.6 %
	創業者親族	44.8 %	26.3 %
	現経営者親族（創業者親族外）	27.6 %	10.5 %
	社員からの昇進者	6.9 %	15.8 %
	社外の人材	0.0 %	10.6 %
	ヘッドハンティングによる招聘者	0.0 %	5.3 %
	親会社からの出向・転籍者	0.0 %	5.3 %
	未定あるいは不明	20.6 %	36.8 %

注：100 年以上と 20 年未満を比較し、それぞれ高い割合をゴチックとした。
出典：図表 4-3 と同じ。

に必要不可欠である。つまり、事業活動を通じた売上や利益といった実績に
つながる実力の有無を、老舗企業は後継者の選出時に重視している。

　一方、新しい企業は、「従業員による理解と協力の獲得」「従業員への手本
となる率先力」「目標設定能力や行動力」「自社の製品、サービス、ノウハウ
に対する十分な理解」など、事業を通じた実績よりも人柄や人格、あるいは
事業への理解力などを重視した後継者の選出を行っているのである（図表 4-5
参照）。

（2）　成長性と成長目標

　2020 年にコロナパンデミックが生じ、2023 年まで経済活動が規制されて
いた期間においても、老舗企業は、新しい企業より 2021～2023 年の 3 年間の
成長性が高かった（図表 4-6 参照）。

第 4 章　長寿中小企業に学ぶ革新的経営思考と手法　**95**

図表 4-5　後継者選出時に重視すること

重視すること	100 年以上 （1924 年以前）	20 年未満 （2005 年以降）
特許等知的財産権に関する実務経験や専門知識	**82.8 %**	79.0 %
人事、労務に関する実務経験や専門知識	**82.7 %**	73.7 %
AI/IoT/DX など情報技術に関する実務経験や専門知識	79.3 %	**82.3 %**
製品開発や技術開発に関する実務経験や専門知識	**51.7 %**	36.9 %
調達、販売、マーケティングに関する実務経験や専門知識	**51.7 %**	26.3 %
生産技術、カイゼン活動に関する実務経験や専門知識	41.3 %	**57.9 %**
技術・業界・トレンドなどの情報収集への努力	**37.9 %**	21.1 %
目標設定能力および行動力	31.0 %	**47.3 %**
事業経営能力のノウハウ・資質	27.6 %	**33.3 %**
従業員による理解と協力の獲得	27.5 %	**63.1 %**
従業員への手本となる率先力	24.1 %	**57.9 %**
自社の製品、サービス、ノウハウに対する十分な理解	20.7 %	**36.8 %**
経営理念、社是・社訓、社風に対する十分な理解	17.2 %	**31.6 %**
取引先や顧客、あるいは業界における信用力	**17.2 %**	15.8 %
経営者としての才覚、意欲、覚悟	17.2 %	**21.1 %**
変化に対応する柔軟な思考力	13.8 %	**21.1 %**

注1：100 年以上と 20 年未満を比較し、それぞれ高い割合をゴチックとした。
注2：「最も重視、重視、普通、重視せず」の回答のうち、「最も重視、重視」の合計割合。
出典：図表4-3 と同じ。

　その背後には成長目標に違いがあり、今後の成長目標からみて老舗企業は新しい企業よりも成長志向の企業が多く、しかも適度な成長を目指すという特徴がある（図表4-6参照）。また以下に述べる競争優位の源泉、社風・社員像、人材の採用と育成、環境変化適応力、新事業開発、マーケティング活動とブランド展開、ネットワーク構築力について、老舗企業と新しい企業との間での相違が、成長性に大きな違いを生じさせているに違いない。

（3）　他社との比較による競争優位の源泉

　他社との比較による自社の競争優位について（図表4-7参照）、老舗企業は製品・サービス面で「品質および価格・納期面での優位」「多品種（豊富な品揃え）・特注品への対応」については、新しい企業には及ばないが、強みとして

図表 4-6　過去 3 年間の成長性と今後の成長目標

成長性		100 年以上 （1924 年以前）	20 年未満 （2005 年以降）
過去	減少	25.9 %	27.8%
	横ばい	29.6 %	33.3%
	増加	44.4%	38.9 %
今後	縮小	12.5%	5.3 %
	維持	28.1 %	42.1%
	適度な成長 a	53.1%	42.1 %
	大いに成長 b	6.3 %	10.5%
	成長志向 a＋b	59.4%	52.6 %

注 1：100 年以上と 20 年未満を比較し、それぞれ高い
　　　割合をゴチックとした。
注 2：社員数、売上高、営業利益、経常利益について、
　　　それぞれ増加 3 点、横ばい 2 点、減少 1 点とし、
　　　その合計点が 6 点未満を減少、7〜9 点を横ばい、
　　　10 点以上を増加として計算。
注 3：今後については「最も重視、重視、普通、重視
　　　せず」の回答のうち、「最も重視、重視」の合
　　　計割合。
出典：図表 4-3 と同じ。

捉える企業の割合は高い。しかも「大ロット・少品種（大量）生産（販売）への対応」を強みとする企業は、半数近くに及んでいる。

　このことは、マーケティング面で老舗企業と新しい企業とで大きな違いのある「市場における競争相手の少なさ」と関連している。つまり老舗企業は、特定の製品やサービスで長年にわたる信頼と信用に基づき市場へ深く浸透し、競合他社を寄せ付けない市場を獲得しているのである。と同時に、新規市場開拓・販売促進も、老舗企業は新しい企業よりも強みとしている割合が高い。

　技術・ノウハウ面での老舗企業の特徴は「ISO・エコアクション 21 等の認証取得」を新しい企業よりも強みとしている割合が高いことである。これらの認証は、品質の改善や向上、あるいは環境対応の経営を実践できているか否かを、第三者評価に基づいて認証されるものである。したがって、老舗企業は自己評価のみではなく、客観的な評価に基づいて強みを保証しようとする傾向がある。また「設計技術・企画開発の品質・速度」「新技術・ノウハウ

図表 4-7　他社との比較による自社の競争優位

競争優位（強み）	100 年以上 （1924 年以前）	20 年未満 （2005 年以降）
製品・サービス面		
製品・サービスの品質での優位	77.4 %	84.2 %
製品・サービスの価格・納期面での優位	64.5 %	66.7 %
多品種（豊富な品揃え）・特注品への対応	61.3 %	66.7 %
大ロット・少品種（大量）生産（販売）への対応	45.2 %	27.8 %
技術・ノウハウ面		
設計技術・企画開発の品質・速度	36.7 %	50.0 %
新技術・ノウハウの現場への投入速度	24.1 %	33.3 %
ISO・エコアクション 21 等の認証取得	20.7 %	5.6 %
機械・設備・工場等の改善・更新・新設	13.8 %	16.7 %
マーケティング面		
多種多様な受注先・顧客の存在	30.0 %	41.2 %
優秀な外注・委託先の存在	27.6 %	44.4 %
市場における競争相手の少なさ	26.7 %	11.1 %
新規市場開拓、販売促進	23.3 %	22.2 %
組織運営面		
財務体質の強さ・資金調達力	40.0 %	27.8 %
熟練・管理層労働力の優秀さ	26.7 %	50.0 %
若年労働力・後継者の優秀さ	26.7 %	5.6 %
経営管理・組織・改善等の実行力	20.7 %	27.8 %

注1：ゴチックの数値は全体より高い割合、100 年以上の灰色網かけは 20 年未満
　　　より高い割合。
注2：成果を上げている人材育成の取組は、成果が「普通」「高い」と回答した合
　　　計の割合。
出典：図表 4-3 と同じ。

の現場への投入速度」「機械・設備・工場等の改善・更新・新設」について老
舗企業は、長年にわたって培ってきた技術や設備などをすでに保有している
ために、新しい企業よりも慎重な姿勢を取る傾向が強いといえる。

　最後に組織運営面では「財務体質の強さ・資金調達力」と「若年労働力・
後継者の優秀さ」で、老舗企業と新しい企業の差が大きく、前者は老舗企業
の信用力の高さを、そして後者は老舗企業の人材育成の成果を物語っている。

（4）　理念を体現する社風・社員像を生む人材の採用と育成

　老舗企業の社風・社員像として、新しい企業と大きく異なる最も特徴的な点は「社員が経営理念に基づく行動」ができていることにある。また、製品やサービスの品質の維持、向上に資する「社員の改善提案が活発」、ステイクホルダー志向の経営の実践といえる「社員が清掃や祭事等の地域貢献に参加」も、老舗企業の社風・社員像として特徴的な点である（図表4-8参照）。

　こうした社風・社員像を生む背後には、人材の採用方針と成果を上げている人材育成の取組で、老舗企業と新しい企業とで違いがあるからである。

　まず採用方針について老舗企業は、新しい企業よりも「自社が求める人物像を明確にした採用」「経営計画に沿った新卒・中途採用」を方針としている企業の割合が多い（図表4-9参照）。つまり老舗企業は「退職者が生じた際」「事業を拡大する前」や「事業が拡大した後」といった都度採用ではなく、事前に人物像を定め、経営計画に基づいた採用を行う傾向が強い。

　次に人材育成の取組は、そのほとんどで老舗企業は新しい企業よりも成果を上げている（図表4-9参照）。特にその差が大きい取組は、「後継者及び後継候補者向け研修」「管理者及びリーダー候補者向け研修」「入社年次別・階層

図表 4-8　社風・社員像

社風・社員像	100 年以上 （1924 年以前）	20 年未満 （2005 年以降）
社員が経営理念に基づく行動ができる	86.7 %	66.7 %
社員間のコミュニケーションが盛ん	83.9 %	84.2 %
多様な仕事に挑戦できる環境がある	80.6 %	89.5 %
社員の改善提案が活発	80.6 %	78.9 %
能動的に仕事ができる社員	77.4 %	84.2 %
社員間で顧客情報等を蓄積・共有・活用	76.7 %	84.2 %
社員が新しい知識やノウハウの取得に熱心	74.2 %	78.9 %
社員が清掃や祭事等の地域貢献に参加	67.7 %	47.4 %
社員の IT 活用が一般化	48.4 %	73.7 %
社外との人材交流を実施	48.4 %	57.9 %

注1：100 年以上と 20 年未満を比較し、それぞれ高い割合をゴチックとした。
注2：達成度が「低い」を除き、「普通」「高い」と回答した合計の割合。
出典：図表4-3 と同じ。

図表 4-9　人材の採用方針と成果を上げている人材育成の取組

方針と取組		100 年以上 （1924 年以前）	20 年未満 （2005 年以降）
採用方針	退職者が生じた際に採用	46.9 %	**57.9 %**
	自社が求める人物像を明確にした採用	**40.6 %**	36.8 %
	経営計画に沿った新卒・中途採用	**37.5 %**	26.3 %
	事業を拡大する前に採用	18.8 %	**26.3 %**
	事業が拡大した後で採用	15.6 %	**15.8 %**
	入社資格基準（能力や資質等）を定義した採用	9.4 %	**26.3 %**
成果を上げている取組	新入社員向け研修	**60.0 %**	53.0 %
	各種専門資格取得への助成	50.0 %	50.0 %
	上司と部下とのパートナーの設定	**44.0 %**	33.4 %
	管理者及びリーダー候補者向け研修	**41.4 %**	23.5 %
	目標管理制度の導入	**40.7 %**	35.3 %
	社外研修への派遣及び助成	34.6 %	**41.2 %**
	後継者及び後継候補者向け研修	**33.3 %**	11.8 %
	職種別研修	**31.0 %**	27.8 %
	業務相談者（メンター）の設定	**30.7 %**	17.7 %
	入社年次別・階層別研修	**25.0 %**	11.8 %

注1：100 年以上と 20 年未満を比較し、それぞれ高い割合をゴチックとした。
注2：成果を上げている人材育成の取組は、成果が「普通」「高い」と回答した合計の
　　　割合。
出典：図表 4-3 と同じ。

別研修」「業務相談者（メンター）の設定」「上司と部下とのパートナーの設
定」である。また「新入社員向け研修」でも成果を上げている老舗企業の割
合は高い。つまり老舗企業では、採用したい人物像を明らかにした上で、経
営計画に沿った人材の採用を行った後の研修も、新人教育から開始し、入社
年次・階層別、そして将来の管理者や幹部向けの研修へと階層別の研修体系
を通じて成果を上げている。さらに、相互扶助的な社員間でのパートナーや
メンターを用意して社内での人間関係を強化し、かつ事業承継に最も影響を
与える後継者育成にも力を入れているのである。

第4節　環境変化適応力と新事業開発

　企業の持続的発展のためには、経営環境変化への対応が必要とよくいわれるが、本来、対応とは、ある物事が他の物事と対立関係にあることを意味する。したがって、経営環境変化が生じた時、本来、一人ひとりが異なり、1社1社が異なるにもかかわらず、ワンパターンの同じ対策を打つことは、共倒れになる危険性がある。そこで必要となるのは、対応ではなく順応である。この順応とは、経営環境変化に応じて1社1社が独自に性質、体質、行動を変えること、すなわち環境変化に適応することである。

　また経営環境変化は、企業の外部で生じている商圏、顧客ニーズ、流行、国内外での競争状況、景気動向、為替や原材料の価格、法規制や政策の改正、交通環境などの変化のことで、こうした変化を企業の自助努力によって変えることは難しい。したがって、経営環境変化に対する適応力を向上させるためには、企業内部の経営資源である人材、機械、設備、工場、店舗、製品（商品）やサービス、ホームページ、広告宣伝活動などを自助努力によって変化させることが求められる。言い換えると、企業を取り巻く経営環境変化に対して、企業内部の経営資源を変化させ、環境変化に適応する力、いわゆる環境変化適応力が必要なのである。

　この環境変化適応力を発揮して、経営環境変化による経営課題解決のために今後重視したい取組について、老舗企業は新しい企業よりも、その割合が決して高いわけではない（図表4-10参照）。

　まず人材面で老舗企業は、新しい企業よりも「従業員と後継者の確保及び育成」を今後重視する割合は高いが、それ以外は低調である。人材育成の取組でみたように（図表4-9参照）、老舗企業では人材育成に関わる様々な取組で、すでにその成果を上げている企業の割合が新しい企業よりも高い。そのため、新しい企業のように今後、新たに取り組む必要性が老舗企業では逆に少ないといえる。

　経営基盤面でも老舗企業は「製品・サービスの品質向上」のみ、新しい企

図表 4-10　経営環境変化による経営課題解決のために今後重視したい取組

側面	取組	100 年以上 （1924 年以前）	20 年未満 （2005 年以降）
人材	従業員の確保及び育成	**69.2 %**	66.7 %
	後継者の確保及び育成	**64.0 %**	50.0 %
	幹部候補・中核人材の確保及び育成	23.1 %	**50.0 %**
	技能検定等国家資格の取得	7.7 %	**16.7 %**
	多様な専門人材や支援・研究機関等との関係構築	7.4 %	**23.5 %**
経営基盤	既存顧客との関係強化	65.4 %	**77.8 %**
	製品・サービスの品質向上	**61.5 %**	61.1 %
	協力企業及び仕入れ先との関係強化	48.1 %	**66.7 %**
	経営理念の確立と中長期経営計画の策定	38.5 %	**38.9 %**
	コストダウンと販売価格の引上げ	34.6 %	**64.7 %**
	取引先の多様化・広域化による経営リスクの低減	11.5 %	**29.4 %**
活路開拓	既存市場（製品・サービス）のシェア拡大	**53.8 %**	50.0 %
	既存市場向け新製品・サービス開発及び投入	30.8 %	**50.0 %**
	新市場向け新製品・サービス開発及び投入	26.9 %	**50.0 %**
	生産・販売・物流拠点の海外展開	19.2 %	**22.2 %**
	本社所在地以外の国内他地域への販路拡大	15.4 %	**22.2 %**
経営革新	デジタル化による日常業務の効率化（見える化）	**33.3 %**	27.8 %
	デジタル化による新しい調達・生産・販売方式の実現	22.2 %	22.2 %
	生産工程の内製化（事業買収）による一貫体制の構築	19.2 %	**33.3 %**
	研究開発チーム（部署）の設置による開発力向上	15.4 %	**27.8 %**
	コア技術への集中とノンコア技術の外注化（事業売却）	3.8 %	**5.6 %**
その他	働き方改革等への対応	**34.6 %**	27.8 %
	事業継続計画（BCP）の策定	19.2 %	**27.8 %**
	人口減少に対応した女性や高齢者の採用と登用	**19.2 %**	16.7 %
	環境経営方針の策定による環境経営の実現	**11.5 %**	11.1 %

注：100 年以上と 20 年未満を比較し、それぞれ高い割合をゴチックとした。
出典：図表 4-3 と同じ。

業よりも今後重視する割合が高いが、それ以外は低調である。他社との比較による自社の競争優位でみたように（図表 4-7 参照）、老舗企業は製品・サービス面で「大ロット・少品種（大量）生産（販売）への対応」を、マーケティング面で「市場における競争相手の少なさ」を強みとしている。と同時に「新

規市場開拓・販売促進」も、老舗企業は新しい企業よりも強みとしている割合が高い。また、組織運営面での「財務体質の強さ・資金調達力」は、老舗企業の信用力の高さを物語っている。こうしたことから経営基盤面でも、老舗企業は新しい企業のように新たに取り組む必要性が低いのである。

　活路開拓面でも老舗企業は「既存市場（製品・サービス）のシェア拡大」のみ、新しい企業よりも割合が高いが、それ以外は低調である。経営基盤面での「製品・サービスの品質向上」を通じ、老舗企業は「市場における競争相手の少なさ」を強みとした展開を、新しい企業よりも採る傾向があるといえる。

　経営革新面で「デジタル化による新しい調達・生産・販売方式の実現」は、老舗企業と新しい企業に大差はないが、「デジタル化による日常業務の効率化（見える化）」で老舗企業は新しい企業よりも割合が高い。しかし、それ以外はやはり低調である。老舗企業は業務効率化につながるデジタル化に積極的な姿勢がある一方、生産体制の見直し、開発力向上に対しては新しい企業よりも消極的なようにみえる。しかし、後継者選出時に重視することからは、特許等知的財産権や製品開発や技術開発に関する実務経験や専門知識、あるいは「技術・業界・トレンドなどの情報収集への努力」を重視（図表4-5参照）、そして社風・社員像からは「社員の改善提案が活発」な老舗企業が多いこと（図表4-8参照）などを踏まえると、老舗企業は新しい企業にはないが、経営革新に必要となる社内条件をすでに備えているのである。また「コア技術への集中とノンコア技術の外注化（事業売却）」（図表4-10参照）についても、コア技術への集中は「大ロット・少品種（大量）生産（販売）への対応」や「市場における競争相手の少なさ」（図表4-7参照）から、老舗企業ではすでに実現されている。と同時に、ノンコア技術の外注化も、その必要性が乏しいといえる。

　最後に、近年の経営環境変化に伴う課題解決として重要かつ、緊急性が高い「働き方改革等への対応」「人口減少に対応した女性や高齢者の採用と登用」「環境経営方針の策定による環境経営の実現」（図表4-10参照）について、老舗企業は新しい企業よりも今後重視する割合が高く、積極的である。重要課題を放置しない経営姿勢も、老舗企業の特徴といえる。

第5節　マーケティング活動とブランド展開の極意

　他社との比較による自社の競争優位として（図表4-7参照）、「大ロット・少品種（大量）生産（販売）への対応」「市場における競争相手の少なさ」を強みとしている老舗企業のマーケティング活動とブランド展開は、「社員が経営理念に基づく行動ができる」社風・社員像がその根幹を担っている（図表4-8参照）。というのも、マーケティング活動は、単なる販売促進活動ではなく、顧客のニーズや要望を解明すると同時に、顧客志向の組織を形成する活動だからである。

　まず、顧客のニーズや要望を解明する活動とは、既存ならびに潜在顧客の欲求を満たし、かつ顧客が商品（製品・サービス）を購入する理由、つまり商品を購入する顧客の満足と価値に合致する品質基準とその維持の要因を決定し、かつ恒久的な改善を行うことである。次に、顧客志向の組織を形成する活動とは、経営者から現場の従業員に至るまで、顧客に影響を与える存在であることを理解し、顧客に対して誰もが同じ態度で行動できる顧客志向のガイドラインや行動指針といった品質レベルを決定することである。また併せて、調達から販売に至る強固な協力体制を構築する必要もある[20]。

　こうしたマーケティング活動は、老舗企業による「大ロット・少品種（大量）生産（販売）への対応」と「市場における競争相手の少なさ」の実現に現れている。つまり、製品・サービスのライフ・サイクルが短い今日でも、流行や景気などに左右されない、長寿命の定番となっている製品・サービスを確立していることの前提であり、結果である。それは、老舗が有するブランド展開によっても、実現されているのである。

　またブランド展開の根源は組織力にあり、その決定要因は、①従業員、②企業文化と企業価値、③生産・販売活動それ自体にある。

　まず従業員は企業文化と企業価値の体現者として、製品・サービスでは顧客に伝えられない信頼や絆を提供できる存在である。そのために従業員は、人材育成や社内研修、日常業務の中で、企業文化と企業価値に対する理解を

深め、かつそれに基づいて実践できる動機づけや仕組みの提供が企業にとって必要となる。事実、老舗企業では「社員が経営理念に基づく行動ができる」ことが社風・社員像として定着しているが、その理由は人材育成に関わる様々な取組で新しい企業よりも、すでに成果を上げているからである。

次に企業文化と企業価値は、企業として従業員、顧客、地域社会、取引先、借入先、投資家など、いわゆるステイクホルダーに対する貢献を促す要因である。すでに述べた通り、一般的に老舗企業では、大事なこととして、信用と信頼を第一義にあげている。さらに、自社の社風として「和」をあげた企業が圧倒的に多く、ステイクホルダーとの関係性を重視している[21]。

最後に、生産・販売活動それ自体は、全社的に製品・サービスの最高品質を目指す取組、革新性を追求する経営姿勢、伝統性を極めようとする取組などを通じ、組織的に製品・サービスの確固たる市場での地位を確立することである。事実、老舗企業は、「品質や価格・納期面での優位」「多品種（豊富な品揃え）・特注品への対応」はもちろんのこと、「新規市場開拓、販売促進」以上に「製品・サービスの品質向上」と「既存市場（製品・サービス）のシェア拡大」に注力している。つまり、生産・販売活動それ自体での卓越性を獲得することに務めているといえる。

第6節　揺るぎない信用・信頼のネットワーク構築力

ステイクホルダーとの関係性を重視している老舗企業ではあるが、新しい企業と比べて、何らかの連携組織への加入・未加入の状況に大きな違いはない。しかし、その内訳をみると、信用と信頼に基づく企業間ネットワークであり、かつ相互扶助の精神と自助努力を基本理念として、複数の中小企業や個人による協働により、個々の企業と個人の自立を同時に促す組織である各種中小企業組合への老舗企業の加入割合は、新しい企業よりも大幅に高い（図表4-11参照）。

特に、取引条件の改善、生産性の向上、販売促進、資金調達の円滑化、情報・技術・労務・マーケティングなどの経営ノウハウの充実などを図る経済

第4章　長寿中小企業に学ぶ革新的経営思考と手法　**105**

図表 4-11　組合等連携組織への加入状況

加入状況	100 年以上 （1924 年以前）	20 年未満 （2005 年以降）
何らかの連携組織に加入	81.3 %	84.2 %
商工組合	53.1 %	52.6 %
事業協同組合	43.8 %	10.5 %
異業種交流等任意団体	28.1 %	15.8 %
企業組合	15.6 %	10.5 %
協業組合	12.5 %	0.0 %
未加入	18.7 %	15.8 %

注：100 年以上と 20 年未満を比較し、それぞれ高い割合を
　　ゴチックとした。
出典：図表 4-3 と同じ。

的な事業を共同して展開する事業協同組合への加入割合の高さが老舗企業の特徴である。あるいは、複数の中小企業の自社の事業それ自体を組合で協業化し、一つの会社と同様に事業展開する協業組合や法人組織ではない異業種交流等任意団体への加入状況についても、同様の傾向がある。なお、都道府県単位で特定業種の中小企業が経営安定化を通じた経済的地位の向上のために組織化する商工組合については、大きな違いがない。

　ところで事業協同組合は、中小企業等協同組合法に基づき、設立にあたっては、4 人以上の発起人と組合を構成する組合員の業種に基づく所管行政庁からの認可、組織運営を担う理事会の構成などを必要とすることから、組織的なガバナンスを保持した社会的に信用力のある法人組織なのである[22]。

　したがって老舗企業は、企業間ネットワークとして任意団体へ加入する企業の割合も高いが、社会的に信用力のある法人組織の事業協同組合などへの加入割合の方がはるかに高く、信用・信頼のネットワークを保持しようとする傾向が強い。また組合の理事会を構成する理事の代表である理事長には、組合のメンバーや地域社会からの信用や信頼のある者が就任することが一般的である。それゆえ、老舗企業の経営者が組合の理事長に就任する傾向もある。このように老舗企業の信用・信頼のネットワーク構築力は、老舗企業が有する経営特質、および環境変化適応力やマーケティングとブランド展開に

裏づけられた組織力に基づいているのである。

注

1）鶴岡公幸『老舗　時代を超えて愛される秘密』産業能率大学出版部、2012 年、2 頁
参照。

2）横澤利昌「いま、なぜ老舗企業か」、横澤利昌編著『老舗企業の研究』生産性出版、
2000 年、16～17 頁参照。

3）帝国データバンク情報統括部『特別企画：全国「老舗企業」分析調査（2022 年）』
帝国データバンク、2022 年、1～2 頁（https://www.tdb.co.jp/report/watching/press/
pdf/p221003.pdf、2023 年 12 月 26 日所収）。

4）帝国データバンク情報統括部『特別企画：全国「老舗企業」分析調査（2023 年）』
帝国データバンク、2023 年、1 頁（https://www.tdb.co.jp/report/watching/press/
pdf/p231012.pdf、2023 年 12 月 26 日所収）。

5）前掲書『特別企画：全国「老舗企業」分析調査（2022 年）』6 頁（https://www.tdb.
co.jp/report/watching/press/pdf/p221003.pdf、2023 年 12 月 26 日所収）。

6）日経 BP コンサルティング・周年事業ラボ『2022 年版 100 年企業〈世界編〉』
（https://consult.nikkeibp.co.jp/shunenjigyo-labo/survey_data/I1-06/、2023 年 12 月 26
日所収）。

7）帝国データバンク情報統括部『コンプライアンス違反企業の倒産動向調査（2023
年）』帝国データバンク、2024 年、1 頁（https://www.tdb.co.jp/report/watching/
press/pdf/p240104.pdf、2024 年 5 月 15 日所収）。

8）白戸眞二郎・横山ひろみ「戦災、震災、恐慌を生き抜いた老舗の社是、社訓」、帝国
データバンク史料館・産業調査部編『百年続く企業の条件　老舗は変化を恐れない』
朝日新書、2009 年、14 頁参照。

9）同上書『百年続く企業の条件　老舗は変化を恐れない』36 頁参照。

10）白戸眞二郎・横山ひろみ「戦災、震災、恐慌を生き抜いた老舗の社是、社訓」、同上
書『百年続く企業の条件　老舗は変化を恐れない』18～22 頁参照。

11）佐々木直『社是・経営理念論　旧き良きものは常に新しい』中央経済社、2014 年、4
～16 頁参照。

12）同上書、37 頁。

13）村瀬次彦「石田梅岩と近江商人」、田中宏司・水尾順一・蟻生俊夫編著『石田梅岩に
学ぶ「石門心学」の経営』同友館、2019 年、103～106 頁、および平塚直「石田梅岩と
二宮尊徳」、前掲書『石田梅岩に学ぶ「石門心学」の経営』113～116 頁参照。

14）江頭恒治『近江商人　中井家の研究』雄山閣、1965 年、15 頁、および江頭恒治『江
州商人』至文堂、1965 年、23 頁。

15）末永國紀『近江商人　三方よし経営に学ぶ』ミネルヴァ書房、2011 年、1～2 頁参照。

16）井上善博・吉本準一「長寿企業に学ぶサスティナブルマネジメント」、日本経営診断
学会『日本経営診断学会論集』第 12 巻、日本経営診断学会、2012 年、18 頁参照。

17）日光市二宮尊徳記念館『追跡 !! 金次郎の足跡』日光市二宮尊徳記念館、2021 年、20

頁、大日本報徳社『大日本報徳社とは』（https://www.houtokusya.com/about、2024年6月1日所収）、および全国報徳研究市町村協議会については、桜川市役所ホームページ（https://www.city.sakuragawa.lg.jp/kurashi/news_2/page009041.html、2024年6月1日所収）を参照。なお17の市町村の内訳は、北海道豊頃町、福島県相馬市、南相馬市、大熊町、浪江町、飯舘村、茨城県筑西市、桜川市、栃木県日光市、真岡市、那須烏山市、茂木町、神奈川県小田原市、秦野市、静岡県掛川市、御殿場市、三重県大台町である。

18）榛村純一「二宮尊徳の人と思想と一つの実践」、田中宏司・水尾順一・蟻生俊夫編著『二宮尊徳に学ぶ報徳の経営』同友館、2017年、37〜38頁参照。

19）明治大学政治経済学部森下正中小企業論研究室『中小企業の経営実態に関する調査』は、国内の産業集積地（東京都城東地域、埼玉県秩父地域、新潟県燕・三条地域、静岡県浜松地域、岐阜県東濃地域、愛知県豊田地域）に立地する中小製造業に対し、各地域400社、計2400社を公的に公開されているデータベースから抽出し、2023年11月15日〜12月25日の間に349社（回答率15.0％）の回答を得た。

20）アンドレア・ガボール著、鈴木主税訳『デミングで甦ったアメリカ企業』草思社、1994年、34〜39頁参照。

21）白戸眞二郎・横山ひろみ「戦災、震災、恐慌を生き抜いた老舗の社是、社訓」、前掲書『百年続く企業の条件　老舗は変化を恐れない』18〜22頁参照。

22）全国中小企業団体中央会『2023-2024　中小企業組合ガイドブック』全国中小企業団体中央会、2023年、6〜9、12〜13頁参照。

第 5 章

産業構造の変革を促す新事業創造への期待と可能性

　今日、日本の産業構造は明確にサービス産業化の状態にあり、国内 GDP の中心が第 3 次産業に変遷して久しい。これに伴い、雇用の中心もまた、製造業などによる大量生産社会を支えた特定大企業、グループ企業による集中的な雇用から、不特定多数の様々なサービス産業事業者への中小規模な、多様な雇用環境に変化してきたと考えられる。すなわち、会社への帰属意識以上に、個人の生活を至上のものとした、働きやすい環境を求めて流動化した雇用環境が求められていると考えられる。

　また、2020 年から 2022 年にかけて世を席巻した、新型コロナウイルスの拡大は、経済活動の一時停止を余儀なくさせただけでなく、オンラインを通じたリモートの労働環境整備が進捗したといえる。特に、今日の日本で中心となっている第 3 次産業、サービス産業においては、その傾向が製造業などの第 2 次産業よりも強いといえる。

　こうした中、日本国内の人口は 2015 年以降から減少に移り（国立社会保障・人口問題研究所参照）、年次の実質 GDP 成長率は 1994 年頃から低成長が続き、近年では 2008 年のリーマンショックのような経済、金融危機からの回復を除いて 2.0 の指標を超えることは少ない。よく取りざたされる話題ではあるが、確実に日本国内の市場自体は縮小傾向にあるといえる[1]。

　一方で、国際、国外市場へのビジネスの動向をみていくと、まず直接投資については、2012 年からアジア地域、北米地域、中南米地域、欧州地域と複数のエリアへの投資が目にみえて増加している。世界全体に対する直接投資金額も 2012 年から 2021 年の期間で 4 倍まで成長しており、国際市場での競争は当たり前となってきたといえる。特に北米地域ではアメリカ、アジア地域では ASEAN 4 カ国への投資が顕著であり、中小企業も含めた幅広い企業

109

の海外進出や直接・間接投資が増加していると推察できる[2]。

こうした状況を踏まえると、中小企業に今日求められるのは、海外市場を含めた新規の事業展開を行い、現状を打破することであると考えられる。すなわち、事業創造を達成して新たな利潤源を創出し、事業体として活動を継続していくことが必要である。より多くの事業者がビジネスを継続していくことで、国全体としての経済活動に寄与していき、地域経済へも還元されることは自然なことである。そこで課題になるのが、事業創造をどのように果たしていくかであろう。

事業創造について議論していく上で、まず事業創造の定義についても確認していく必要がある。事業創造という言葉自体は、読んで字のごとく新しい事業を生み出すことを指し示すわけだが、そこには①既存企業による新規事業、②新規企業による新規事業といった2種類の大枠が存在する。すなわち、すでに何らかの事業を営んでいる企業が新たな利潤源を求めて取り組むものか、あるいは全く新しい事業内容として、新しい企業組織が打ち出して開拓していくものかの2種類が存在しており、実現する難易度としては後者の方が高いといえる。

経営戦略論の大家でもある Ansoff (1965) によって定義された4種類の企業の成長戦略、すなわち市場浸透、製品開発、市場開発、多角化の4種では、何が新規事業に該当するだろうか。

そもそもアンゾフの原著によれば、事業にはそれぞれの仕事の内容によって業種や業態を分類し、それぞれの種別が決まるとしている。同様に、この内容と類似した要素として、事業の成長方針、戦略もまた複数の分野に共通する点があり、それらをアンゾフは4種類で分類しているのである。こうした業種と成長方針はさらに、組み合わせていくことで競争優位として構築されていき、事業に市場における確固たる立ち位置、ポジショニングを形成する手助けになるとされている。そうしたポジショニングの中で、アンゾフは革新的なイノベーションを目指すのか、あるいは特許で保護された安定した製品群を取り扱っていくのかといった例えを出している。これらの要素は事業の戦略を説明するために活用され、また企業が、自社の潜在的な発展性を

110

活用できていない際に分析するためにも利用される。総じて、4つの企業成長戦略はいずれにおいても、何らかの新規性が実は内包されており、理論だけでみるならいずれの4種類においても、新規事業という概念はあてはめうる[3]。

その後、アンゾフはさらに ESO（Environment Serving Organizations）と定義できる、環境へ貢献しうる団体の企業的な行動として、市場浸透から多角化までの4つに既存事業からの撤退を加えた5つを取り上げている。つまり、一般的な企業のみならず、当時新たに検討され始めた社会に貢献するような非営利組織にとっても、企業家的行動として4つの成長戦略を行うことを重要視していた[4]。

理論は上述した通りだが、事業の実態として、新規市場を分析していく観点も持つと、新たな製品を生み出し、新たな市場を生み出す、あるいは全く新しい分野への参入という観点からみていくことがよりわかりやすいだろう。そうした場合、製品開発、市場開発、多角化の3種の戦略が新規事業という言葉に該当する。いずれにしても、どのような新規事業をやっていくとしても、新規性という点が製品・市場のいずれかに存在していることが肝要と考えられる。

飛田（2000）も同様の考え方で新規事業を定義しつつ、その上で新規事業とは、何らかのリスクを含む取組であると説明している。つまり、製品開発や市場開発であれば市場、あるいは製品が全く新しいものであり、多角化の場合はその両方が新規のもの、すなわち未経験の分野や取引構造へ企業は参入することとなる。このため、新規事業を行っていく上で、企業は必ず挑戦が求められるわけである。またここでも、既存企業が新しい市場や新製品を構築することの方が、新規企業を創設して実行するよりも経営資源の側面で有利に働きやすいと捉えている。すなわち、既存企業の取組であれば、すでに保有している経営資源を転換する形でスタートラインに立てる分、ゼロから始める新規創業による新規事業より実行しやすいという考え方である[5]。

谷井（2014）では、アンゾフと同様に、事業創造を4種類に分類している。ただし、その4種類の戦略をより深化させるという意味合いで、いずれに際

してもビジネスモデルのイノベーションを意識した改革を内包している。具体的には、既存企業の新規事業参入・創造において従来とは違うやり方を提案するもの、新規事業を立ち上げる際に社内ベンチャーを興し、それまでと違う組織構造・体制を打ち出すもの、業界のビジネスモデルから逸脱した、新しいやり方を目的としたベンチャー企業を設立するもの、そして、新たな産業として全く新しいベンチャー企業を設立するものである。これら4種類は、アンゾフでみた成長戦略と同じ考えに基づきつつ、特にビジネスモデルのあり方で新規性を見出す必要があると主張するための理論といえる[6]。

　石井（2019）などでは、中小企業の新事業創造が日本の経済活動の拡大につながるとしつつ、完全な新規事業のみならず、既存の事業の変革や改定も新事業創造と定義付けている。その上で、中小企業が新事業創造を行う必要性として、新たな価値創造による収益力の向上、競争戦略としての持続的発展、成長戦略としての事業拡大・ポートフォリオ拡大といった3点を取り上げている。また、特に中小企業でも実施可能な新事業の具体的な例として、近年登場したシェアリングエコノミー関連のビジネスを取り上げている。つまり、この側面から考えると、中小企業が行っていく新事業創造とは、既存の業界や自社が取り扱う分野と関連性を持ちつつも、オープン・イノベーションを活用した新しいビジネススタイルを導入した内容であることが推奨されている。このように、新事業創造を考えていく上で、既存事業からビジネスモデルを変革させていく場合の新事業創造という観点もまた、どうしても外せないだろう[7]。

　以上の定義や要素を取りまとめると、事業創造の特徴として、

・製品、市場のいずれかに新規性を持っている。
・何らかの挑戦的な要素、リスクを保有している。
・既存企業、新規企業の双方で実行が可能である。

という3点いずれかが含まれると考えられる。

　この点を踏まえた上で、本章では既存産業、新規産業の双方において、事

業創造をどのように行っていくか、源泉の確認と形態をまず定義していく。その上で、自然・社会環境問題への対応、新技術など先端テクノロジーの活用、社会課題解決型の企業家的側面を踏まえた、事業創造の戦略内容について考察していきたい。

第1節　既存産業の変革を促す事業創造の源泉の獲得

　事業創造の特徴を踏まえた上で次にまず考慮すべきは、その事業創造を生み出す源泉をどのように獲得し、企業として確保していくかであろう。本節では、既存産業において、新規事業や新規市場へ参入する際の戦略や事例を分析し、一つの方向性を提示していく。

　田村と大本（2012）では、既存産業の成熟化に伴い、各種企業が挑戦すべきものが新規事業であるとしている。事業の再構築の一種でもある新規事業の創造、新分野への参入による事業構造の変化が、企業の長期持続的な発展に効果的であると考えているのである。彼らはこの言説に基づいて、中規模な化学素材メーカーの事業転換における、成功要因の導出を図った[8]。そこでは、新規事業を創設する上で企業が取りうる戦略として突然変異、進化という2種類の戦略が提示された。多角化を目指す突然変異戦略と、新規市場・製品を創出する進化戦略の2種類であり、前者がハイリスク・ハイリターン、後者がローリスク・ローリターンなものとして捉えられている。そして、特に素材産業においては取引先などへの営業活動を通じた顧客の潜在ニーズの導出が、新規事業につながる重要なものと考え、顧客との連絡網や社内外での情報の連結を構築できる人材の育成が必要と捉えられている。

　実際に既存の素材産業事例でも例えば、日東電工の新規事業「三新活動」と呼ばれる、新製品開発・新用途開拓・新需要開発が主軸の活動として取り組まれた。その際、顧客密着型のビジネスサイクルを構築するために、顧客の気づかない潜在ニーズを読み取る営業力、開発部門における技術的対応力の高さが求められた。これを達成するため、自社内で部署ごとの人材育成プログラムが置かれ、自社独自の教育体制が敷かれていたのである。

JSR でも同様に、他分野や同業他社との共同開発による多角化を軸に新事業創造を行っていた。これに際して、研究者が現場の状況を把握しつつ、顧客への営業活動も並行して行えるように、研究・営業面の双方を高めることができる人事制度を構築していた。

中野 (2022) では、オズボーンのチェックリスト法などを転用し、新事業創造、事業再構築における手法を検証している。つまり、転用、応用、変更、拡大、縮小、代用、置換、逆転、結合の9種類の具体的行動によって新事業が成立すると考えている。これはそのまま、これらの方法論自体が事業創造の源泉と捉えることもでき、既存事業を行っていく上で日々考えうる更新点を実践していくことが、新事業創造につながるのである。同様に、同書ではほかにもビジネスの形態に着目すること、事業が持ちうる真の提供価値を考慮すること、既存事業と相乗効果がある内容の検証など、様々な方法でアイディアを導出しようとしている。このような、アイディアをどのように創出するかということも、新事業の源泉といえるだろう[9]。

高橋 (2018) では業界に精通している人物ほど、技術的知見や現状がよくみえることから、全く新しいイノベーション的な革新に気づきづらくなるという意見を、各業界の偉人を取り上げて説明している。すなわち、異業種の交流や他社の知見を取り入れることが、新事業創造、イノベーションの源泉となりうることを意味しているといえる。また、そうした新しい概念や市場につながる価値の捉え方を、魅力品質という言葉で表現している[10]。さらに、事業ドメインの捉え方も重要といえる。より抽象的に自社が取り扱う商品やサービスの枠組みを捉えることで、協力体制を敷くべき取引先の幅が広がるのである。特に当該の著書では、トレンドは、地域、業界を越えて同時発生的に起こるものとされる。つまり、新しい事業創造を生み出す源泉は業界ごとに存在し、またその内容を混ぜ合わせることでさらなるアイディアが創出されうる。

これら既存産業に関する記述を振り返ると、組織体制をまず整理し、自社の強みや活動の内容を精査し続ける仕組みを構築することが事業創造の源泉として大事な要素といえる。同時に、それらの知識を共有する仕組みに加え

て、自社従業員が知識を活用して新規事業や新しい事業創造のプロジェクトへ挑戦しやすい体制を用意することも肝要である。既存の業務の合間に片手間で新しい取組を行っていくことは難しく、またそうした事業創造を経営者層のみが主体的に目指していく時代はすでに過ぎ去ったと筆者は考えている。自社の資源としてのヒトも活用して初めて、事業創造は上手くいくのである。

　また、既存産業においては自分たちの枠組みの中のみで活動を継続するだけでは、場合によっては事業創造の源泉を安定して確保しきれないことも示唆されている。いかに外の情報を確保し、自業界、自社内へ取り込んで学びを形成していけるか、応用していけるかも必要なこととされる。

　このような既存産業における事業創造の源泉としてはまた、イノベーションを引き起こすという尺度からも考慮する必要がある。既存製品や市場においては、何らかの特徴や目を引くような PR、製品やサービスの新規性という点がなければ、すでに確立されている同業他社に勝つことは難しくなる。そうした中、同業界内における劇的な変化や急激な新規技術というものは、容易に誕生するものではなく、むしろ偶発的に起こるものと考えられる。つまり、それまで存在していない変革や革新というよりも、改良という意味合いでイノベーションを起こすことが既存産業では求められるべきであろう。そちらの方が、より現実的に変化が発生しやすいといえる。

　こう捉えた際に、イノベーションはまた"分解"することが重要であるというロジャースの概念がポイントとなる。すなわち、何らかの新規のアイディアや取組は、社会全体に認知してもらった上で、理解してもらうために情報を整理し伝えていく必要がある。これはつまり、全く何も知らない人に新しいことを教えることと同義であり、細かな情報の取捨選択や、"情報の分解"が求められる。例えば、1601 年に壊血病の解決策として柑橘類のフルーツなどからビタミンを摂るべき事実は発見されていたが、実際にイギリス海軍でフルーツの備蓄が常備されるようになったのは 1865 年頃のことである。これはまさに、イノベーションと同じく革新的な知識・技術のアップデートがあったものの、実際の社会に導入され、通例となるまで大きく時間がかかった例である。類似した事例として、キーボードのドヴォラック配列

第 5 章　産業構造の変革を促す新事業創造への期待と可能性　**115**

は 1932 年時点で開発されている。しかし現在、我々が利用している多くの
キーボードは、より旧式の QWERTY 配列のものである。こうしたイノベー
ションの"分解"は 4 つの段階を通じて行われるとされており、①イノベー
ション自体の発生、②適切なチャネルを通じての周知（コミュニケーション）、
③長期の時間経過、④社会システムとしての通念化、に区分けされている[11]。

　つまり、既存産業において変化という尺度でイノベーションを起こしたと
しても、事業化して安定した収益につないでいくためにはさらに情報を周知、
通知する体制や戦略が必要となる。この点を踏まえても、既存産業における
事業創造の源泉に企業ごとの組織体制、組織力という側面が、重要であるこ
とがうかがえる。

　さらに、こうしたイノベーションの概念には、今日の社会動向も影響する
だろう。例えば、境（2021）では、ポストコロナ時代に焦点を置きつつ、具体
的な 7 つの変化を①デジタル化への移行の進捗、②産業構造の変化、③人々
の行動変化といった 3 点に整理している[12]。この意見で重要な点は、旧来と
比較して主要産業が変遷してきており、既存事業内での技術革新や改善だけ
では新事業創造につながりきらない状況が増加していることである。

　だからこそ、既存産業が事業創造を行っていく上では、自社を取り巻く環
境を整理した上で明確な課題や困難の解決を目指すか、ビジネス手法自体の
変化を伴うか、いずれかが必要といえる。既存の取引手法や構造に対し、何
らかの手を加えることが必要であろう。

　観念的な主張としては、長田（2014）などでは企業が持つ「愛」の有無が、
企業の競争力低下を引き起こす要因として取り上げられている。言葉は独特
であるが、その内実はブラック企業など、企業にとって最も身近な市民であ
る従業員に対する寛容さが不足している社会動向に警鐘を鳴らすものである。
特に、企業側が従業員に対して提供する環境を要因としつつも、従業員側か
ら企業に対する忠誠心という意味合いで、「愛」が不足してきている点を取
り上げている[13]。そして、そうした「愛」を持って新事業創造を達成してい
く方法論として、組織内での立ち回りなどに習熟した人材による社内ベン
チャーが効果的であると語っている。

この愛の観点を自社内だけでなく外部のステイクホルダーも踏まえて、より広義に捉えてみよう。例えば今日の中小企業により強く求められている地域への寄与という側面はこの考え方に合致するといえる。事業活動を行うことが利潤追求だけでなく、自社の根差した地域社会の発展や改善に少なからずつながることが求められており、それはまさに広い意味で中小企業が愛を提供しているといえる。

　大杉 (2010) は、既存産業の中でも中小の建設業にフォーカスを合わせ、新事業への進出するための十分な資源があるかどうかを検証している。この発想は、事業の存続・存立を目指した新事業開発と多角化について分析する中で生まれたものである。すなわち、イノベーションを興して新事業に進出するための企業力を、中小建設業が保有しているか、あるいは醸成するにはどうするかを検証したのである。具体的な要素としては 11 種類と多岐にわたるが、それらは人材の有無や施設・設備の保有動向といった事業基盤的なものから、マーケティング力や立地の場所、顧客とのコミュニケーション力や関連企業との関係性といった、企業の特徴や優位性につながるものも分析されている。特筆すべき点として、取引先をはじめとする企業間の関係性が、新事業創造の資源として影響が大きく、結果として建設業の新事業創造を支える源泉として組織力が取り上げられた[14]。

　総括していくと、既存産業において事業創造の源泉となりうるのは、自社の事業内容を維持しつつ、革新を継続できる組織構造とそれを担う人材の確保、単純な利潤追求ではない社会的な貢献、日々のビジネスシーンにおける状況の改善を目指すモチベーションなどがあげられる。

　百瀬と篠原 (2003) などでは、新事業の創造自体が、企業の持続性、永続性に密接に関わる要素として議論されている[15]。確かに、既存の事業内容を継続するだけでなく、社会・経済環境の変化に合わせた改変を繰り返す方が、事業の存続性は増していくだろう。また、同書では企業の魅力そのものについて夢を保有することの必要性が説かれている。夢、すなわち企業活動の目標を保有する企業でなければ、新事業の創造は難しいためというのが主張の源泉である。ここでいう夢は、あくまで計画性を持った、自社従業員のモチ

ベーション向上にもつながる、具体的な計画に基づくものである点は留意したい。

さらに、これら新事業には新規性・独創性が重要となる。既存の同業他社の真似事ではない、産業内にもまだない製品やサービスであることが、単なる新規事業ではない、安定した新事業の創造に求められる。本田技研で培われた精神がこの考え方と合致しており、同書でも取り上げられている。特に、失敗を恐れないことや信念を持つといった考え方には、企業内の風土が新事業創造に向いている環境があることの大切さにもつながり、多様な企業において新事業創造を目指す際に、組織体制に注力する重要性を意味しているといえる。

第2節　既存産業を変革させる新事業創造の形態

既存産業において新しい事業を創造することはすなわち、事業範囲の拡大や、技術の転換を意味している。このことから、技術ポートフォリオを活用した上で、既存技術を転換させて取り扱う製品やサービスの範囲を広げる方針での新事業創造が、最も現実的であると考えられる。

この際、既存技術の中でも売上として安定していつつも、新規技術の開発や導入が必要ではない事業については、製造、生産にリソースを回し、研究開発リソースを別の技術へ集中させる選択が必要と考えられる。すなわち、技術の棚卸を行い、自社の取るべき戦略の方向性を決定づける必要がある。

研究において、新事業創造の類型化としては、Berry (1983) が包括的なものを取り扱っている[16]。彼はまず新市場への参入、あるいは新事業創造の手法として、社内開発（原典では会社内部での発展）と企業合併（原典では獲得）の2種類を提示している。これら2つは伝統的に企業が選択してきた手法であるとしている。前者である社内開発の特徴としては、新たな企業の創設と比較した場合も半分程度の経過年数で事業としての安定収益が見込める点、既存企業の中で新事業が創設されることから市場に対する知見や情報が保有されている点が、強みとして評価されている。一方で、後者の企業合併につ

いては、より早い新事業の市場参入を可能にすると指摘される。特に、特許の側面や、すでに市場で競争を行ってきたノウハウや資源などを確保できていることから、新事業創造においては最も手軽な形式とされる。ただし、そうした新事業創造においては、社内体制におけるコミュニケーションの適切化、組織自体の構造改革が必要な側面もあるとされる。また、特に独占市場を形成しうるような合併が発生した場合、企業の信用に関わる要素が社会的に発生することなど、事業が及ぼす影響についても事前に予測することが求められる。

これらに大別される新事業創造に追加される形式として、ライセンシング、社内ベンチャー、ジョイント・ベンチャーが新しい手法として取り上げられている。ライセンシング自体は合併に類似した形式で、特許などの利権を獲得する手法として紹介される。社内ベンチャーについては、社内開発の類似概念であるとされつつ、あくまで既存事業とは全く別の新事業として、新規市場への参入や開発を促されるものと捉えられている。ジョイント・ベンチャーについては、技術の革新が進んだことで様々なプロジェクト、新事業にかかるコストが拡大したことを背景に、企業の協力体制による新事業創造の手法として生まれたとしている。また、当時の情勢の中でも、大企業と中小企業によるジョイント・ベンチャーも創出されつつあったことが指摘されており、技術を保有する中小企業と、資本を保有する大企業の双方に有効な新事業創造の手法とみられている。

また、原典では新市場への参入の際に、既存事業として技術などに知見があるのか、あるいは完全な新規事業としてほとんど知識や情報がないかといった点を軸にして、参入すべきか否かについても議論がなされている。そうした全く未知の市場への参入を行う場合などの際、既存事業の技術を活用するように企業は自社のポートフォリオに合わせて戦略を調整していくと考えられる。このことから、新事業創造や新市場への参入は、段階を分けて計画を立てて実行される必要もあると考えられている。端的にいえば、検証の段階と実際に市場での活動を本格化していく段階に分割し、都度戦略の見直しなども必要なのである[17]。

第5章　産業構造の変革を促す新事業創造への期待と可能性　**119**

これらの事実を踏まえた上で、彼は既存市場への新規事業参入の場合、自社の資源や関与がどれだけ高いかが成功につながり、一方で、完全な新規市場への新事業参入の場合は、自社の関与がどれだけ少ないかが重要であると結論付けている。つまり、すでに自社が関与したことのある、あるいは経験や技術・ノウハウを保有している新事業に関与する際であればあるほど、自社が保有している経営資源の利活用や、自社従業員の知識を利活用すること、あるいはそれらを導入する環境を提示することが重要となる。

　さらに、この研究を踏まえて福嶋 (2019) は、新事業創造に関わる研究の中でも特に社内ベンチャーとCVC (Corporate Venture Capital) に関わる理論の流れを追っている。それによれば、社内ベンチャー自体は1960年代からアカデミアの世界で語られてきた。1980年代には様々な文献が登場するようになり、社内ベンチャー活動の結果、全社的な強みの幅や機会を増加させるといった影響を及ぼし、経営戦略にも変化が訪れるという捉え方もされ始めた。加えて、社内ベンチャーの担い手である人の存在に着眼して EO（企業家志向性）の重要性が導出された。ほかにも、社内ベンチャー自体の成否に関わる要素として、社内ベンチャーを運営していく体制の整備や、経営資源を獲得するための社内政治、社内体制といった組織構造に関連した内容が着目されるようになった。そうした流れの中で、CVC という形で、社内に資本源としてベンチャー・キャピタルを確保することが、新事業創造の手法として着目されるようになる。欧米における大企業群を中心に、日本国内でも2014年以降から着目されてきている[18]。ただし、中小企業での実現可能性などはまだ検証されておらず、中小規模のオフィス内にベンチャー・キャピタルのような資本部署を置くことは現実的とはいいづらい。

　ほかにも、古い文献では山田 (1992) が、日本企業の新事業開発は戦略や経営システムの基盤が整っていることから成功する確率が高いとしている。そして、その成否には組織文化の概念が重要という観点を保持している。ここでいう組織文化とは、組織の編成と運用を経て形成され、コミュニケーションの程度や方法論、企業自身が持つ環境への対応手法、個人との関係性といった要素からなる、観念的なものを指している。より具体的な理論部分で

は、変化への適応力、組織の管理体制が分権的かどうか、漸進主義に基づく改善の頻度、スタッフ主導か否か、という4因子で定義されるとされ、各因子の程度で変わるものである。こうした組織文化、強いて言い換えるなら組織の特徴が、新事業創造の形態も定義すると考えられる[19]。

　これらの観点を取りまとめると、既存産業における新事業創造の形態とは、技術や市場の転換による新しい利潤源の確保ということになる。ただし、そうした戦略的な方法を実行する上で、組織文化といった観念的な、組織が保有する特徴が必ず影響すると考えられる。いわば、具体的な戦略や技術転換を行う際に、どういった内容に着眼し、どこまで推し進めるかという具合に関わってくるのである。

　また、こうした新規の利潤源は、可能な限り長期持続できるよう、製品やサービスに関わる技術が市場の既存認識や概念などいわゆる一般的な考え方に合致しており、理解しやすいことが望まれる。すなわち、極端に先進的なものや全く存在しなかった概念ではなく、ある程度最終顧客がイメージできる、あったらいいな程度の内容である方が、新規事業としての導入成功確率は高いといえる。

　極端に先進的な技術による新事業創造は、まさにスマートフォンやパソコンのような歴史に残る劇的な発明と関わり、企業が理想とすべきものではある。ただし、それは実現可能な最終目標とするには多大な資本が必要と考えられ、中小企業が取るべき経営戦略的には主張しづらいだろう。目指すことを忘れてはならないが、主題として積極的に取り込んでいくには、事業規模や範囲の成長を踏まえた後でとなるだろう。

　これらを取りまとめると、新事業創造自体の形態としては、様々な研究を通じて、以下の3種類が基本と考えられる。すなわち、①完全新規の技術導入による新事業創造、②類似分野への事業転換、③既存事業における新市場などへの事業拡大、の3つである。そして、中小企業に限定した場合、特に実現を強く意識すべきなのが②、③の2種類である。そこから事業を継続して利潤を確保する中で、①の新事業創造を達成していくことが理想といえる。つまり、新事業創造を行う上で、時間的な考え方、中長期にわたる考え方が

必要となる。

第3節　新規創業に資する事業創造の源泉の獲得

　新事業創造の中でも、新規創業を行う戦略は最も難易度が高く、また資本的にも多大な量が必要となり、企業の負担は大きいと考えられる。

　この状況を中小企業で考慮した場合、長山 (2012) がスピンオフ・ベンチャーとして取りまとめている、企業内ベンチャーの観点がヒントになりうると考えられる。

　長山 (2012) では、企業の新規創業に伴う新事業創出を集中的に議論する中で、スピンオフ・ベンチャーという概念が見出された。大手企業などに勤めていた技術者が企業家としてスピンオフし、研究開発型の新規企業を創設していくという流れに基づいた造語である。この際、スピンオフした後の2種類の課題として、継続したプロダクト・イノベーションの導出と、スピンオフ元である母体企業との関係性をあげている。また、特定地域における継続したスピンオフ連鎖をいかに起こすかという点は、企業の関係性や人的ネットワークの形成と関わる議論とされ、新事業創造の一助となる考えを含んでいる。

　具体的な主張として、まずはスピンオフ・ベンチャーをはじめとした各種社内ベンチャーの定義についてである。ベンチャー企業自体は、リスクを取った企業家によるイノベーションを実現しようとする企業を指している。このため、研究内では特にハイテク・ベンチャー企業とされるソフトウェア、バイオテクノロジー、メカトロニクスなどの産業が該当している。そうした分野の大手企業などから、分離独立する形で、子会社型、スピンアウト型、スピンオフ型の3種類の類型が例示された[20]。

　子会社型の新規創業は、母体となる大企業が知識創造経営、すなわち新しい物事への挑戦を模索していく過程で発生すると考えられている。社内ベンチャーやコーポレート・ベンチャリングもこの活動の一環と定義され、日本でも1990年代のバブル崩壊後に支援ブームが起こった。ただし、そうした子

会社型の新規事業創出は母体企業との関係性が緊密であることから独立性が担保しづらく、定着はしていないと考えられる[21]。

　次にスピンアウト型の新規創業については、母体企業から完全に自由・独立的な形で新規事業、企業を立ち上げる形式のものである。プロセス・イノベーションを重視し、経営判断においてPPM理論に基づいた問題児に該当する事業に対し、積極的な投資を行いづらい大企業と比較して、スピンアウト型の創業はベンチャー企業が本来保有する新規市場への積極参入を行いやすいと捉えている。結果として、プロダクト・イノベーションを相対的に実現しやすく、新規創業として成功しやすい形態の一つである[22]。

　最後のスピンオフ型の新規創業は、本書でも注目したい既存中小企業が新規創業を行う際の源泉確保に有用な戦略と考えられる。種別の特徴としては、スピンオフ型は子会社とスピンアウトの中間に位置するとされ、親元である母体企業の事業戦略の一環として、研究開発型ベンチャーの活動を行うことができる。そこから、将来的に事業体として独立するのである。こうした特徴から、同書ではスピンオフ・ベンチャーを「技術者がスピンオフして創業した研究開発型企業であり、創業後、プロダクト・イノベーションに取り組む中小企業」と定義している[23]。

　新規創業を行うほとんどすべての企業が、中小規模の企業として事業を開始するだろう。そうした中で、スピンオフ型の考え方には、①母体企業による事業の技術的、一部資本的支援、②母体企業と分離独立した運営体制が行える独立性など、新規の事業者として今日求められる新規創業の特徴を押さえやすいと考えられる。加えて、既存の中小企業から分離独立する、いわゆる第2創業に近い特性を有していることから、新規事業者でありながら相対的に安定した経営活動を実践できるという点が、求められる新事業創造につながる点であろう。

　また、清水（2007）では、コーポレート・ベンチャー・キャピタルによる新事業創造が効果的な手法であると捉えている。新事業創造を行っていく上で既存企業、新規企業のいずれの場合も、安定した資源供給や資本力が課題として取り上げられる。すなわち、社内に資金提供部門としてコーポレート・

ベンチャー・キャピタルを置いた資金提供の仕組みを作ることが、特に新規創業における資本不足を乗り越える方法論として効果的と考えられる[24]。社内ベンチャー[25]やスピンオフ・ベンチャー[26]の事業者に対して効果的と考えているのである。ベンチャー・キャピタルとして行動する組織体を内部に構築することで、資金だけでなく市場情報や先端技術の把握といったリソースの把握を通じても、親企業への支援が達成されうる点が特徴として取り上げられた。

　まとめた上で考察すると、新規産業につながる新事業創造の源泉として重要なのは、既存の中小企業が保有する新規事業へのアイディアや、それを分割しうる人の存在、後継者や独立を検討する従業員などであると考えられる。完全な新規創業自体は起こりえることであるが、意識して創出していったり、支援体制を構築したりすることは難しい。それであれば、既存産業や既存企業の中から、現状を改善するアイディアを導出したり、それを保有する人材を生み出しやすい構造を構築したりすることが、より現実的であるといえる。すなわち、自社企業、既存企業や同業他社が保有しているノウハウやアイディアをどのように活用するかに、新規創業への源泉が内在されているといえる。またこのため、新規事業自体の可能性やアイディア、計画などは常に経営者を中心に保有しておく必要はあるだろう。全くのゼロから新規創業を達成することは容易ではない。日々の業務に付随する形で、既存事業の改善や新市場開拓に邁進する傍らで、長期展望としての新産業創造を考えていく観念的な準備を行っておくことが、実際に新規事業創造を達成することにつながるのである。

第4節　環境問題対応型産業への転換に資する事業創造

　新規産業、事業の創造を検討した時に、今日社会的に求められている業種・業界が何かというのが重要な命題となる。社会的なニーズを的確に把握した事業でなければ、混迷してきた経済状況に対処し続けて存続していくのが難しくなったためといえる。この観点を踏まえた場合、環境問題などに対

応した社会的産業の導出が、中小企業にも求められていくだろう。もちろん、こうした環境問題への対応は企業としての使命という側面に加えて、新しい利潤源となる点が実行していく最も大きな要因といえる。

　現実の中小企業では、例えば製造業や建築業、広くは小売業まで様々な業種で環境問題への対応が考慮されている。直近ではカーボンフリーや、製造業分野では各種製品に利用される素材の中でも、錫など特定の原料から脱却する動きが各社でみられるだろう。2023 年 7 月 15 日の中小企業家しんぶんをみても、愛知県の建築業者が耐震シェルター工法の家を建てる上で、地域の高樹齢ヒノキを利用した農商工連携事業に参画しているといった活動も取り上げられている[27]。

　そこで本節では、社会的企業の考え方や、近年登場した BOP ビジネスなどの特徴をみていき、中小企業への転換を考察していく。

　実際に、社会的企業の議論からみていこう。社会的責任論が議論され始めた 1920 年代の時点から、企業は社会に対して道徳的・倫理的な責任があるとされている。ピーティー（1993）はこの事実を示した上で、企業が社会に存在を許されるものであり、取り扱う資源の量や社会問題の要因となりうること、地域社会での権力を踏まえた上で、良心的な企業であることが必要としている。と同時に、社会的責任の履行自体が PR として、企業の利益創出につながる点も考慮している。また時代が進むにつれ、社会的責任のあり方は企業による生活の質向上につながるよう、要求の程度が深化していることも指摘している。さらに、持続可能性の側面とも関連している事実は考慮しておきたい点だろう[28]。

　社会的企業の定義としてはほかにも様々なものがあるが、実社会においてはユヌス（2010）が、「人間の無私の心に基づく新しい資本主義や事業形態」と観念的にソーシャル・ビジネスを定義している。より具体的には、社会・経済・環境が抱える、長きにわたって人類に影響してきた問題の解決を、ビジネスの主目的として専念したものとされる。人間の利他的な心に基づき、他者の役に立つ喜びを目指して行われることがソーシャル・ビジネスの本質である。このため、2 種類の形式がまず存在するとされている。一つは、生

まれた利益が事業のために再利用されることなどから、損失なく配当がない企業組織という特徴である。理論ではタイプ1のソーシャル・ビジネスと呼ばれている。もう一つが、貧困に直面した人々自体が営利会社を所有するという、タイプ2と称されるソーシャル・ビジネスである。所有の形式については直接所有の場合もあれば、特定の社会的目標に基づいた信託機関を介する形で所有されるものが存在する。

　これら2種類のソーシャル・ビジネスは会社の形態での違いがあるが、共通の特徴を保有している。それが、ソーシャル・ビジネスの7原則であり、①利潤の最大化ではなく社会問題の解決が経営目的、②財務・経済的な持続可能性を持つ、③投資家への元本を超える配当がない、④利益は会社拡大や改善を目的に留保される、⑤環境への配慮、⑥適正な賃金と労働条件を提供する、⑦事業そのものを楽しむ、といった7つとなる。特に、財務・経済的な持続可能性を持つという点が他の組織、NGOや慈善団体との違いとして提示されており、寄付のみに頼らない継続した活動と発展が可能としている。これを達成させる方法が、被支援対象者自体がソーシャル・ビジネスを保有していたり、担い手であったりするという構造にあると考えられる。またこの特徴から、長期的には被支援者の自立にもつながるとされている[29]。

　細かなソーシャル・ビジネスの記述としてはほかにも、上手くいくための構造に特徴があるとしている。大枠の理想では例えば、ソーシャル・ビジネス専門の株式市場の確立や、政府主体のソーシャル・ビジネスの確立といった、社会構造的なものも主張されている。

　個別の企業や事業においては、ソーシャル・ビジネスの始め方として中小規模からじっくり進めるべきであったり、マーケティング戦略を導入して革新を継続したりするという、営利企業と同様の特徴も保有している。ただ、明確に違う点として一般的な株式資本を導入しない点から、市場変動のリスクを避けられるとしている。

　ユヌスが1983年に立ち上げたグラミン銀行は、規模や考慮すべき範囲、取り扱うサービス、関わる人の量などすでに世界規模の社会的事業として著名である。多数の大手企業との合弁会社も設立されており、一見すると大資本

ベースの考え方に映る。ただし、事業の本質的な目的は中小企業などでも実施できるものといえる。また、金融における既存の常識から外れ、貧しい人々への融資から利益創出を行ってきた実績は、新事業創造にも求められる革新的な要素の一つといえる。

次に、プラハラード (2018) では、社会的な課題を解決する手法が拡大した中で、貧困層を対象にした BOP (ベース・オブ・ピラミッド) ビジネス自体が全く新しい市場として主張されている。ここでは、大企業の資源や、規模、活動領域の活用を取り込む形で、BOP 層を対象とした事業を NGO などノウハウがある団体と共同で執り行っていくと、新しい知見や解決策を競争することができ、地域社会の復興や存続に生かせると捉えている。言い換えると、一般企業が BOP ビジネスに参入することで、新規の市場として新たな利潤を獲得するだけでなく、事業の過程で NGO や政府機関、貧困の当事者といった幅広い層と Win-Win の関係を構築することができる。より一層、先々の事業の幅が広がることやさらなるメリットにつながりうると捉えているのである[30]。

プラハラードの主張として特徴的なのは、まず BOP 層の人々に対する認識を、経済弱者であり支援する対象というところから、「内に力を秘めた企業家であり、価値意識の強い消費者でもある」という認識に切り替える点があげられる。ポイントになるのは消費者というだけでなく、貧困層自体が事業の担い手として可能性が大きいという点である。新事業創造の担い手として活躍しうることを意味しているのである。そうした貧困層自体とビジネスパートナーの関係性を構築することで、製品やサービスの提供を行う企業側も利益を得ることにつながる。また、貧困層をこれまでビジネスの対象として捉えていなかった大企業の立ち回りなどは改善していく必要がある[31]。

次に、企業が BOP ビジネスに参入する場合は、新しい成長機会とイノベーションを議論する場として、BOP 層との交流を意識する必要が述べられている。実際に、それ以前まで関係性のなかったステイクホルダーといえる BOP 層は、既存企業には新しい知見をもたらすし、新規の市場や利潤源の創出、アイディアの誕生につながりうる。また、単純に BOP ビジネスの

第 5 章　産業構造の変革を促す新事業創造への期待と可能性　**127**

市場は未開拓であることから、コア・ビジネスへと発展しうる存在として認識、的確に事業運営の人員を投入して育てていくことが重要となる。CSR（企業の社会的責任）担当などに任せて、事業の付属物や企業の非経済活動の一環に留めるべきではない。このBOP市場へ参入し、実際に現地の貧困層に商品を手に取ってもらうことを考慮した際に重要なのが、手頃な値段、製品・サービスへのアクセスしやすさ、入手のしやすさの3点である。つまり、収入の不安定さから現金が不足しがちな人々が買いやすいような値段設定、購買できる場所の利便性や時間の拡張、在庫の適正な確保といった要素が重要となるのである[32]。

　さらに、BOP市場自体の対象となりうる広さにも着眼することが必要である。書籍が刊行された当時は、BOP市場として中国やインド、ブラジル、メキシコといった国が、発展途上国として定義にあてはめられていた。これらの国は生産力や国家全体の発展度合いでは劣っていたものの、人口では莫大な数があり、購買力においては当時の先進諸国をはるかに超える存在であった。また、実際に今日では、各国が経済成長を果たし、中国などは経済的地位を大いに高めている。BOP市場だけではないものの、見事に発展途上国が経済的に拡大し、巨大な市場として国際社会に認識されるようになったといえる[33]。

　このように、BOPビジネスは今日においてある程度スタンダードな事業目的としても認識されるように変化したと考えられる。また、本章で議題としてきた新事業創造ともBOPビジネスは関わりが深い。BOP層をどのように支援していくかを考えていく中で、より公的・社会的な枠組みは福祉や大手企業が経済力を伴って行うことができる。一方で、身近な就労など生活の基盤を整えていくのは、地域に根差した中小企業の雇用や、課題解決を目的とした事業創造を通じて成立させていくことが現実的と考えられる。

　こうした社会的事業とBOPビジネスの概念を踏まえた上で、中小企業にとっての新事業創造の方向性として、環境問題対応型の産業という定義が一つ取り上げられる。中小企業は従来から、地域との共生、地域社会の構成という役割を保有している。この役割に近年では、地域課題の解決を担う事業

者という側面が付け加えられたわけだが、その場合、中小企業が担うべきなのは特定地域内における社会・自然環境に資する課題解決となる。すなわち、事業の主軸を利益追求から社会貢献へと切り替える場合においても、より広範な社会全般への寄与以上に、自社の立地する地域にどのように資するかが鍵となる。この際、事業内容の選択として、自社が保有している技術やノウハウを、どのように地域課題解決に転換するかが議論になるわけである。だからこそ、農商工連携をはじめとした既存の中小企業事例を分析することが必要となる。

第5節　先端テクノロジーを駆使した
イノベーション型新事業創造

　技術的なイノベーションや新技術の導入と、新事業創造の間には強い関係性がある。本節では、イノベーションの中でも技術革新の側面に着眼しつつ、それを生かした新事業創造でどういう戦略を中小企業が取るべきか考察していく。

　新規技術の中でも、先端テクノロジーという言葉が示す範囲は時代によって当然変遷するが、今日では情報技術に関連した IT 産業、そこから進化・派生した AI などが該当するだろう。そうした新規の技術を活用しつつ、我々全体が整備していく必要があるとされているのが、Society5.0 といった新規の社会構造である。

　Society5.0 について、遠藤 (2019) では経済産業省が提示した定義だけでは、既存の IT 化や情報産業の革新に伴う第 4 次産業革命に、「社会に関する若干の言及」を足しただけのものと批判している。その上で、正確なあるべきSociety5.0 として、SDGs で主張される環境整備を踏まえた、超スマート社会の設計が求められると捉えている。当該の用語や概念についての一般的な認知度はまだ十分ではないものの、そこには再生可能エネルギーの利用をはじめ、自動運転の整備やロボット、IT 技術の革新が内包されている。また、実態として日本社会においてイメージされる発展した社会構造には、"快適な

生活"が最も重要視され、健康な生活の促進と高齢者の自立支援が続くこととなり、高齢社会においても日常生活が安定して様々な困難が軽減されることが求められている。また、その際には社会に関わる様々なステイクホルダーが多様化していることも踏まえて、内包されたニーズにいかに気づくかが重要とされている[34]。

　細かな産業それぞれにおける先端技術の活用も、こうした Society5.0 と関与しうるだろう。藤嶋（2024）によれば、人工知能や IoT などの先端テクノロジーを利用した既存ビジネスの革新、新規ビジネスの創出である X-Tech と呼ばれる動きは、服飾業界でも活発に確認されてきたとされる。主に衣類の生産におけるデジタルツール導入から始まり、EC サイトや SNS などが流通・販売の側面でも利活用された。在庫管理や、需要予測などに伴う商流の安定した継続などは顕著な結果といえる。ファッションテックと呼ばれるこうした動きは 2010 年代から今日まで継続して服飾産業をビジネス的に発展させてきた。果ては今日、2020 年頃などには H&M などの大手ブランドで、Looop と呼ばれる古着の再利用システムや、衣服の回収・リサイクル・再生素材の利活用という方面でも活用され、持続可能なビジネス形態を構築するために期待されているという[35]。こうした動きをみるに、先端テクノロジーの存在は産業の発展を促すだけではなく、自然・社会環境の課題解決、仕事としてみた際の産業構造の変化、革新を促す側面があると考えられる。

　石川（2024）では、食品業界におけるフードテックの動きなどを振り返りつつ、服飾と同様に食品業界での先端テクノロジーの利活用を議論している。アグリテック（農業関連）、スマートキッチン（調理関連）といった、派生業界の情報も取りまとめつつ、そこでも、生産と消費の両側面で先端テクノロジーが利用されている様子が紹介されていた。具体的には、3D プリンターを活用した、ピザなどの完成した食品の創出である。宇宙食への利用などが検討されており、食品の見た目、デザインという側面にも先端テクノロジーが重要な役割を果たすことが示してある[36]。

　個別の技術として、AI そのものの研究などを取りまとめた経済協力開発機構（OECD）（2021）のレポートでは、人工知能がどのように経済に影響する

かも整理している。そこでは、予測、判断の支援や代替が取り上げられている。と同時に、AI自体がこれまでの汎用テクノロジー、電機や蒸気エンジンと同じく生産性を伸ばすものとしても標榜されており、組織へ導入していくための投資やプロセスの変化が必要な取組とされている。言い換えると、新規技術を活用していく上で、新しい仕組みや組織体制を構築することが事業者には求められている。また、実際にAIへの各国投資金額、およびAIに関する新規取引の量も増加している事実も示され、今日の先端テクノロジーにおけるAIの重要性が再認識されている[37]。

　具体的なAIの利用されている業界としては輸送、自動運転の2つが中心的に取り上げられており、いずれも自動車関連の業界への影響が中心といえる。ほかにも、農業、金融分野、マーケティングや広告、ヘルスケアなどが、ビジネスシーンでのAI利用として事例が紹介されている[38]。多種多様な業界でAIが利用されているが、その内実としては、前述したような判断、予測を補助するものが基本とされている。つまり、人間が何かを行う際のプロセスや、結果を導出する際の補助を行うことが、現状のAI利用の本質であり、事業として立ち上がる内容もそれらに付随したものといえる。

　以上の事実を踏まえると、先端テクノロジーを軸にした新事業、特にイノベーションに関わるような内容としては、劇的な技術革新は当然として、どちらかといえば既存の業界の仕事の仕方を変化させ、選択・判断を補助するなど、よりスムーズな環境整備に用いられることが起こりやすい現象といえる。中でも、介護業界をはじめとした医療、生活基盤に関わる分野での革新が直近では求められると考えられる。あるいは、生活基盤の中でもマイノリティーへの支援や社会構造を変化させるような事業活動が求められている。こうした社会的側面の強い新事業創造を検討していくのは、資本面で余裕のある大企業であると考えられるだろうが、実態としては、地域に根差した課題と身近に接している各地の中小企業が担う必要性が高いだろう。筆者がこう主張するのは、後述する日本の直面する社会課題が人口の減少に端を発したものが多く、残った人口でどのように国や経済を回していくかを考慮する時期に入っているためである。この状況で考慮せねばならないのは、いかに

第5章　産業構造の変革を促す新事業創造への期待と可能性　　**131**

地域経済の循環を達成して特定領域での内需の経済活動を安定させるかである。そのために、現状の経済・産業活動をより省力化して回しやすくしていく AI/IoT にかかる期待は大きいものであり、多様な企業家が挑戦している実態があるのである。

第6節　社会課題解決につながる企業家への期待

　最後に、今日の社会課題解決に寄与する形での企業家、新規創業や事業創造の可能性についても言及したい。すでに既存産業、新規産業それぞれの節でも記述したように、今日のビジネスシーンにおいて、社会課題の解決や利益追求から離れた社会理想を達成する事業の存在は、待ち望まれている内容であるといえる。

　今日の社会課題と捉えられている内容は、国立研究開発法人科学技術振興機構（JST）の社会技術研究開発センター（RISTEX）が 2018 年より、株式会社日本総合研究所に委託して行った、社会問題の俯瞰調査をまとめた資料から確認したい[39]。

　最新版の 2022 年版によると、まず身近な社会問題として大項目で着目されているのは、人口（約 31 %）、交通（約 28 %）、食料（約 26 %）、医療福祉（約 25 %）、経済（約 22 %）の 5 つが上位回答となっている。これらそれぞれの項目を、日本の問題として捉えているかの回答率としては、それぞれ人口（約 41 %）、交通（約 27 %）、食料（約 33 %）、医療福祉（約 26 %）、経済（約 33 %）と順位の入れ替わり、重要度の変化が見受けられた。人口問題については世界的なものであると認識しつつ、特に日本においては重要度が高い課題と捉えている人が多いといえる。また、日本特有の課題として食糧、経済については早急な改善が必要と考えられている。

　これらの項目をより細かく分類した中項目についてのアンケートで、日本の問題として強く関心を集めているのが次の 5 項目である。すなわち、高齢化（約 54 %）、気候変動・地球温暖化（約 49 %）、経済的な不平等・所得格差（約 47 %）、高齢者の要介護者・身体障碍者の増加（約 45 %）、消費の低迷など

による経済悪化（約44％）、である[40]。これら5つの大項目と中項目での結果をみるに、今日の日本の社会課題は人口の減少から派生した各種問題と、地球全体にも関連する環境問題について注視する必要があると考えられている。人口が減少していく成熟・縮小社会として、歴史的にみても予測がつきづらい社会の中で、上述した経済課題や、環境課題への対処が求められているのである。

　こうした中で、社会課題を実際に解決していく存在として、行政はさることながら、中小企業を中心とした事業者に期待がかかるのは自明の理といえる。特に日本の場合、企業数で9割強と大多数を占める中小企業は、金額的な経済活動への影響は低くみられがちだが、実際の雇用、社会構造への影響度合いは明確に高いといえる。本章のテーマでもあった事業創造の点からみても、中小企業自体が活動の内容や構造を変えていくことで、日本社会全体へ変化が波及していくことを求められている。

　では、人口が減少していく社会での企業家が行うべき活動はどのようなものであろうか。アンケートの結果などからストレートに考察した場合は、まさに介護施設や新規の高齢者向けサービスの創出、環境問題に寄与するような新素材・新製品の開発・販売などが該当するだろう。つまり事業として、社会課題そのものに対処する内容に取り組むことである。事業活動を継続する中でも、新規技術の発達などを通じて、産業全体、ひいては社会に影響を与えることもまた、こうした活動から社会課題の解決につながる内容であるといえよう。

　一方で、企業家としての活動である事業の継続はまた、雇用を確保する形で社会に寄与するという、従来と同じ経済的な役割をまずは果たしているといえる。これに加えて、上述したような事業創造を通じて新たな利潤源を創出することは、経済的な社会貢献だけでなく、新規の社会構造を創出するという面で、課題の解決へとつながる可能性があると捉えられる。企業が持続して活動をしていく中で、企業組織の構造や体制というものは時代に合わせて変化していくものである。

　この点に付け加えて、IT、AIといった先端技術の活用が、事業を継続し

第5章　産業構造の変革を促す新事業創造への期待と可能性　**133**

ていく中では必ず密接に関わってくるだろう。事業に関わる技術的な内容だけでなく、今日では職場の環境や労働環境を革新する上でも、IT、AIツールの活用は切っても切り離せなくなってきている。単純な勤怠管理システム一つを取り上げても、その利活用の必要性と、そこから派生した仕事の仕方の変化は明白である。同時にすでに簡単に記述したような、新規技術の導入に伴う産業、事業の革新が、新たな経済効果や事業の創出に直結することはいうまでもない。介護産業におけるロボットツールの導入など、そこから派生して新たな事業が生まれ続けていくことは、経済発展に密接に関わっている。

　重要なことは、これらの新規発展の主体となるべきなのが事業を営む企業家たちの意思であるという点である。研究・技術革新の分野でどれだけ新たな可能性が模索されたとしても、市場への導入や実用化を達成していく上では、企業の協力や率先した利活用がどこかで必要となるのである。

　この点から、今日の中小企業経営者、企業家に求められているのは、新たな分野や体制を構築していくことに積極性を持つことであり、それこそが従来経営学理論などで取り上げられてきたアントレプレナーシップを持つことと同義といえる。ただし、その中身は理論で提示されてきた観念的な要素だけではなく、実際の事業、市場の状況、今日の技術に関する的確な知識と情報を踏まえた、"稼げる取組"につながる積極性が求められるだろう。また、場合によっては単一の事業者ではなく、事業協同組合をはじめとした連携組織、産業内での複数事業者の協力をもって実行していくことも考えられる。単独ではなく、可能な限り多くの中小企業が協力体制を取ることが、社会課題の解決を付随した事業活動につながっていくのである。

注

1）国立社会保障・人口問題研究所ホームページ（https://www.ipss.go.jp/、2024年11月19日所収）。

2）ジェトロ直接投資統計（https://www.jetro.go.jp/world/japan/stats/fdi.html、2024年11月19日所収）より。

3）Igor Ansoff, *Corporate Strategy*, McGraw-Hill, 1965.

4）H. イゴール・アンゾフ著、中村元一監訳『アンゾフ戦略経営論』中央経済社、2007年、11〜27頁参照。

5）飛田幸宏「新規事業創造の企業戦略に関する一考察」、『高崎経済大学論集』第 43 巻 3 号、高崎経済大学経済学会、2000 年、45〜57 頁。

6）谷井良「ビジネスモデルイノベーションによる事業創造のデザイン」、『明星大学経営学研究紀要』第 9 巻、明星大学経済学部経営学科、2014 年、89〜99 頁。

7）石井康夫「中小企業の経営課題を解決するための事業創造に関する一考察」、『大和大学研究紀要』第 5 巻、大和大学、2019 年、1〜20 頁。

8）田村泰一・大本英雄「素材産業における新規事業創造モデルに関する比較研究」、『早稲田国際経営研究』第 43 巻、早稲田大学 WBS 研究センター、2012 年、119〜133 頁。

　　紡績産業の歴史的な発展と転換を提示し、繊維産業であったカネボウや東レの事業転換成功と、花王や新日本製鉄の転換失敗を踏まえた上で、日東電工と JSR という 2 つの企業の成功談を事例として取り上げている。

9）中野裕哲『事業の再構築を考えたときに読む本』日本実業出版社、2022 年。

10）高橋儀光『新事業開発成功シナリオ』同文館出版、2018 年。

11）Everett M. Rogers, *Diffusion of Innovations*, Free Press, 2003, pp.5-38.

12）7 つの具体例として、①在宅勤務の常態化、②事業継続計画の重要性を再認識、③デジタルトランスフォーメーション（DX）への取り組み、④キャッシュレス決済の普及、⑤EC サイトや生協の活発化、⑥飲食店の営業形態の転換、⑦快適なワークスペースと柔軟な契約形態によるフレキシブルオフィスへの移行が取り上げられた。いずれも、コロナウイルス拡大期やその前後に訪れた技術革新・生活スタイルの変化に根差した内容といえる。特に、飲食店の営業形態転換などは、新事業創造のヒントになりうる変化とみられる。境新一「ポスト・コロナにおける新事業創造のプロデュース手法」、『成城・経済研究』第 233 号、成城大学経済学会、2021 年、41〜85 頁。

13）長田貴仁「新事業創造における愛の効用　社会企業家と社内企業家を事例にして―」、『岡山商大論叢』第 50 巻 1 号、岡山商科大学学会、2014 年、1〜26 頁。

　　同論文ではまた、単純な社会貢献という要素のみに根差した起業や新事業創造を忌避しており、どのような事業内容であろうと経済的な利潤の確保が達成されることが前提に置かれなければならないと強く主張している。

14）大杉奉代「中小建設業の新事業開発における Capability に関する一考察」、『日本経営診断学会論集』第 10 巻、日本経営診断学会、2010 年、148〜154 頁。

15）百瀬恵夫・篠原勲編著『新事業創造論』東洋経済新報社、2003 年。

16）See, Charles A. Berry, *Entering New Businesses: Selecting the Strategies for Success*, Forgotten Books, 1983, pp.2-15.

17）Op. cit., pp.16-17.

18）福嶋路「新規事業創造についての研究の系譜―社内ベンチャーと CVC についての研究動向―」、研究年報『経済学』第 77 巻 1 号、2019 年、東北大学、1〜16 頁。

19）山田幸三「日本企業の新事業開発と組織文化」、『岡山大学経済学会雑誌』第 24 巻 3 号、岡山大学経済学会、1992 年、91〜113 頁。

20）長山宗広『日本的スピンオフ・ベンチャー創出論』同友館、2012 年。

21）同上書、41〜42 頁。

22) 同上書、42～44 頁。

23) 同上書、44～45 頁参照、45 頁より一部引用。

24) 清水健太「コーポレート・ベンチャー・キャピタルによる新事業創造に関する一考察」、『経営力創成研究』第 3 巻 1 号、東洋大学経営力創成研究センター年報編集委員会、2007 年、27～35 頁。

25) この社内ベンチャーは、既存の市場とは違う新分野などの新事業に進出することを目的に、特に企業内部に新設される事業体のことを指している。

26) スピンオフ・ベンチャーの定義として、新事業を立ち上げる際に既存企業とは別組織を設立した場合を指している。

27) 中小企業家しんぶん、2023 年 7 月 15 日号、「同友エコ受賞企業」。
また、建築に利用した樹木の端材を使った、ペット用品などの木製品も販売しており、一つの環境対応に伴い 2 つの利潤源、市場を創出した事例といえる。

28) ケン・ピーティー著、三上富三郎監訳『体系グリーンマーケティング』同友館、1993 年、69～81 頁参照。

29) ムハマド・ユヌス著、岡田昌治監修、千葉敏生訳『ソーシャル・ビジネス革命』早川書房、2010 年、31～40 頁参照、33 頁より引用。
ここでのソーシャル・ビジネスは、いわゆる自由資本主義的な利益追求という前提の考え方から変え、人間の本質に根差したソーシャル・ビジネスを行っていくことで、資本投資を受けつつ事業を推し進めていくという考えに基づく。そのためか、それまでの理論で出てきた社会事業、社会的責任ビジネス、社会的起業といった考え方は利潤最大化企業の言い換えとして、違うものと定義している。

30) C. K. プラハラード著、スカイライトコンサルティング訳『ネクスト・マーケット』英治出版、2018 年、29～66 頁参照。

31) 同上書、69～94 頁参照。

32) 同上書、97～132 頁参照。

33) 同上書、135～153 頁参照。

34) 遠藤薫「超スマート社会と SDGs―社会と技術を共進化させる未来創造マネジメント―」、『計測と制御』第 58 巻 8 号、計測自動制御学会、2019 年、583～587 頁。

35) 藤嶋陽子「ファッションとテクノロジーという問題系―ファッションの現在／未来を問う視点としての共創―」、『感性工学』第 22 巻 1 号、日本感性工学会、2024 年、43～47 頁。

36) 石川伸一「新規開発食品の受容拡大の方策を考える」、『生物工学会誌』第 102 巻 8 号、日本生物工学会、2024 年、391～393 頁。

37) 経済協力開発機構（OECD）編著、齋藤長行訳『OECD 人工知能（AI）白書―先端テクノロジーによる経済・社会的影響―』明石書店、2021 年、52～67 頁。

38) 同上書、70～115 頁。

39) 日本総合研究所『社会問題キーワードに対する一般市民アンケート（令和 4 年度）』2023 年 3 月。

40) 実際の集計結果では、約 46 ％の回答者が感染症そのものを社会課題として捉えていたが、継続したものというよりは一時的な課題であると捉え、本書では省略している。

第 6 章

競争優位をもたらす生産・物流・流通構造の改革

　中小企業の競争優位性について議論していく中で、製品品質や製品の魅力、技術的な優位性というものは大きく取りざたされてきた。それらと同様に、特に BtoB の企業間取引が多く存在する中小企業分野においては、商品の納期やデリバティブなどの物流面をはじめ、取引構造に根付いた競争優位性というものも長年にわたって議論されてきたと考えられる。

　呂ら（2008）の研究でも、様々な生産管理システムを体系化させた上で各企業へアンケートなどを実施して導入の方針を議論している。そこでは、生産における最終的な QCD（Quality, Cost, Delivery）をいかに高めるかの第1次管理、人材育成や管理に関連した第2次管理とシステムの区分を段階で分けてある。その上で、業種ごとの生産管理よりも、製品種別ごと、製造ラインごとに適切な手法を取る必要があることを突き止めている。また、第1次管理では多様な方法論の実践が行われているが、管理手段の体系化を全従業員へ進めていく必要と、そのための IT・機械化といった先端技術の導入が求められることがある。第2次管理で、従来日本のモノづくりの強みとされてきた職場環境整備に、多能工化と技術伝承の必要から陰りがあり、人材育成の仕組み作りをより徹底する必要があることなども導出された[1]。

　古くでは、林（1997）が日本的生産管理システムを国際化させる必要性を説いている。曰く、日本的生産管理システムはその国民性から、固定的な手法、従来上手くいっていた手法をそのまま国外でも導入しがちで、結果として効果的な海外生産に行き着けない実情があるとしている。そのため、特に多能工を創出したい日本企業の要求もまた、各国の文化・風習・現場状況を踏まえて仕組みを構築すれば、無理に日本式のやり方に固執しなくとも可能であると主張している[2]。

浅沼（1997）も同時期に、日本企業の生産の特徴として、系列と下請関係という要素を取り上げている。特に系列を指して長期的で緊密、閉鎖的な企業間関係が構築されており、水平的系列、下請とも呼ばれる垂直的系列があることが強みにつながっていると捉えている[3]。

　実際、こうした見方は国外でも強まり、Abernathy et al（1983）や MIT（1989）、Womack et al（1990）、クラークと藤本（1991）といった研究で日本の企業間関係は着目されてきている。

　Abernathy et al（1983）では、自動車産業に着目して大量生産市場の成長を分析している。その中で、自動車産業が国際化していくと同時に、アメリカ企業の市場が、劇的な競合として現れた日系企業に取られていったことが示されている。これは日本企業のコスト、品質、生産性の劇的な向上が要因の一つと捉えられており、源泉として高度なマネジメント力、工場の管理体制にあるという指摘がされている[4]。

　Womack et al（1990）では、系列の特徴としてリーン生産（トヨタ生産方式）に着目した上で、日本独自の生産方式として研究がされている。曰く、リーン生産は自動車産業の発展過程において、より高次元、効率的な生産を達成するために生まれた。そしてその実態として、トヨタ自動車が生産の効率化と従業員の雇用を保全するためのホールディングス企業化をなしたことなど、企業の変遷の歴史の中で従業員に対する認識を変えたことが鍵になっていると捉えている。また、世界市場でのサプライチェーンに対応する上でも、巨大な製造企業一つに全生産工程を集中させるのではなく、膨大な数の企業間取引を適正な納期、時間、コストで整理しているという点が、リーン生産自体の強みであり、日本企業の取引関係性に基づくものと捉えられている[5]。

　総じて、生産・物流・流通に関連した現場目線での方法論や理論というものは、固定的ではなく時流に沿って流動的に改変、深化させる必要がある。一つのやり方が通用するのは特定の環境や時期だけであるということを念頭に置いて、競争優位を維持するために定期的な生産・物流・流通構造の見直しが効果的だろう。

　こうした前提を踏まえて、今日の社会構造を考えてみよう。まず多様な製

品、商品が流通革命に伴い、最終顧客の手元に届くまでのプロセスがはるか
に短縮化されている。これはモノを運ぶ技術や方法論による時間的な短縮だ
けでなく、販売手法やチャネルの拡充に伴う、商社や卸売企業を飛ばして直
販が行われるといった、流通段階の削減も含めた多層的な短縮化である。さ
らにいえば、そうした状態に合わせた生産手段の改変、拡充というものも、
求められるのは明白である。

　実際に社会の流通動向をみていっても、例えば、流通経済研究所（2022）が
取りまとめた海外の小売事情をみていくと、①顧客の売り場に対する関心は
スマートフォンや各種店内デザインに伴い障害や悪影響を受けやすく、購買
意欲が下がりやすくなっている。このため、アイ・トラッキングといったAI
技術を利用し、顧客の関心パターンを分析することで、より正確な店内デザ
インや棚割り、従業員教育に活用することが求められている。②購入した商
品の支払いを後日に行う仕組みの活用は急激に増加しており、物価高騰に際
して利用されることが多い。しかし、消費者の購買し過ぎを招く弊害もあり、
また、小売側も販売を制限することがある。③ネスレによる消費者分析への
投資は2021年以降から4年間で2倍を予定されており、グループ全体の売上
約15％はEコマースになったとされている。④アメリカにおける2022年度
の食料品オンライン売上高は1280億ドル（約16兆6400億円）に上るが、商品
の受注から配達までの人件費問題など、コスト削減による利益率向上の余地
が多々ある。⑤ウォルマートがオムニチャネル小売業[6]への投資を拡大する
など、オンライン販売に関連した市場は新たな売上高を創出できる余地がま
だある。⑥ユニリーバの研究施設ではロボットの活用も進捗しており、生産
だけでなく製品テストや開発にも利用している。夜間の稼働もできることか
ら、人的資源を活用するよりも生産性が高くなるこの自動化はさらに進捗し
うる。⑦アマゾンでも食料品チェーンへの投資が継続されており、2022年度
にはホールフーズ11店舗、アマゾン・フレッシュ（生鮮食品チェーン）21店舗
が開店されている。超大手小売企業による業態拡大の傾向も今後増加する。
このように、流通動向と一口にいっても様々な変化が垣間見える[7]。

　特に注目すべき点は、大手企業それぞれが自社の事業領域を拡大させる上

で、AI/IT などの技術分野の利活用を推し進めている点と、旧来の販売手法、市場への参入を果たしている点が同時に発生していることである。すなわち、中小企業にとっては、これまで自社が担ってきた業界のニッチな市場や役割というものを、大手企業が競合として入り込みつつある状況も生まれたのである。

　こうした過渡期において、改めて取引構造を中心に、中小企業の経営戦略を考察していくことは重要である。製造業であればいうまでもなく、生産一つにおいても多段階の取引が展開された結果、最終製品に辿り着くのが今日の常識である。一方で非製造業分野、多様なサービス産業においても、例えば情報通信産業であれば取引は多段階に展開されることが多い。一般消費者向けのサービス産業であれば、オムニチャネル小売業などの概念から振り返っても、複数の販売チャネルや形態を取ることが増加し、それに合わせて物流構造も多層化している。モノに限らず、何かが消費者の元に届くまでの段階が、今日の社会では多様化しているのである。この中で、中小企業は自社が取りうる最適な取引・流通構造を模索していく必要がある。

第1節　5S・TQC・6Σ の思想と手法の普及とその困難性

　手始めに、従来経営学などで議論されてきた生産・流通構造とそれを革新させる企業の取組理論についてみていこう。5S・TQC・6Σ といった、各種生産現場の改善・改革理論、生産管理に関連した理論が代表的なものといえる。

　まず、生産現場の改善活動で最も代表的な 5S についてである。5S という言葉は、整理・整頓・清掃・清潔・躾という5つの段階それぞれの頭文字からきている。他分野でも複数の意味で 5S という言葉が利用され、研究者によっても多様な解釈があるが、本書ではこの観点で話を進めていく。

　5S という概念が最初に研究分野で登場したのは、一般的には、平野と古谷 (1997) の研究とされることが多い。それによると、もともと製造業の現場で第1次オイルショック前後には使われていた 5S という概念が、徐々に他分野、一般社会にも浸透してきたとされている。もともとは 3S など様々な形

式が存在したが、5S として実際に定着を図っていたのは一部の自動車産業が中心であったとされる。いずれにおいても、生産現場などの整理・整頓を徹底し、清潔さや利便性を保つ仕組みの構築や習慣化を徹底させ、より効率的な作業現場を創出することが主目的であり鍵とされる[8]。

同時期の林 (1997) では、5S は日本的生産管理システムを成立させる、準普遍的な方法論の一つとしている。すなわち、国外の労働環境などでも直接導入が可能な、基礎的な手段という認識である[9]。また、田島 (2017) では 5S の徹底が在庫管理・品質管理・生産性管理の高レベル化につながるとしている[10]。

小坂 (2007) では、企業内の仕事、業務の見える化を達成させる前提条件として、5S が取り上げられている。曰く、職場の環境整備を徹底していくことで不必要なものを生産現場から取り除き、備品などの適切な配置を設定することが、見える化には必須の要素であるとしている。特に整理の段階から基準を明確にすることが成否に影響するとし、不用品の基準などを特に重視して設定することが主張されている。こうすることで、多数の企業でみられるやり直しを可能な限り避けられる。同時に、躾の段階は 5S の中でも唯一モノではなくヒトに関連した要素であるとし、可能な限り活動の初期から、人材育成の方法論を使って徹底していく必要性が説かれている。残りの 3S、整頓・清掃・清潔についても同様に、整頓であればモノの置き場などの明確化を図る。清掃であれば基準を設けつつ全員参加で分担して実施する。清潔についてはどのように維持するかの基準や、やるべき行動のリスト化が求められる。いずれにおいても、総じて基準を構築することが、5S を達成させていく上で必要な取組とされる[11]。

福井 (2012) では、実際にアメリカにおける 5S 活動の普及程度が言及されている。アメリカでは 5S が啓蒙活動として多数の書籍で取り上げられ、頭文字が適するように工夫された翻訳がされている。その上で、各種研究資料、業界紙や学術雑誌などで、5S について言及される機会が増加傾向にある点、現場レベルや書籍でも、リーン生産方式と絡めて実施されつつあることが示された。しかしながら、日本企業や日本国内の研究における 5S との概念の

捉え方の違いは明瞭で、国外では方法論としての認識で普及がされているという事実への言及もある(12)。

石川 (2021) では、後述する6Σなど、様々な生産管理やマネジメントの仕組みを機能させる、基盤作りの柱として捉えている。また、特に人作りという観点から、5Sの導入と徹底化によって、継続した変化と改善が行われることが重要としている。すなわち、行動経済学などでいわれる現状維持のバイアスを解消しうる、習慣の一つとしても5Sが重要なのである。さらにそうした生産状態の改善によって、ハタラキヤスクという環境を構築することが、5Sの最終目的としている。すなわち、ハは早く (納期・生産性)、タは正しく (品質)、ラキは楽に (安全性)、ヤスクは安く (コスト)、と、製品が提供されるまでのサイクルをよりよいものに変えていく力があるのである(13)。

いずれの5Sの捉え方でも共通しているのは、5S自体が行っていくことで会社状態の改善につながるということである。このため、実行していく上では確かな目的・目標の設定が求められるし、企業内のトップ層、経営陣だけがモチベーション高く動いても効果が薄いと考えられる。

こうした5Sと同時期に、TQCという概念が徐々にトヨタ自動車を中心に普及してきた。TQCは、Total Quality Controlの略称であり、当初はQC (Quality Control) として、サークル活動や改善活動などが行われてきた。

発祥とされるトヨタ自動車のQCサークルは4〜5人程度の活動人数で、全員がリーダーと認識した上で書記などの作業を分担・輪番で行って職場環境の維持と改善に努めている。ここでの仕事上の改善とは、作業や現場における「問題」を取り除くことを指し、その「問題」とは理想像と現実のギャップであるとされている(14)。

次に、問題解決の手法としては発生型、設定型、ビジョン指向型の3種類の方針が掲げられている。これらはそれぞれ段階によって変わるものとされ、現場作業を行う日々の中で"発生"するものを解決すること、何らかの目的や目標を設定して課題を解決すること(15)、が発生型・設定型の段階である。最後のビジョン指向型は、社内の状況だけでなく社外、社会情勢などにも関

連した目標設定と状態改善を意図しており、中長期的に取り組んだ上で達成すべき問題解決と考えられている。前述した、理想像と現実のギャップを埋めることだけでなく、何らかの社会変化への対応も含めた取組であるといえる[16]。

　最後に、問題解決が達成されるための8ステップが紹介されている。すなわち、①問題を明確にする、②現状を把握する、③目標を設定する、④真因を考え抜く、⑤対策計画を立てる、⑥計画を実施する、⑦効果を確認する、⑧成果を定着させるという8つの段階である。いずれも、問題一つを解決していく上で明確にどういう動きをすればいいかの指標として活用されている。つまり、勘や経験だけに頼って都度都度の判断を行うのではなく、論理的な思考や客観的なデータ・数字に基づいた問題解決を行うことで、企業全体での見える化を達成することができるのである[17]。

　トヨタ自動車自身でも、TQCの考え方は当初から保有していたが、実行に移せたのは近年のこととされている。そこには、概念自体は認識できるし、方法論も明確に記されてはいるものの、実際に行動していく上では様々な障害が存在しうることが見て取れる。

　ただし、TQCの概念自体は、学術上古くから扱われてきている。

　始まりとしては、1943年にブリジストンが発表した統計データに基づく品質管理とされ、1952年には日本科学技術連盟がその考え方を基に、QCサークルの活動を指標化した。1957年には実際の工場現場での導入もされ、1964年にはデミングのPDSA (Plan, Do, Study, Act) サイクルの一環として、改善活動の方法論として活用されるようになった。

　実際の研究として、水野 (1984) は全社で行う総合的な品質管理としてTQCを定義し、品質管理からスタートしたQC活動が設計、企画、開発といった上流の段階まで広がったことを意味するとしている。また、当時の時点で社会情勢が品質新時代にあり、高品質よりも製品の使用持続性を重視するなど、いかにして売れる製品を生産・供給できるかが鍵としている。これを踏まえたTQCの役割とは、下記のようになる[18]。

1. 高品質製品を開発したうえで、高い利潤を確保して自己資本の蓄積を

図ること。2. 技術蓄積と向上を果たしつつ、品質のリーダーシップをとる努力をすること。3. 企業の体質改善を続け、継続して進展すること。4. 社会が求める製品品質の社会性・公共性を重視し、利益追求だけではなく社会的責任を果たすために活用すること。

　ここでも、品質管理とその手法には継続した変更と革新が求められており、社内の環境や改善だけでなく、製品に求められる社会的な要求も意識して、活動を調整していくことが重要であると見て取れる。

　Powel (1995) は、類似概念である TQM (Total Quality Management：全社的品質マネジメント) について研究分野での実績、数値ベースの実証が不足しているとし、改めて取り上げている。ここでの TQM は、企業が持続的な競争優位を獲得するための戦略的方法論と捉えられている。また、四半期ごとの経営数値、売上高や利益に合わせて調整するものとも捉えており、実行していく上で柔軟な観点が必要といえる。実際に、TQM の要素としては品質管理、生産管理、サプライヤー管理、セル生産方式、ジャスト・イン・タイム (以下、JIT と表記)、方針設計といった、多様な現場目線での管理体系を総合的に行う必要があるとされている。いずれも、時期ごとに改修や計画変更が必要なのは事実であろう。同時に、TQM を実行していく上でのコストの重さ、書類の多さやマネジメント作業の負担なども改めて取り上げられており、理論通りに現場が動かない難しさも捉えられている[19]。

　近年でも、Al-Nsour et al (2017) が技術分野における TQC の役割について研究を発表している。ここで TQC は、成功企業で取り入れられているような人材育成プログラムの基盤であり、マネジメントにおける基本技術として捉えている。ただし、JIT から発達した TQC の考え方だけではなく、現代社会の情勢に伴って複数の理論や考え方を加え、方法論の改修が必要という主張がされている。当該論文の中では、時代背景に沿って TPM (Total Productive Maintenance) の概念や考え方が強まるのに合わせて、改めて TQC との共通点や違いを導出しながら、共用することで競争優位のパターンを増加できると捉えている[20]。

最後の概念が、6Σと呼ばれる改善手法である。もともとは、統計上の標準偏差で利用されるσという単位からきた言葉であり、製品のばらつきを統計的なアプローチから削減することを目的に検証されてきた。アメリカのモトローラ社が、QCサークル活動などを参考にして導入したのが始まりとされ、主に製造業分野における品質管理の手法から、営業、企画といった分野でも取り入れられるようになっている。

QCサークルとの違いとして、製品の最終品質を重視した改善ではなく、プロセスの段階ごとにやり方の改善を重視しているというのが、6Σ独自のものとされるのが通説である。

例えば、伊藤（2002）では、1980年代にアメリカでスタートした経営革新運動として6Σを定義付けている。ただし、実態分野だけでなく、研究分野でもTQMとの定義の違いはまだ定義が少ないとした上で、TQMと大まかには同義であると捉えている。すなわち、本質的にはTQMなどと同じであるが、統計データをベースにしていることから、極端とも取れる高い品質水準を設定している点が、特徴として取り上げられている。一方で、TQMとの違いとしては推進方法にあると捉えており、6Σで取り入れられているMAICに着目している。MAICは、Measurement（測定）、Analysis（分析）、Improvement（改善）、Control（管理）の頭文字を組み合わせたものであり、TQCやTQMなどで取り上げられたPDCA（Plan, Do, Check, Action）サイクルと類似しているが、力点が測定の部分に置かれており、いかに数値で目標設定をするかに、6Σの正否がかかっていると考えている。さらに、TQMが保有していた問題点、つまり、形式主義や経営面までカバー範囲が広がったこと、指導者側と企業の認識の違いやデミング賞などの表彰制度にまつわる商業・名誉主義に陥る点、これらの弱みを6Σの場合で考慮した際、数値主義であることから形式主義に陥りづらいことが特筆されていた[21]。

総じて、大枠で6ΣとTQMの違いは大きくはないものの、統計データをいかに活用するかがポイントだと認識されている。

これらの生産に関わる各種取組の普及、実施の難しさは、旧来から様々取

り上げられてきた通りである。それらの記述で共通するのは、実行する上での人的資源の課題である。すなわち、会社で現状を打開するために生産管理のシステム化や向上を行っていく上で、日々の業務に忙殺されている従業員がついてこられない、同調してくれないという悩みは大きいものである。

　また実際のところ、これらの生産管理手法の普及自体はある程度達成されており、根本的な問題はその実施が上手くいっているかにあるとも考えられる。活動を継続こそできているものの、従業員のモチベーションは決して高くなく、いやいやでの実行となっている場合、あるいは活動を行っているものの、効果として表れておらず売上などにつながっているかどうかが不透明である場合、こういった時に、5S や TQC、6Σ といずれの手法を取っていたとしても、継続していくことには多大な尽力が必要となる。

　必要な考え方として、生産管理自体が一朝一夕で成立するものではないという基礎的なものがある。この事実をどこまで認知し、また実行する人員の間で認識できているかで、生産管理の導入の正否は変わってくるだろう。

第2節　TPS（リーン）方式の製造業から流通・物流業への拡大

　TPS は Toyota Production System の略称であり、日本ではトヨタ生産方式として著名かつ様々な書籍が刊行されている。国外では、Womack et al (1990) などの研究から、リーン生産方式として一般化されて研究されることも多い。根本的な考え方は、QC サークルについての記述とともに書いたが、ここではより細かな内容に言及していこう。すなわち、問題解決が達成されるための8ステップの詳細をみていくことで、トヨタ生産方式で具体的にどういったことが行われているかをみていく[22]。

　まず、トヨタでは最初の2ステップである、問題の明確化と現状把握が最重要と考えている。この段階で70％近くの時間と労力を消費するとされ、この段階を飛ばしてはいけない。特に大切といえるのは、課題ありき、解決策ありきで問題を設定するべきではないという考え方である。これは単純に、問題の本質が何かを正確につかむための考え方であり、基本的ながらとても

重要な要素といえる。目に見える問題を簡単に解決した程度で事業は上向く
ものではなく、長期的な企業の持続発展は難しいだろう。ほかにも、トヨタ
では作業現場などで汚れがある個所を重点的に調べることや、数値・統計
データを重視すること、複数の問題がある際に優先的に解決するものをカテ
ゴリーから導出すること、悩みや困っていることがある際に他部署や上位の
方針、作業工程と比較することで、より正確なすぐ解決すべき問題を導出し
ている[23]。

　次に、問題が定まった上で、目標を具体的に設定する。ここでも、数値や
データが重要視され、具体的な結果を誰の目にも明らかにすることの重要性
が説かれている。また、トヨタ生産方式の本質とされていたあるべき姿はあ
くまで最終目標として扱い、中間段階で目標を区切ることも示されてい
る[24]。

　もう一つ労力を割く段階として、真因を導く段階がある。ここでは、問題
一つに際してなぜを5回繰り返す、特性要因図を利用して課題が起こる理由
をカテゴライズして分析する、原因それぞれが"だから"という言葉で各段
階の課題につながる相関性がある、といったように課題を分析しつつ、本当
の要因である真因を導出するのである。また、真因の責任を他部署や顧客に
押し付けてはいけないという考え方を持って対処にあたる必要性も説かれて
いる[25]。

　課題を導出し、要因を特定した段階で、より多くの対策手段を取ることが
トヨタ生産方式では求められている。対策案自体も、複数の課題があった場
合それぞれに設定することが求められ、さらに優先順位を決めつつもスピー
ド感のある実行も必要である。対策案の進捗管理や、実行を優先すべきとい
う考え方も標榜される[26]。

　そして最後に、これらを正確に実行した上で、成功した方法論やプロセス
をしっかりと表記し、社内や部署内できっちりと保管、共有することで、ト
ヨタ生産方式と呼べるものが完成する。すなわち、トヨタ生産方式とは多種
多様な改善案の集まりであり、仕事ごとに形作っていく必要があるものだと
いえる。実際に、書籍の中でも問題解決に終わりはないとしており、常によ

りよい方法論を構築し続けることが求められている[27]。

しかしながら、製造業を中心に議論されてきたトヨタ生産方式、JIT の考え方だが、その本質はあくまで様々な仕事において、適切なタイミングで適切な備品や物品、サービスを提供することである。これは顧客だけでなく、業務における次の工程へ対しても同様といえる。こうした観点から、トヨタ生産方式や JIT の他分野での応用というものも、長年検証がされてきている。

田村 (1999) では、物流業におけるシステムの構築や運用において、JIT の理念や考え方が参考になると捉えている。具体的には、段取り時間の短縮や小回りの利く設備の開発、必要なものやその量、時期を把握するシステムなどが JIT で構築されている。これらはいずれも、物流業の本質的な競争優位につながるものであり、当該論文では確率論などの各種数式から、物流業で利用されている手法との合致度合いを検証している。大本の JIT は後工程からの引き取りや補充、標準化生産を実施することで、作業現場内でのスムーズな物品の流れを成立させていた。その後、JIT は情報、調達、生産、物流の 4 分野へと、その役割を拡大させていくこととなった[28]。

黒岩 (2006) は研究会の発表でトヨタ生産方式の変遷を取り上げつつ、サプライチェーンへの流用まで段階が発展していることを主張している。そこでは、社会全体での情報システム化が進展していく中、製造業だけでなく様々な分野で IT を通じた変革が訪れると捉えている。そのため、伝統的に日本的経営を支えてきた大企業の一つとして、トヨタ自動車の動向とトヨタ生産方式の発展に着目したのである。その上で、IT を導入する前段階としてサプライチェーンの改革にトヨタが動いていることを確認している。つまり、IT を導入した物流を成立させるために、まず生産・物流の仕組みを顧客（最終顧客だけでなく、作業工程における後工程を含む）視点に切り替えていき、IT を活用しやすくしているのである。例えば、伝統的に利用してきたカンバン方式を使い、部品物流におけるトラック便のルートや荷量、荷捌をより標準化させ、集荷と生産を効率よくしている。また、IT を利用したサプライチェーンの具体策として、受注から納車までの間に各段階で電子カンバンを導入して社内で共有、生産計画と需給計画の策定に利活用している。最終顧客への

148

納期についての JIT を達成しつつ、中間在庫の削減などに成功しているのである。当然、物流コストについても同様に削減ができている[29]。

田中（2006）では、トヨタグループ内にあるリテールサービス部門への実地調査研究を題材に、サービス業全般でのトヨタ生産方式の応用が議論されている。販売・サービス産業では店舗などを利用する顧客が、情報や需要のインプットを行い、それに対応する形で組織内や事業の仕組みを改定していくことが重要とされた。つまり、日本的経営や製造業の取引環境でよく取り上げられるすり合わせ型の仕事の仕方を、サービス産業でも導入しているのである。考え方としてはまず、販売業もモノ（原典では自動車）に付加価値を与えて、最終顧客に提供するという点から製造業と本質は同じという前提を持つ。次に、製造業でも取り扱われる表層と深層の競争力を、販売業の場合で考慮している。表層の競争力とは、いわゆる 4P（Product, Price, Promotion, Place）を指し、販売業では商品、価格、販売促進、店舗を意味する。特に販売業は人の関係性が重要であることから、ここに Person を加えて 5 つの P の程度が競争力につながると考えられる。深層の競争力は QCDF（Quality, Cost, Delivery, Flexibility）で表現されるとし、販売・サービスの質、販売コスト、顧客の要望する納期、顧客へのサービスの柔軟性を意味している。また、事例から深層競争力としては S（System）と E（Education）も存在すると考え、社内の業務や IT ツールに関連したシステムと、従業員への教育とマインド作りが、競争力を高めるものと考えられている。これらを踏まえた上で、営業活動における QCDFSE という 6 種類の概念、それを成立させる組織構築の能力が分析されているのである。ここでいう組織能力は、組織全体が持つ、ものを作る・売る能力や改善能力、それらを高める進化能力（成長する素質）を意味しており、各種サービス産業においてそうした側面を分析して強化することが主張されているのである。これらを踏まえた上で、すり合わせ型を行っていく際のコスト高への対応として、基本サービスなどをモジュラー型にして簡易にすることなどが提案されていた[30]。

以上のように、研究分野だけでも TPS（リーン生産）といった製造業分野の知識は、物流分野、ひいてはサービス産業での活用が示唆されている。特に、

競争力の源泉を分析した上でシステム面を改善していくというこの考え方は、現場目線での改善活動であることから物流分野においても幅広く活用ができるだろう。また、物流・流通の改革は歴史的にも度々起こってきたが、近年の情報社会とそれに伴う新たなツールの登場で、より変革が加速しているといえる。小さな企業でも、例えばドローンを利用した個人配送は徐々に活用が増加するであろうし、それに伴う新しい人員や仕組みの構築は早急といえる。

第3節　動脈物流から静脈物流への拡張による循環型社会への発展

　物流業の発展や今後に視点を置く上で、動脈・静脈物流の概念は理解しておく必要があるだろう。まず、動脈物流とは従来物流業者が担ってきた製品・商品の川上から川下までの流れを指す。原材料の確保から、生産、販売までの一連の流れの中で、各行程に存在する物流のことを意味している。日本ではこれら動脈物流の細かな部分を担ってきたのが、トラック物流事業者であるといえよう。

　次に、静脈物流はその言葉の意味から、生産途中で生じた廃棄物や、不良品や返品の処理、消費後に不要となった容器（ペットボトルなど）の回収といった、再利用に関わる部分の物流網を指し示す。これらの事業は、廃棄物処理業や廃棄物収集運搬業、再生資源業などが担ってきた分野で、通常の物流業とは分野が違っていた。

　ところが、時代の発展に伴って、物流業分野の企業が事業を拡大する中で、動脈物流から静脈物流まで事業の幅を拡大するケースが増加しつつある。これは、1998年の家電リサイクル法施行といった法律の整備に伴う新規事業分野の拡大が要因である。と同時に、社会の企業に対する要求が変化し、社会的責任の側面を考慮することが通例化したことに伴う、新しい事業分野、利潤源の創出も理由であろう。つまり、企業が行う事業活動の内容が、より社会への還元や貢献につながることが求められるようになったことから、様々

な中小企業がその仕事の幅を広げてきたのである。

　事実、古井（2000）では上記の事実を踏まえた上で、各種家電事業分野に的を絞り、民間の廃棄物処理業者などのリサイクル動向を数値で取りまとめ、以降の動向を推察している。特筆すべきは、自治体処理と民間処理の割合が変化していくであろうことに言及しただけでなく、リサイクルなどの行程を細かく分析している点であろう。すなわち、廃家電が各家庭から回収される際にワゴン車や販売店のトラックが利用される点や、2t 車の中でもパワーゲート付きの車輌の導入が増加しつつあること、中間処理業までの輸送で製品別にまとめて積載量を優先するか、パッカー車など圧縮することで積載効率を優先するかといった、現場の作業目線での流れの分析がされているのである。最終処分の手法がシュレッダーであり、それらが法律施行後によりリサイクル率を増した作業法に替わるだろうという点も予測している。ほかにも、家電メーカーにとっても新規の法律に伴う物流負担が増えることから、事業者が動脈・静脈物流を可能な限り一元化し、管理下に置きたいという様相も言及していた。いずれにしても、各種仕事のやり方が既存の事業者でも変革する過渡期に当時はあったわけで、新規事業者として幅広い分野の企業から参入がしやすい環境であったことにつながる。そこで台頭してきたのが、各物流事業者なのである。取り上げられたのは全国に物流網を保有する大企業の事例が中心だが、その取引構造に中小物流業が取り込まれていることは想像に難くない[31]。

　山本ら（2006）では、循環型社会の形成を考慮する上で、静脈物流に関連した研究や情報が不足しているとして基礎分析を行っている。その分析の中で、荷主の運び方を選択する段階において、動脈物流と比較して静脈物流では時間的な制約が少ないことを導出している。つまり、静脈物流が持つ特徴や、動脈物流と比較した作業に関するやり方の違いを理解しておかなければ、正確なコストに基づいたインフラの構築ができないと考えているのである。その上で、静脈物流を主軸にした新たなネットワークの形成を目指して、分析を行ったのである。また、動脈物流を担っていた物流事業者などが、いわゆる帰り荷として静脈物流の取り扱いを行うことができれば、廉価な物流サー

第 6 章　競争優位をもたらす生産・物流・流通構造の改革　　**151**

ビスとして新しい利潤源を創出できるという具体策にも言及している[32]。

　尹（2008）は、研究会発表の中で静脈物流が保有する課題を取り上げつつ、循環型社会への転換のために必要な措置について議論をしている。廃棄物の処理を推し進めていくことに伴う循環型社会の構築が当たり前になるにつれて、静脈物流の効率化がより取りざたされている背景から、静脈物流の改善を模索しているのである。その中で、静脈物流を廃棄物の処理やリサイクルに関連した物流のことと定義し、建設や食品、自動車といった業種のリサイクルに関わる物流費と、通常の製品群の輸送コスト比率を比較している。動脈物流に関わるコストが平均3％程度に対し、静脈物流は30％前後の平均コストがかかるのである。こうしたコストがかかる理由としては、静脈物流の特性として、短距離輸送が多い点や、一度に運ばれる物品の量が小ロットになりがちな点、時間的制約が少ないことから急がれない物流である点があげられる。以上を踏まえて、彼は静脈物流の共同受注化を提案しており、複数の事業者が協力することで大量輸送を行い、コストの削減につなげるべきと主張している。実際に、イギリスでは鉄道・道路・河川・海岸といった、4種類の輸送分野と土地開発に関わる事業者が共同して、インターモーダル輸送の戦略を取っている事例がある、と紹介されている[33]。

　このように、静脈物流の分野における研究動向をみても、そのやり方の改善は進歩しつつあり、単純な専門業者の事業改善だけに議論が留まっていない。言い換えると、物流事業者だけでなく、家電製品などの製造業者の参入、動脈物流の担い手であった一般物流企業の参入、土地開発を含めた建設分野や行政も巻き込みながら、幅広い事業者が静脈物流の担い手に変貌しつつあるのである。

　これはつまり、静脈物流分野における競争が激化していることも意味しているが、同時に改善案や新たな仕組みの登場も加速しており、目標とされる循環型社会の形成は目下行われているといえる。

　ちなみに、これらの研究で問われていた循環型社会についても、一度内容を確認しておこう。循環型社会の定義自体は様々あるだろうが、環境省が発

行している『循環型社会白書』は 2007 年に『環境白書』と合冊された。これによると、「大量生産・大量消費・大量廃棄型の経済社会から脱却し、生産から流通、消費、廃棄に至るまで、物質の効率的な利用やリサイクル (3R) を進めることにより、天然資源の消費が抑制され、環境への負荷が低減される社会」が、循環型社会の定義とされている[34]。

　令和 5 (2023) 年版の『環境白書・循環型社会白書・生物多様性白書』では、こうした循環型社会が第 4 次にまで発展しており、循環経済 (サーキュラーエコノミー) という用語でも説明されている。資源・製品の価値の最大化や、資源投入・消費量の削減が目標としてだけでなく、事業者の競争力にも関連すると捉えられているのである。すなわち、3R を本業と同時並行的に達成していくこと、官民一体となって連携活動を行うことなどで、事業者が競争力を獲得することにつながると主張されている[35]。

　こうした循環型社会の発展に寄与するために、様々な中小企業者も自社の取組を再確認する必要があるだろう。例えばそれは第 2 節で議論したように、地域に根差した中小企業という特性を深化させて、地域経済に寄与する中堅企業へと成長していくことを指しているとも考えられる。もしくはすでに社会的に様々に存在している、自社の事業内容を派生させる形で CSV (Creating Shared Value) 経営を達成させるなど、自然・社会環境への寄与を行える形式に自社を成長発展させることを考えていく必要がある。

第 4 節　競争優位の具現化につながる
グローバル・サプライチェーンの活用

　これまでの議論で、物流事業者だけではない、様々な中小企業分野において流通に関わる仕事の改善を図り、優位性を確保すべき点がみえてきた。最後に、グローバル・サプライチェーンという流通の議論における根幹的な理論にも言及し、その考え方から創出されるであろう企業の競争優位についても話をしていきたい。

　グローバル・サプライチェーン、ひいてはサプライチェーンの考え方は物

流分野を中心に議論されていたロジスティクスの概念から発展したものと認識されている。もともと、物流の流れに対する研究に軍事的な戦略の視点を加えたロジスティクスという概念が成立し、パイプライン管理を経てサプライチェーンマネジメントが成立してきた。ただし、唐澤 (2000) はこうしたサプライチェーンはあくまで概念的なもので、実行することで既存システムの改善・改革にはなるものの、ツールとして過度に期待できるものではないと定義している。あくまで新たな考え方であり、実態や定説が存在するものではないという捉え方をしているのである[36]。

サプライチェーンの特徴としては、Christopher (2022) の概念がよく利用されている。そこでは、サプライチェーンは旧来の資材管理や生産管理とは違い、関与する部署や事業者全体を管理することがまず特徴の一つとされる。次に、サプライチェーンを管理することは、戦略的意思決定全体に影響するものであるという特徴がある。供給に関連した判断などは川上の原料の段階から、各段階の作業工程や納期を決定付けるものであるためである。ほかにも、在庫の概念を再定義していることや、インターフェイスやツールに留まらない、統合的な概念であることが示唆されている[37]。

サプライチェーン自体の目的としては、製品を供給する流れ全体の質、効率を向上することとされる。ここでいう全体には製品の各工程や各段階の取引先、顧客といった、いわゆるステイクホルダーすべてが含まれている。また、製品の流れだけでなく、情報や資金・資本といった、仕事に関わる要素すべての流れも着目され、どのように関わるかの方法論が議論されてきている。さらに、サプライチェーンで議論される要素として、価格決定の側面も存在する[38]。

サプライチェーン自体には、捉え方が数種類存在する。代表的なものが、サイクルビューとプッシュ／プルビューの2種類である。

サイクルビューは、部品や原料の供給、製造、物流による頒布、販売・小売、顧客の商品確保といった5段階の活動が、それぞれの段階で円状にサイクルを構成しており、隣接する段階に各工程の取組が影響するという捉え方である。このため、サイクル自体は4種類あり、調達、製造、補充 (小売まで

のものの流れ）、顧客の注文に分類される。理論では物流の流れでいう川下、顧客の注文から検証がされ、顧客の到着から注文、その注文の対応と顧客が商品を受け取るまでの流れが、サプライチェーン理論で効率化する一連の動作とされる。同様に、補充のサイクルでは小売からの発注とそれに対する対応と商品の受け取りまで、製造サイクルは受注、生産計画を経て製品の流通と卸・小売の受け取りまでである。最後に川上の調達サイクルでは、製造サイクルとほとんど同一の動きが取られるが、製造段階とはいくつかの違いがある。それは、調達段階では発注元が特定の製造業である点と、生産計画がすでに確定していることから納期の決定と同時発生で発注が行われる点である。こうしたサイクルビューは、サプライチェーンマネジメントにおいて段階ごとの具体的な決定や作業を考慮する際に有用な理論モデルとされている[39]。

　プッシュ／プルビューのサプライチェーンマネジメントでは、物の流れを決定づける発生源がどこに置かれるかで見方が変化するという捉え方である。すなわち、顧客の注文・要望から物の生産が引き起こされるのがプルプロセス（引っ張り）、顧客需要を予測した、製造・原料調達といった川上の行動から引き起こされるとする考え方がプッシュプロセスと呼ばれている。これら2つは前述してきたサイクルビューも含めたすべてのサプライチェーンの捉え方の基準とされる2種類であり、プルプロセスが確実な需要把握を基準とした動きに対し、プッシュプロセスでは全般的に予測が必要という違いが示されている。また、サイクルビューで検証する順番を決めるという側面もあり、川下側の動きからシステムを構築する（プル）か、川上側の動きからシステムを構築していく（プッシュ）かを意味しているのである[40]。

　このように、イメージされるサプライチェーンは製造や供給（原料）段階のみの話と捉えられるが、実際には幅広い分野の事業者が関わる内容であり、より効率のいいシステムの構築には多大な努力が必要なものである。また、管理運営をしていく上では、専門的な人材か、企業であれば決定権を持つような重要な役職者が責任・権限を保持して実行していく必要がある。

　こうしたサプライチェーンは、管理の徹底や発展度合いによっても、段階

が分かれるという考え方もある。Stevens（1989）はそれらを定義しつつ、近年の状況に合わせてサプライチェーンを通じた利益向上を達成することも目的に、発展段階の再定義と深化に挑戦している[41]。もともとは、第1段階として購買、資材管理、生産、販売、流通の5つの行程を管理するというところから始め、第2段階では類似した機能を統合し、資材管理、製造管理、流通の3種類に作業を簡略化していく。第3段階としてこれら3種類の作業を一律に管理するようになり、そして第4段階で社外の計画も含めて、管理運営するというものであった。

　再定義を行った際には、時代が進み、多様な研究によってサプライチェーンの考え方も深化し、サプライチェーンマネジメントからサプライチェーンインテグレーションに変化したことがまず説明された。社会的な背景としても技術の革新や流通構造、取引構造の変化が起こり、そこから新しいサプライチェーンのモデルが登場したのである。特に、Eコマースを活用した、取引構造の簡略化、短縮化などを特徴とし、その管理運営を全般で行うことが求められる。ただし、こうした新規の理論の中でも事業間、複数のサプライチェーンを統合すべきという、本質的な目標は変わらないとされている。例えば製造業であれば、物流分野や原材料調達といった川上側の活動までも自社内で管理できるよう縦のつながりが構築できている場合、新たなサプライチェーンが有用とされている[42]。

　このように、理論面においてもサプライチェーンの携わる分野は拡大しており、多様な競争優位に直結することとなっている。実際に、今日の事業活動で国外との取引や物流が関わらない側面は少なくなってきており、理論だけでなく実態の面でも自然とグローバル・サプライチェーンを考慮する土壌が出来上がってきている。

　同様に、近年では中小企業だとしてもサプライチェーン全体に目が届くような仕組みを構築することが求められ始めているといえよう。本章冒頭で記した販売チャネルの拡大についてもそうだが、他の事業分野へ自社の取組を拡大する動きなど、静脈物流への物流事業者の拡大などでもみられている。また、実態ベースでも例えば繊維関連産業が、従来から保有してきた多段階

の取引構造において、各事業者や関連企業の生産能力を把握し、納期設定や生産管理に生かしている。

　物流事業者に着目するならば、新潟の燕市・三条市ではそれぞれ、従来からプラスチック製品や刃物を取り扱ってきた産地問屋企業が、自社で物流網を管理運営して事業の幅を広げてきている。近年はそうした動きに加え、製造部門にも活動の幅を広げていることから、サプライチェーン管理の重要性はより高まっている。

注

1）呂振清・福田康明・山田裕昭「生産管理手法の活用に関する研究」、『生産管理』第14巻2号、日本生産管理学会、2008年、11〜19頁。

2）林勝昭「国際化と生産管理」、『生産管理』第4巻1号、日本生産管理学会、1997年、113〜116頁。

3）浅沼萬里著、菊谷達弥編『日本の企業組織　革新的適応のメカニズム—長期取引関係の構造と機能—』東洋経済新報社、1997年、147頁参照。

4）William J. Abernathy, Kim B. Clark, & Alan M. Kantrow, *Industrial Renaissance: Producing a Competitive Future for America*, Basic Books, 1983.

5）James P. Womack, Daniel T. Jones, & Daniel Roos, *The Machine That Changed the World: Based on the Massachusetts Institute of Technology 5-million Dollar 5-Year Study on the Future of the Automobile*, Rawson Associates, 1990.

6）複数のチャネルを活用して情報を収集する顧客の動きに対応し、オンラインなどのチャネルを拡充してシステムを構築している小売業を指す。それ以前のマルチチャネル、クロスチャネル小売業と比較して、企業側による販売チャネルの提示ではなく、顧客ニーズに合わせたチャネルの拡充という点が本質的に違うとされる。

7）流通経済研究所『流通情報』第54巻4号、65〜68頁参照。

8）平野裕之・古谷誠『5Sのはなし』日刊工業新聞社、1997年。

9）林勝昭「国際化と生産管理」、前掲書『生産管理』113〜116頁。

10）田島悟『生産管理の基本が面白いほどわかる本』KADOKAWA、2017年。

11）小坂信之「見える化の極意　第2回　生産現場の物の見える化（1）　自主性とチームワークを育てる5S継続的な管理・改善活動の下地に」、『日経ものづくり』第632巻、日経BP社、2007年、145〜151頁。

12）福井幸男「アメリカ等における5S活動の現状と展開—ProQuestデータベースの利活用—」、『経済学論究』第66巻1号、関西学院大学経済学部研究会、2012年、119〜136頁。

13）石川秀人『最新　5Sの基本と実践がよ〜くわかる本　第3版』秀和システム、2021年。

14）OJTソリューションズ『トヨタの問題解決』KADOKAWA、2014年。

15) 例えば、現在の不良品率が5％だとして、半年後までに不良品率を3％まで下げる、売上高が昨年度同期比より下がったことから、次年度までに回復を目標とする、といったことを指している。

16) 前掲書『トヨタの問題解決』、42〜61頁参照。

17) 同上書、62〜66頁参照。

18) 水野滋『全社総合品質管理』日科技連、1984年、1〜36頁、4頁から引用。

19) Thomas C. Powell, "Total Quality Management as Competitive Advantage: A Review and Empirical Study", in *Strategic Management Journal*, 16(1), 1995, pp.15-37.

20) Dr. Sana'a Nawaf Al-Nsour, Ahmad Ali Khalefah Al-Zoubi, Dr. Bilal Ali Yaseen Al-Nassar, Dr. Feras Ali Alzu'bi, "The Role of Total Quality Control (TQC) in the Technical", in *Journal of Social Sciences* (*COES & RJ–JSS*), 6(3), 2017, pp.656–665.

21) 伊藤賢次「シックスシグマの意義と課題」、『生産管理』第8巻2号、日本生産管理学会、2002年、77〜82頁。

22) 前掲書『トヨタの問題解決』、68〜232頁。

23) 同上書、68〜140頁。

24) 同上書、141〜154頁。

25) 同上書、156〜189頁。

26) 同上書、192〜220頁。

27) 同上書、222〜237頁。

28) 田村隆善「生産と物流のジャストインタイム・スケジューリング研究に関する現状」、『愛知工業大学研究報告』第34巻、愛知工業大学、1999年、39〜47頁。

29) 黒岩恵「トヨタ生産方式と物流・サプライチェーン」新日鉄ソリューション講演会、2006年。

30) 田中正「トヨタ生産方式の自動車販売業への活用と一般化―自動車販売業の業務改革プロジェクト―」、『赤門マネジメント・レビュー』第5巻5号、グローバルビジネスリサーチセンター、2006年、289〜368頁。

31) 古井恒「家電リサイクルと静脈物流」、『物流問題研究』第35巻、流通経済大学物流科学研究所、2000年、53〜88頁。

32) 山本雅資・細田衛士・宮内環「静脈物流に関する基礎的分析―東アジアへの展開を視野において―」、『三田学会雑誌』第99巻2号、慶應義塾経済学会、2006年、217(47)〜235(65)頁。

33) 尹鍾進「効率的かつ追尾可能な静脈物流システムの構築に関する研究」、『運輸政策研究＝Transport Policy Studies' Review』第10巻4号、運輸総合研究所、2008年、90〜93頁。

34) 環境省『平成18年版　循環型社会白書　概要』2006年より引用。
　　当該白書は2007年度版より、『環境白書』と一体として発刊され始め、今日まで続いている。社会情勢の変化に伴い求められる内容や言葉が変わったことを意味しているだろう。

35) 環境省『令和5年版　環境白書・循環型社会白書・生物多様性白書』2023年。

36）唐澤豊『現代ロジスティクス概論』NTT 出版、2000 年、381～382 頁。

37）Martin Christopher, *Logistics and Supply Chain Management*, Pearson, 2022.

38）Sunil Chopra, Peter Meindl, *Supply Chain Management*, Prentice-Hall, 2001, pp.4-7.

39）Op. cit., pp.8-14.

40）Op. cit., pp.14-17.

41）Graham C. Stevens, "Integrating the Supply Chain", in *International Journal of Physical Distribution & Materials Management*, 19(8), 1989, pp.3-8.

42）Graham C. Stevens, Mark Johnson, "Integrating the Supply Chain... 25 Years on", in *International Journal of Physical Distribution & Logistics Management*, 46(1), 2016, pp.19-42.

第 7 章

グローバルとローカルとの狭間で生きる地域の中小企業

　これまで、第5章で新事業創造、第6章で生産・流通管理を通じた企業の競争優位に着目してきた。中小企業である以上、大企業、同業他社との競争を避けて通るのは難しく、そうしたアクションを取ることで優位性を確保していくことが重要なためである。流通においてより広範な事業分野の管理体制を整えたり、ストレートな新事業創造を達成することで他社と差別化を図ったりするのである。

　本章ではプラスして、従来から中小企業特有の強みとされてきた地域への特化、地域に根差すことから生まれる競争優位性を再考していきたい。この理由として、東京一極集中の状況が止まらない中、日本経済全体の成長度合いが逓減を続けていることがあげられる。2008年頃から強められてきた地域活性、地域企業の支援は継続しているが、草の根的な効果を示す地域や企業は少なくないものの国の活性化にまでつながっているとはいいづらい。ただしこれは、地域中小企業に求められる役割が徐々に経済活性よりも、地域社会の存続や地域機能の維持・再生を下支えすることが、現実的な目標として認識され始めたことも一因である。

　そこで、本章では再度地域中小企業の特性を振り返りつつ、現代の地域中小企業には何が求められるべきか、日本経済に寄与するような地域中小企業の創出には連携が必要であるということを主張していく。

第1節　東京の世界都市化と地方の地域機能崩壊の実態

　東京一極集中という言葉は、少なくとも1970年代以降の東京への人口集中以降から使われ始めたと考えられる。『令和2年版　国土交通白書』によれ

ば、予測値ではあるものの 2015 年から 2045 年の間に、東京圏への人口の集中度は 28.4 ％から 31.9 ％へと上昇し、より一層の人口集中が起こると考えられる。また、全国の都道府県庁所在地への人口集中度合いについても、2045 年までに沖縄県の那覇市を除いて全地域で高まるという予測が出されている。関東圏への人口集中だけでなく、地方地域ごとにおいても都市部への人口集中が進行し、ますます過疎地域の数が増加しうるのである。ほかにも、生産年齢人口に着目した場合も、人口 5 万人クラスの都市において、2045 年までに約 46 ％、半数の生産年齢人口の減少が予測されている[1]。地方地域における人手不足、人材不足は、いよいよもって深刻であるといえよう。

一方で、『令和5年版　国土交通白書』ではこうした課題を解決する一つの方針である、デジタル化に対する着目が記載されている。具体的には、1. 暮らしを支える生活サービス提供機能の維持・向上、2. 競争力の確保に向けた新たな付加価値・イノベーションの創出、3. 担い手不足の解消に資する生産性向上・働き方改革の推進、4. 災害の激甚化・頻発化に対応する防災・減災対策の高度化、5. 脱炭素社会の実現に向けたエネルギー利用の効率化、といった、以上 5 つの点がデジタル化によって達成されると考えられている[2]。

これらはいずれも、地域の人口が減少していくことに伴い人々の生活・サービスの担い手が不足していくことや商店・公共交通の減少などによる購買活動の難化、経済成長につながる新しい競争優位の確保、産業創出といった、多様な課題を解決するために、新規のシステム構築を目的としている。例えば、新しい公共交通システムの構築や、ドローンやセンサーを利用した新規ビジネスなどが取り上げられている。人手不足の代替としてデジタル技術を取り入れることや、増加した災害への対応、予防策としてのデジタル技術導入など、身近で聞き覚えのある活動も多い[3]。

こうしてみると、社会全体の人口減少と地域の衰退については、改善ではなく、技術革新による緩和を軸に近年の議論は進捗しつつあるといえる。

同時に、東京地域の国際化進行は目覚ましいといえるだろう。日本政府観光局 (JNTO) の出した 2023 年 7 月の訪日外客数推計値をみると、2019 年から 2023 年の同月期比では、訪日の総数は減少しているものの (−22.4 ％)、国

別にみると韓国、シンガポール、インドネシア、フィリピンといったアジア圏、アメリカ、カナダ、メキシコといった北南米地域、イタリア、ドイツのヨーロッパ地域2国については訪日数が増加している。中国（−70.2％）やロシア（−64.5％）といった特定の国が激減しているのは、直近の国際事情によるものと考えられる。総じて、コロナウイルスの拡大による影響はある程度落ち着きつつある。順調にインバウンドの量が増加しているわけではないが、観光目的、あるいは就労や出稼ぎを目的に訪れる人々は、まだまだ少なくはなりそうもない。長期時系列のデータでみるなら、2004年時点と比較して、総数での訪日外客数は1458％の伸び率となっており、およそ14倍の人が日本に来るようになっている。

　東京一極集中の持ちうる課題を踏まえて、海野ら（2022）、奥田（2023）などがUターン、Jターン、Iターンといった人の流れによる状況の解消を議論している。そこではまず、地元地域への回帰やそこに近いエリアへの移住、東京地域から地方地域への移住を推進していく上で、地域への愛着をいかに創出するかが考慮されている。具体的には、商店街や伝統芸能といった町・地域のシンボルの有無や、家族構成が影響を及ぼすとされている。ほかにも、Uターン自体に、進学時点の男女間が持つ経済的格差、就職実績、地元地域の特性などからも分析が行われた。統計分析の結果として、男性の方が出身地や進学先の県民所得・有効求人倍率に影響を受けやすく、Uターンの基準として経済的条件に左右されやすい結果が出た。一方で、女性の場合は経済的影響によってUターンの判断基準がなされているとはいえず、人間・家族関係や地域アメニティといったマクロ要因、個人の価値観などのミクロ要因がそれぞれ影響を及ぼすと推察されている。結論として、Uターンを活性化させる上では、該当の地域ごとに特性に合った戦略を実施することが求められるとされた[4]。

　ほかにも、豊田（2022）の研究発表では、東京一極集中の結果として訪れる、東京のグローバル都市化を前提に、大阪、ニューヨークやロンドンといった国内外の他都市との比較研究を行っている[5]。

　こうした研究をみても、東京一極集中による都市の発展と地方地域の機能

崩壊は、すでに避けられない現象として認識されており、ポジティブに東京都市の発展を検証する方向性と、地方地域の残存企業がどのように立ち回っていくかを検証する方向性に、議論が集中しているとみられる。

地方の経済主体となりうるような中小企業は少なからず存在し、Iターンなど移住を推し進めることに尽力する中小企業も、全国各地に点在しており、地方行政との協働が推し進められてはいる。しかしながら、そうした活動による状況の改善と並行して、既存の企業や人口動態のまま、地域を維持する方法も考慮する必要があるのが、今後の中小企業の立ち回り方といえるだろう。

第2節　地方経済を支える中小企業の特徴と課題

地域と中小企業の関係性自体は、古くから中小企業論において多数議論されてきた。

最初期の中小企業と地域の関係は、まさに明治時代やそれ以前の地域産業の時代にさかのぼる。

教科書的な書籍であれば、清成（1997）や清成ら（2004）などで地域社会に根差した中小企業としての側面や、企業城下町などにおける中小企業の役割が語られてきている[6]。

すなわち、中小企業があらゆる地域に点在している理由として、人々の生活と密接に関連しているという前提を提示している。各地域の経済活動の担い手として中小企業が存在し、雇用の受け皿としても地域住民に認識されているという特徴がある。こういった側面から、中小企業は地域の社会インフラとしての側面も持っており、単なる経済主体に留まらない役割と関係性を地域と結んでいるとされる。また、地域の産業自体はその土地柄の風土によって成立するものであり、各地域の生活に準じた産業、中小企業が成立することから、中小企業自体も土地ごとの風土や性質を引き継ぐという特徴がある。この点をベースに、いわゆる企業城下町の形成や、地域の特産品を域外に届ける産地問屋の役割が生まれ、歴史的な地域と中小企業の関係性が機

能してきたのである。

　清成（1997）ではほかにも、中小企業の地域に及ぼす効果として、（1）就業・所得効果、（2）知識・情報効果、（3）教育効果、（4）革新効果、（5）文化形成効果、（6）地域形成効果の6種類が提示されている。これらは、中小企業が地域に果たす機能としての側面もあるため、以下の説明では機能として記述していく。

　1つ目は中小企業の存在によって就業の場が成立し、そこで所得が発生することで経済基盤が構成されることであり、中小企業の地域に果たす機能としても基本となる要素である。2つ目は、企業活動を通じて地域住民に対し情報が流通することを意味する。地域住民と中小企業のコミュニケーションや交流が密接であることから発生する機能である。3つ目の教育効果は、常識や生活習慣といった基盤的な知識から、技能や専門知識といった業務に関わる知識が、企業を通じて地域住民に流れることを意味する。4つ目は、イノベーションの発生のことを指し、企業活動に伴う新製品開発や新事業創造が、イノベーションとして地域に還元されることを意味する。5つ目は、中小企業が地域社会の文化を形成するというもので、地域の風土や特性に根付いた事業が行われる点から自然と発生する機能といえる。最後の6つ目は、これまでの5つの効果から創出される機能である。中小企業が地域と相互的に影響を与え合う側面があることを意味し、経済合理的に地域から中小企業が消えた場合、地域社会の長期的な存続が難しくなることにもつながるのである[7]。

　学術分野でも、小熊（2000）は地域経済の種別を6種類提示しながら、地域中小企業がそうした経済活動を支えているとしている。具体的には、商品・サービスの生産・流通・販売、企業の消費、企業の設備投資を通じて、中小企業は地域を潤すための企業活動を行っていると捉えられている。こうした活動を維持する上でも、雇用や取引構造の拡大が必要となり、そこから経済波及効果も期待できるとされる。つまり、人が集まるのに合わせて、多様な産業や経済活動が一つの地域で創出されていくようになるのである[8]。

　ここでも、中小企業と地域の関係性は相互互換的に示されている。経営資

源が中小企業の方が相対的に大企業より少ないことから、特定地域で同業他社が集積することで、物理的な近接性に伴う物流コストの削減や、集合による技術革新の起こりやすさといったメリットが存在することが、事例としてあげられた東京都大田区地域、新潟県燕・三条地域から見て取れる。

　ただし、地域経済自体にも時代の進歩に伴う課題が創出されてきており、中小企業の場合、技術・技能の空洞化、人材確保の問題、地方生産拠点の空洞化、時代・経済環境の変化へ追い付けないという問題が増加していると提示された。地域の活動、連携の密接化や地域内の人作り、魅力ある商業地区や公共の場を作ることで人を維持するといった解決策は提示されたものの、実際には行政のみの活動では難しい。こういった背景もあり、地域と中小企業の関係はより一層、相互補填的となり、互いの存続を達成するためにもお互いのための活動を意識する必要が出てきているのである(9)。

　特に地域における人材確保の問題については、梶原(2009)が地域産業に着目して議論しており、特に具体的な人材問題解決の方法論が記されている(10)。

　曰く、地域社会を復興・再生・活性化していく上では、地域住民自体がまず自分たちの住む地域について、強みや特徴を認識しておく必要があるとしている。当然、こうした側面を補強するのは教育や人材育成であるが、学校や行政だけでなく、地域を代表する企業の存在や活動も、そうした人を育てる一助となるだろう。また、地域企業が経済の担い手であるという前提の下、活性化している地域ではそうした企業活動に基づいた経済循環が発生しており、生産と消費の原動力として地域企業が活躍している状態が理想とされる。そのためにも、グローバル化や情報社会といった新しい情勢への対応、個別地域ごとに抱える課題に対して、企業は敏感に動くことが求められている。実際の活動としては、自地域の経営資源を再度確認することや、地域内のリーダーを創出した上でそのサポートの体制や協力者（企業の仲間など）の確保、活性化していく上でのシナリオの創出や、ビジョン・計画の策定といった方法論が示されている。

　一方で、地域経済学の側面からでも、伊藤と土屋(2009)では"革新的中小

企業群"が、地域経済に対して大きな役割を果たしていることが示されている(11)。

　まず、地域経済を支える産業を地域産業と定義した上で、そうした地域産業を形成する中小企業は、大企業の下請や地場産業の一社などいずれの形式でも地理的に集中立地していることが強みとされている。ただし、グローバル経済が当たり前になるにつれ、日本国内の特定地域への大企業立地は難しくなり、各地の地域産業には構造革新が求められるようになった。すなわち、各地の中小企業自身が経営基盤の強化、例えば取引構造の変化・拡大や主力事業の革新・転換を達成し、地域に波及することが求められている。

　そうした各地域の地域産業に構造のイノベーションをもたらす、誘引剤のような存在が、"革新的中小企業群"と定義されている。経営力強化という文言が肝で、地域全体への貢献といった側面は間接的な結果として捉えられている。まずは単独の企業として発展していくことが、近年の中小企業に求められているといえよう。結果として、そうした個別の企業努力が、地域の他企業や他地域との交流を通じて、新しい地域産業の創出や、既存産業の転換につながっていくのである。これはまさに、現代の中小企業に求められている地域経済との関わり方であり、役割と考えられる。

　清成ら（2004）でも、地域社会に対する中小企業の基礎的な経済関係性が取り上げられている。その上で、中小企業の地域に果たす新たな役割として地域社会の再生と地域振興の担い手ということが提示されていた。当時は、世界的にも既存産業の成熟化と地域の過疎化が進行していたことから、個別地域に新しい中小企業が創出されることを求められていた。大企業誘致よりも現実的で、内発的に多数の中小企業が興ることで地域振興の展開と活動の持続が上手くいくと考えられたのである(12)。

　時代が進み、地域へ新規の産業を創出する地域中小企業という議論はより深まったと考えられる。例えば奥山（2020）では地域中小製造業が事例として取り上げられ、単純な製造業事業者という段階から、サービス産業への参入と事業転換が議論されている。すなわち、社会全体のサービス産業化に伴って、顧客価値という共通の軸を持つサービス産業と製造業を同列に捉え

第7章　グローバルとローカルとの狭間で生きる地域の中小企業　**167**

る考え方が創出された。この事実を踏まえて、製造業の新しい利潤源の獲得としてサービス分野への事業転換・拡大を模索していくのが、製造業のサービス産業化に関する議論である。正確には、同書は地域産業に特化した研究ではないものの、実事例として地域中小製造業が使われ、こうした事業転換は地域中小製造業の存続と発展を目的としている[13]。

　永田（2023）では、群馬県高崎地域を事例としつつ、地域の中小製造業が東京一極集中という社会環境に際して、内発的発展の主体として活躍するという特徴の再考が行われている。そこでは、下請中小企業であったとしても、企業自体が自立することで、地域の内発的発展には十分に寄与しうることが言及されている。なぜならば、自立した企業であれば、取引において下請関係にあったとしても価格交渉権を持ちうる、正確には受注型企業としての成長を意味するためである。このような自立した中小企業としての発展と成長は、近年の中小企業に改めて求められている特徴といえる。前述した、革新的中小企業群と同様の議論ともいえるだろう[14]。

　こうした様々な記述を振り返ると、すべての役割に携わるものではないだろうが、中小企業として考慮すべき地域との関わり方として、街おこしなど、地域社会の保全を活動のどこかで意識しておくことが求められるようになったといえる。言い換えると、従来から続く雇用の担い手や経済活動の主体という役割は残りつつも、それらと直結する地域自体の存続に対してより積極的にアプローチすることが求められるようになった。この場合、中小企業が従来から持つ課題に加えて、地域おこしを率先して担う上での課題も時代ごとに存在するだろう。現在では、一つは社会構造の変化に伴う生活様式や経済活動の変化、もう一つは賃金体系や取引構造の変化に伴う産業構造変化への適合が、それぞれ大きな課題と考えられる。

　社会構造の変化とはすなわち、既存の事業活動のみでは売上の安定化、地域経済の循環に必ずしもつながらなくなったことを意味している。旧来の地域経済とは、例えば製造業の集積地であれば、工場を中心とした経済活動に誘引して様々な産業が集まり、地域の在住者も増え、経済循環が成立してい

た。しかしながら、サービス産業主体の経済構造になり、東京一極集中も進行した現在の経済構造において、既存の製造業事業のみでは多数の企業が存続することは難しくなり、事業範囲の拡大や新事業の模索は必須となった。地域に残存している企業群の事業活動が、取引の縮小も踏まえて、地域経済を支えることに直結しづらくなったのである。取引先の海外移転によって中小企業が取引構造を革新させ、新しい事業形態を構築する必要性が生まれたことに加えて、近年の地域の情勢そのものの変化、つまり人口の減少や産業の縮小に合わせても、事業内容の革新が求められる。

次に、賃金体系といった労働条件の変化も、中小企業の革新が改めて問われる内容といえる。ただし、これらは事業組織単独の変化も必要なことであるが、それ以上に中長期にわたって産業全体の構造や慣習の変化を促す必要がある。例えば、金属加工の分野において塗装や溶接といった単独の作業工程は、製品製造において重要であり、専門で担う事業者も存在する。ところが、これらの作業工程に関わる人件費額は、工賃として産業全体で通例の額が固定されていることが多く、現代の必要給与の水準に届いているといいづらい実情も存在する。それらの状況改善も含めて、改めて中小企業は"地域に根差すため"、ひいては地域内における経済水準を向上させるためにも、中長期な事業革新に挑戦していく必要がある。

以上の内容から、地域に特化した中小企業の持つ特性は図表7-1のように大別することができるだろう。また、各種要素を達成していくための課題も、現代の社会構造に合わせてまとめて記載した。読者の皆様にも、それぞれの要素から今後の地域と中小企業について考えてもらえればと思う。

第3節　中小企業による地域機能の維持・再生の可能性

中小企業による地域機能の維持・再生の手法や方針として具体策を考慮する上で、近年の中小企業と地域に関する研究をまずは考慮する必要があるだろう。すでに『中小企業白書』において、地域中小企業にインフラ的側面を

図表 7-1　地域と中小企業の関係性と役割

中小企業の役割 （一文）	地域経済への影響 （詳細説明）	発展へ必要な課題 （考察）	出典
各地域に点在し、地域経済の担い手として機能する。 また、地域内の企業が集積することで企業自体の資本拡充につながる側面があり、産業集積の創出に関与していく。	地域経済の主体として、企業の成長が地域全体の発展や資本力につながる。また、主に下記6種類の機能があげられる。 (1) 就業・所得効果 (2) 知識・情報効果 (3) 教育効果 (4) 革新効果 (5) 文化形成効果 (6) 地域形成効果	既存の企業が保有してきた取引構造などが不安定になってきたことから、新たな利潤確保や事業安定化のための方針策定が必要となったといえる。すなわち、左記の地域への役割を継続して果たしていくために、自組織として新規事業の参入などを考慮する必要が出てきている。	清成（1997）、小熊（2000）、清成ら（2004）など
地域自体の人材確保につながる。 地域住民にとっての地域のアイデンティティ創出に寄与する。	地域人口の縮小に対し、産業が活性化していくことで流入人口が生まれ、中長期での地域存続と人口増加に寄与している。また、アイデンティティ創出だけでなく、地域社会の形成や支援、教育などへの影響といった側面が存在する。	既存産業のアイデンティティ化が確立できているかという前提をまず考慮する必要がある。伝統産品や産地としての社会的認知度が当該地域に存在するかどうかで、この特性は効果的かが分かれる。また、一部伝統産業や文化側面の産業形成が強まるのに合わせて、事業としての売上高、経済的価値の低下が起こりえる。この点を是正するか、同一技術による新製品、新産業の創出は考えておきたい。	小熊（2000）、梶原（2009）など
革新的中小企業群、あるいは自立した中小企業として、地域経済を牽引していく。	中小企業自身が、自社の取引構造や事業内容を発展させていく。これにより、地域全体の経済・産業構造へと影響を及ぼし、他地域との交流なども促すことで、新産業の創出などを生み出す。新しい中小企業の創業も、特定地域において新産業の芽として捉えられていた時期もある。	特定事業者の取引拡大や発展が、中長期においては地域への波及効果を及ぼしうるが、短期的には単独の事業者の発展で留まることが多い。また、波及効果が訪れるほど、大きな発展を現代社会で継続して創出することは難しい。このため、単独の事業者のみでのアプローチではなく、産学官の連携、組合組織を通じた地域をあげての活動体制をどのように構築するかが課題と考えられる。	伊藤と土屋（2009）、清成ら（2004）、奥山（2020）、永田（2023）など

求める様相はうかがえたわけだが、理論面ではどのように捉えられているのか。あるいは、実証研究においてはどういった地域中小企業が今必要な存在として着目されているのかをみていくのは重要である。

例えば、川島（2023）は『2020年版　中小企業白書』の内容を取りまとめ、地域中小企業に求められる4種類の方針、つまり①「地域資源型」企業、②「地域コミュニケーション型」企業、③「グローバル型」企業、④「サプライチェーン型」企業という4つの類型に対する企業支援策が整備されたことを取り上げている。ここでは、最初の2つに該当する中小企業は単純な事業拡大ではなく、地域の雇用維持を目的とした長期持続的な事業活動の継続が求められ、後者2種類については中堅どころの中小企業の成長と発展が求められている。また、その事実を踏まえた上で、SDGs や ESG（Environment, Social, Governance）を踏まえた地域・国際社会に寄与するような経済活動を行うことが、金融機関や投資家へのアピール、ひいては競争優位につながるという観点を提示している[15]。

類似した環境に関わる議論を、倉阪（2023）も行っている。こちらでは、脱炭素社会に向けた構造改革を目指す上で、地域が取るべき行動として新しい発電手法を中心に導入し、より効率のいいエネルギー利用のために分散型の供給構造を確立することが求められている。この活動の担い手として、近年のエネルギー分野への参入障壁の低下と、技術の革新に合わせて中小企業にも役割があるとしている。具体的には、省エネルギー型の建物の建築や、太陽光パネルの設置、小水力発電を導入することや、太陽熱・地中熱・温泉熱・雪氷熱・バイオマス熱などの熱利用を進めることといった領域が取り上げられた。いずれも、地域中小企業にとっては自社内の中長期なコスト削減につながる活動である。また、中小企業自身のビジネスにおけるチャンスと脱炭素社会についても言及されており、「建築物のゼロ・エネルギー化」「風土に適合する再生可能エネルギーの普及」「農林水産業における二酸化炭素の吸収・固定」「さまざまな適応策への対応」といった、4つの領域が事業化可能と捉えられている。特に、農林水産業の付加価値上昇については、日本における第1次産業の縮小を食い止め、地域経済の循環や残存している事業

者の利潤源創出に直結するビジネスチャンスといえる(16)。

　この点をみても、地域中小企業の今後の役割として、地域全体を牽引する産業の主体としての企業規模的成長は近年求められているわけではない。必要なのは、地元地域の特性に合わせた持続的経営の体制作りであり、事業の利潤などを地域へ還元できる仕組みである。

　長山 (2020) では、多数の地域経済、中小企業論の研究者によって多様な地域企業の事例が取り上げられ、教科書的に各種経営理論にあてはめて議論がされている。前提として、中小企業論と地域経済論の双方で学術的に研究対象、目的に重複がみられるようになり、どちらも産業集積論などを媒介に"面"の研究、枠組みをいかに構築して発展させるかが主題となった流れが説明されている(17)。

　同書の中で、本節で議論すべき地域機能との関連性に特に着目しているのは、奥山 (2020) の農工業立地とバリューチェーンに関連したネットワークの構築、遠山 (2020) のグローバル経済化における産業集積の構造論、中島 (2020) の地域産業縮小とそこから転じた住民の自己実現の場としての発展可能性、許 (2020) の地域コミュニティの創出、長山 (2020) の創業支援と地域企業家の創出活動があげられるだろう。

　奥山 (2020) では、北海道の十勝地域を事例に、農工業が一つの地域に集積して立地する要因を改めて分析している。その上で、マーシャル、ウェーバーなどの古典的集積理論や、スコットやストーパーなどの新たな地域産業発展の理論を取り上げている。実態にこれらの理論をあてはめた結果、技術や労働組織の拡充を求めて人が集まって地域インフラが成立してきた歴史の上に、近年求められる自己実現の枠組みやブランドの創出が、連携・協力関係を通じて実践されている事実を突き止めている。この構造は、国際市場にも通用する農業のグローバル・ビジネスとして捉えられており、攻めの農業として新たな第1次産業の構造を構築するものとされる。言い換えると、地域産業や経済の下地といえる第1次産業の、新しい安定した利潤獲得構造が形成されている実例なのである。

　遠山 (2020) では福井県鯖江地域の眼鏡産業に着目し、集積地のブラン

ディングが機能し始め、地域のアイデンティティとして眼鏡が利用されるようになった状況に着目している。製造卸の企業を始め、自社ブランドの展開やそれら商品の展示会を独自に実行していく動きなどから、消費者の産業・地域に対する認知度向上を達成し、今日の深化した産業集積に求められる特徴を創出したと判断している。つまり、従来の産地構造の特徴であった卸売業と製造業のみの社会的分業構造ではなく、小売業や関連の多様な業種が協力体制を構築した、生産集中度の高い産業集積へと変化したと主張している。ほかにも、経済統計的に地域産業の縮小自体はみられるものの、特定地域のアイデンティティ形成が達成され、そこから地域への観光客やファンが生まれている。すなわち、地域の残存理由が創出されているのである。グローバル市場へ視点を向けた場合アイウェア（サングラスなどの眼鏡製品）が成長産業という側面も含め、地域の消失という課題解決の一助が行われている事例なのである。

　中島（2020）が取り上げた墨田区の印刷事業者の事例では、後継者育成や事業転換の実情を分析し、都市型産業集積の特性を生かした企業が事業承継を達成している点から、地縁型承継の構造が出来上がっていることが示されている。ここには、業種特有の分業構造と関係する同業他社の集積する構造という特徴も要因ながら、ファミリー・ビジネスとして連綿と同地域で事業を継続してきたことも、事業承継に大きく影響すると捉えている。この影響は、特に事例で取り上げたような集積地域の企業である場合、一企業内だけではなく同地域内などの取引先企業にも影響が及ぶものであり、後継者確保のしやすさに関わるものでもある。

　許（2020）は東京都台東区のデザイナーズビレッジの事例と、その設立に関わったリーダーの存在に着目している。その上で、特に地域コミュニティの構築が成功した徒蔵地域においてソーシャルキャピタルの一種として人の関係性、仲間同士の信頼関係の存在があったことを指摘している。特に、ゲートキーパー、あるいはキーパーソンと呼べるような人の存在が、地縁型から発展したテーマに沿った地域コミュニティの形成の肝と捉えている。そして、その達成のためには、地域内外における、分野ごとの専門家同士の交

流が肝要であることを示している。

　最後に、長山 (2020) は神奈川県鎌倉地域のカマコンバレー、すなわち ICT 関連産業の集積を取り上げている。統計上正確に産業集積が形成されたとは分析しづらいものの、事業所数の急増や、主力企業による LLP（有限責任事業組合）の設立などを踏まえて、地域に新たな事業群が創出されたとしている。この事例においては、各種イベントや取組への参加企業、参加者の共通認識として、鎌倉地域に対する関心や継続した居住意思が存在することが特徴とされている。起業無関心者が多数派である日本の特性の中で、鎌倉地域の活性化を意識した異業種交流の機会が形成されていることが、様々な分野の人材や企業にとって興味関心を引きやすく、集まりやすい空気を醸成できていることがポイントと考えられている。結果として、地域内を対象にした新規事業の創出なども起きやすい環境となり、地域コミュニティの安定した形成が継続しているといえる。

　他の書籍をみると、例えば池田 (2022) は長年にわたって地域と中小企業をテーマに複数の書籍を刊行しており、その対象も地域中小企業がそれぞれのエリアの特性に合致しているという特徴の分析、売上・利益を追求したネットワークを構成する必要性、地域・社会との共生を目指した CSR・ソーシャル・ビジネスに関する分析と変化してきている。そして、最新刊である本書では共生という言葉を軸に、CSV とは別物の、中小企業に適した CSR のあり方を検証しようとしている。地域中小企業のあり方、本質論を改めて議論している[18]。

　ほかにも、地域の学校教育などを通じた若者の醸成といった、地域の社会生活を支える存在として中小企業が存立していくべきという視点も必要である。実際に、中小企業家同友会全国協議会の活動の中では、教育機関との連携を通じたインターンシップ、出前講義が行われている。こうした活動を通じて働く現場を地域住民や学生に知ってもらうことで、雇用の創出にもつなげていき、地域社会の安定化を図っているのである[19]。

　これらからわかるのは、利他を原点とした純粋な CSR を行うことで、本来中小企業が保有してきた多様なステイクホルダーとの共生性を高めると捉え

られる。ここでの共生性は、地域・社会（住民含む）、中小企業同士（同業他社や取引先）、親企業との間に持つものであり、新たな資本主義につながるものと考えられている。また、純粋なCSR活動には地域・社会に対する見返りを求めない真摯さが必要で、事例としてもそうした企業が取り上げられている。利潤追求が求められる企業組織において、そうした活動が成立する理由としては、経営者や従業員が当該の地域を出身地としていたり、世話になったことのある地域だったりと、何らかの恩返しを善意で行いたいという思いを持つことが取り上げられた。

　こうした特徴を持った中小企業の本質論として、規模に関連した課題や組織としての発展性といったこれまでの議論は残しつつ、次のような特徴を持つ企業が地域中小企業として定義されているとまとめられる。すなわち、①地域社会への貢献や共生する姿勢を利潤追求ではなく本来の使命の一つとして捉え、地域と持ちつ持たれつの関係を構築している企業。②すでに述べられたように純粋なCSR活動に取り組んでおり、それらの活動が事業体の売上に影響されず定常的である企業。③企業活動を通じて、従業員・経営者ともに幸福を感じることができる企業。これら3種が、現代の地域中小企業に求められる、目指すべき姿と考えられている。

　以上を考慮すると、具体的な地域機能の維持、インフラ面のサポートとして中小企業は戦っていく必要があるが、それに加えて、地域のアイデンティティを形成する観念的な役割も今後は求められると考えられる。実際に、これまで地方地域では商店街の事業者を中心としたバス事業の運営により、交通網を整備して地域住民の商流を維持しようとする活動が行われてきた事例もある。一方で、特定の中小企業によって美術品の収集とその展示が行われることで、文化教育的な観点から地域社会の形成に寄与してきた事例も存在する。善意に基づくCSR活動を行うことで、中小企業自体が存在する地域の保全、社会環境の整備が執り行われてきたのである。こうした活動をより進捗させていくことで、中小企業が元来保有してきた地域への寄与という側面を強め、今後の社会情勢においても地方地域の存続を果たすことができるであろう。

現状、企業の間で求められているのは、あくまで事業組織としての持続に寄与する、新たな利潤源となる CSR 活動であろう。しかし、30 年後、50 年後と、より中長期の経済状況を考えた時に、自社や自分たちの産業が特定の地域を維持する役割を担うことを、考慮すべき時期に来ている。

第4節　地方発グローバル企業誕生への期待

　地域のインフラや生活基盤を中小企業が整備することは、今後の企業に求められるスタンダードな役割といえるだろう。一方で、グローバル経済で戦っていく地域企業がより増加していくことで、地域経済の維持だけではなく、国際的な認知などにも間接的につながり、地方都市として発展していく可能性は今後も存在しているだろう。

　実際に現在でも、ジェトロ（日本貿易振興機構）の紹介する国際進出を果たしている地域中小企業として、埼玉県の食品関連企業がスペインのバスク州へと、食文化の発信と交流を通じて商品の展開を模索していた。地元地域の漬物屋や酒造など、製造分野の事業者だけでなく、地域の居酒屋も協力して行われた取組である。

　フランスはパリのリヨン駅では、期間限定ながら日本の駅弁文化を引っ提げて、鶏めしで著名な秋田の老舗駅弁屋である花善が店を構えることとなった。同社は2019年からパリの各路面店で自社商品を展開してきており、現地での弁当文化の浸透を経てから、日本と同じスタイルでの駅構内での販売を行った。これらの商品に利用される食材なども、可能な限り日本商品と同一のものを取り揃えており、日本食、秋田の食文化をフランスに伝える役割を果たしたと考えられる。

　これらの事例からいえるのは、地域を代表する中小企業の国際化、あるいは地域を牽引しようと邁進する中小企業群による国際化は、通常の大企業などでみられる多国籍企業家とは違い、土地の風土や特産物と紐付いて、文化的側面での拡大が行われている。こういった側面からも、縮小しつつある地域経済を維持していくために、地域中小企業の国際市場への進出は何らかの

形で達成が期待されるものといえる。

　研究における地域中小企業の国際化については、例えば舛山 (2008) では中堅規模企業のグローバル化に伴う国際ビジネスの進捗を取り上げつつ、ボーングローバルカンパニーが社会的なニッチ需要に伴って発展したことを示している。グローバル化によって市場ごとの知識の格差や違いが減少していき、通念的な要素が確立しつつある世の中に変化したのである。時代の進展に伴う、一般生活における情報技術の革新も、技術・情報・知識の格差を狭めているといえる。そうした中では、多数の地域で事業を行う多国籍企業の立ち回りは難易度が下がりつつあり、中小、中堅企業でも複数国家での事業活動が行いやすくなった。当然、従来から捉えられてきた国際化のプロセスである輸出、販売機能構築、現地生産という流れは一元的ではなくなった。いきなり、直接海外での販売を行うことが容易化し、いかに現地の経営資源を確保していくかで、企業競争力が左右される時代となったのである[20]。

　RIETI (独立行政法人経済産業研究所) が 2008 年に行った、国際化する企業の実態調査によると、生産性が高い企業ほど国際化につながりやすくなるという統計が出ている。また、一度国際化した企業には慣性が働くとされており、海外市場への参入を果たした企業はその後結果が振るわなかったとしても再度挑戦を果たすなど、海外市場での動向を継続するという側面が導出されている。ただし、海外での取引が未経験の企業は自然と国内市場での活動を継続しがちという結果も出ており、企業の国際化には引き金となる最初の要因が重要であり、今後求められるのはその要素をいかに理論化するかといえよう[21]。

　中小企業が国際化していくためのプロセスとしては、製造業分野に限った研究ではあるが、例えば山本と名取 (2014) が理論化に挑戦している。これによると、経営者が過去にした意思決定などの経験、組織構築、ネットワーク、外部環境の変化などを引き金に、海外生産や特定の取引先との関係構築に邁進することがうかがえた。中小製造業においてはこれらの要因から IEO (国際的企業家志向性) が高まるにつれて国際化していく過程を、事例を用いて分析している。結果として、EO (企業家志向性) の高い経営者の就任を起点に国

内での取引多角化が行われ、外部要因などの変化からEOがIEOへと変化し、海外市場への参入意思の発露から、取引などのネットワークを活用して海外市場参入を果たすという流れが検証された。こうしたプロセスに加えて、当該研究で特に着目すべきはネットワークの有無が海外市場への参入、ひいては企業の国際化に大いに関わる点である。すなわち、地域に根差した中小企業であれば、国際化を達成しやすい環境を確保している可能性が高いのである[22]。

　以上をみていくと、中小企業が国際化することは、事業者自身の生産性や利益向上に当然つながるが、特定地域を牽引する中堅・大企業への成長とも関わりのある重要な要素である。その中でも、地域の行政や取引先といった、ネットワークの構築が国際化に関わるという事実は重要であり、地域中小企業の特性や強みが、さらなる発展につながることを示している。

　ここで重要なのは、ネットワークを構築する上で単独の中小企業だけでなく、組合や任意団体などの枠組みを通じて、複数の企業が多面的に交流することで、ネットワークがより深化するという側面である。単独の企業や経営者による交流の幅よりも、複数の事業者、異業種、同業種の交流の輪がすでに構築されていれば、そこを伝って多面的な関係性が構築され、様々な取組につながりうるのは、すでに多数の研究や実際の現場で見受けられてきた現象である。次節では、この側面を考慮し、地域課題解決に連携組織を通じて取り組んでいる事例を取り上げたい。

第5節　地域の課題解決型中小企業と連携組織の展開

　地域の社会・生活課題を解決するために、複数の事業者が集まる組合などの形式で活動している事例は少なくない。特定の事業者だけでは不足しがちな資源の部分を、事業者間の連携を経ることで補完し、また情報や技能といった要素についても単独の企業より深い状態で地域の活性化支援を行うことができるといえる。

（1）　埼玉県秩父地域の組合による生活環境整備

取組を行っている連携組織としてまずは、埼玉県秩父地域のみやのかわ商店街振興組合（1990 年設立、組合員数 120 名、以下、みやのかわ組合と表記）がある。同組合は、現地の小売、飲食、美容、病院、学習塾、金融、保険会社など、幅広い事業者を組合員に持つ協同組合組織である[23]。みやのかわ組合は地域の活性化を目指したイベント事業である「ナイトバザール」で有名であったが、より発展させた活動として、地域住民の課題解決を通じて、住みやすい街づくりを実践するために「ボランティアバンクおたすけ隊」事業による福祉活動が行われている。

みやのかわ組合の「ナイトバザール」は 1980 年代頃から始まり、2016 年時点で約 270 回と継続して開催されている。宮側町共栄会青年部近代化研究会が同地域の伝統行事である秩父夜祭を参考に実施し、今日まで常に新しいイベントを継続させ、地域住民の交流や、外部からの観光客を受け入れ続けている。この取組によって、地域の観光資源として当組合のある中心市街地が発展したことから、組合員企業の通常事業も安定化された。

こうした地域活性と事業の安定化に加えて、同組合は地域が抱える社会課題の解決についても取組を行うこととなる。それが、福祉活動である「ボランティアバンクおたすけ隊」事業であった。地域に在住している高齢者や障害者、子育て家庭など、様々な生活における援助を必要としている住民へ、有償支援を行うのが活動の主である。主な担い手は、同じく地域に在住する中高年層であり、定年退職などで時間が取れるようになった人々が中心である。具体的な活動内容としては、散歩や買い物同伴などの外出支援や、庭の手入れや掃除、部屋の模様替えなどの家事援助、話し相手や困りごとの相談と幅広く実施している。昨今であれば、インターネットやアプリで個人のレンタル事業は様々に取り扱われているが、その先駆けといえる活動だろう。

これらの活動に対する報酬は秩父市内で利用できる商品券である「和同開珎」で支払われる。これにより、みやのかわ組合を含めた地域内商店街での購買を促進し、地域内での購買活動など経済流通の活発化にも寄与しているのである。

第 7 章　グローバルとローカルとの狭間で生きる地域の中小企業　**179**

みやのかわ組合の活動は、企業の社会的活動の中でも、居住空間としての地域を残存させる目的に直結するものである。地域の商店街を中心に街を発展させる中で、組合員企業（商店街内の飲食店や小売業）の活性化を達成し、地域の経済流通を安定させて人の住みやすい環境を作ることができているためである。少子高齢社会となっている現在の日本において、地方地域の人口減少は激しいものであり、そうした環境に適応していくためにも地域内の経済循環を安定させることは、今日でより重要となったといえる。地域の生活環境を整備し、発展させていくという意識に基づいて実践されているのである。また、各種イベントを継続して行うことで地域独自の魅力を構築することは、人の生活圏として地域を残存させることにもつながっていく。実際に、取組を通じて観光客も増加し、地域での宿泊や食事を通じた利潤創出にもつながった点からみても、今後も各地方地域で執り行うべき手法といえよう。

　地域の課題解決を考慮した際に、生活環境の改善を行うことは現代であればあるほどより重要となった。特に地域貢献活動が発展する中で、地域に在住する高齢者を活動の担い手として活用する当該事例の戦略は、支援を受ける側と行う側の双方が抱える地域課題の解決を目指している。すなわち、少子高齢社会の進行とともに課題となっている、地方圏在住の高齢者の役割を創出しているのである。これらの高齢者の多くはすでに定年を迎え、日々老後の生活を送っている状態にあり、時間的余裕は少なくない。そうした方たちに、地域内で、障害などの課題を抱える住民支援を行ってもらい、定年後に残された人生をより有意義に過ごす機会を提供しているのである。このように、地域に在住するあらゆる世代や種別の市民が何らかの形で協賛し、交流を持っていくことで、地域一丸となった発展を達成しようとしている。この考え方は、人口縮小に伴って減少しつつあった地域の重要性や、必要性を再度定義するものといえる。

　また、こうした地域一丸となっての発展は、現地の中小企業者や市民だけでなく、観光客、あるいは移住を検討する潜在的な人々にとっても魅力として映るものである。そうした意味で、当該事例の取組は地域への流入人口を加速させる意味も潜在的な目標として含まれている。

このような、組合を通じた連携活動で地域の活性化を行おうという動きは、業種、業界の差はあれどほかにも様々に取り組まれているのが実情である。中小企業の元来保有してきた地域に根差すという特徴は、今日縮小しつつある地域の役割を再定義し、残存させていく担い手という役割に変化しつつある。そうした中で、複数の地域企業が協力体制を構築するための枠組みが求められるのである。それは、産業集積地であれば従来から存在してきた同業種の事業協同組合であったり、新設の任意団体や事業者間の勉強会などであったりと、様々な形式が考えられる。特に事業協同組合であれば、法人格の保有や長年存在してきたというネットワークの下地が出来上がっていることもあり、組合自体の有効な活用の方向性として一考に値するだろう。

（2）　愛知県豊田地域の企業による社会環境改善の努力

一方で、単独の事業者で中小企業が地域おこし、あるいは地域のアイデンティティ創出を行おうとしている事例もある[24]。株式会社 C（1969 年設立、従業員数66 名）は、愛知県豊田地域に事業所を構え、自動車学校を経営する中小企業で、地域の代表的な自動車学校として長年経営を続けてきている。当社の強みとして、インストラクターの指名制など事業内容に同業他社との違いや特徴を創出し、企業として安定した経営を達成している点がある。この企業の社会的な取組として近年、法人企業向けの訪問教習事業や、小学校などでの自動車、交通安全教室を開講している。すなわち、地域の交通環境を整備し、社会貢献につなげようとしているのである。

具体的には、立地地域を中心に日本国内の交通事故をゼロ化させることを企業組織として目標にしている。社是・社訓として「日本で一番事故のないまちづくり」を掲げ、事業を通じての社会貢献に尽力している。同社の顧客である新規免許取得者や物流事業者などの法人企業は、今後の交通を担う存在そのものであるためこういった方針を打ち立てたのである。

この考えを実践するために、同社は従業員と顧客の関係性を醸成するための活動を多数実施している。前述したインストラクターの指名制や、地域内での各種交通安全イベントもその一つである。顧客、ひいては地域住民と

いった広いステイクホルダーと従業員の関係性を強めることで、同社が保有している交通事故ゼロ化の理念を伝達できるようにしているのである。

　理念を伝達する上で、従業員の顧客に対する責任感を向上させて積極性を持たせることも必要となる。そこで、インストラクター資格取得の奨励や試験参加者への支援金の提供、全従業員の顔写真と趣味などの概要を記した写真の掲示などを実施している。資格保有による人材のキャリア育成と、顧客からの評価を得てモチベーション創出につながる機会を上手く両立している。

　いずれの活動も、企業自体の競争優位性の獲得とも関連するが、その根本には当社の理念である事故ゼロ社会の構築が掲げられている。小学校での交通安全教室はいうまでもなく、法人企業への訪問教習などは、もともと交通事故の件数を減らすためにボランティアで行っていた活動を事業化したものである。現在の交通事故を社会問題として捉え、まずは身近な地域内を改善の対象として取り組んできたのである。また、前述した責任感ある従業員がステイクホルダーなど企業外部の存在と密接に関わり、企業の存在を代表している。同社の目指す交通事故ゼロ社会の達成という理念が社員だけでなく、世間一般へと伝達され、地域一体となって取り組むよりよい社会環境の創出につながっている。

　地域社会の交通事情はそれぞれの地域ごとに差異があるが、いずれの地域であろうとも交通事故のゼロ化という目標は少なからず関係団体によって掲げられており、魅力ある地域として一つの指標として機能する。そういった意味で、この事例はSDGsなどで示されている「住み続けるまちづくり活動」を目指したものでもある。地域の安全性を向上させることで生活圏の環境整備から市民が住みやすい状態を構築しようとしている。

　特に交通に関連した環境の改善は、学術機関との連携なども通じた児童の安全意識向上など、養育に適した地域としての発展を意味する。少子高齢社会において、子供の成長を安心して見守れる環境を整備することは、地域の魅力となるものであり、人口の流入へもつながっていく。こういった意味でも、この事例は地域活性化を目指した企業の取組として、非常に現代的で有力なものといえる。

以上のように、事例の組合や企業ではそれぞれの地域社会、あるいはより広範な日本社会全体の生活環境整備に邁進している。グローバル経済へと発展する新たな事業を創出するだけでなく、既存の地域社会での生活や今後の生活を持続させていくことも、今日の中小企業の大切な取組であり、役割なのである。

注

1）国土交通省『令和2年版　国土交通白書』109、110頁。
2）国土交通省『令和5年版　国土交通白書』4〜7頁参照、4頁から引用。
3）同上書、5〜28頁参照。
4）海野遥香・増本太郎・寺部慎太郎・栁沼秀樹・田中皓介「若年層に着目した地域愛着・街のシンボルへの意識とUJターン行動の関連性」、『都市計画論文集』第57巻3号、日本都市計画学会、2022年、1180〜1185頁。
　　奥田純子「県外進学した大卒者の初職時Uターン移動分析―経済的要因の男女差に着目して―」、『人口学研究』第59巻、日本人口学会、2023年、8〜23頁。
5）豊田哲也「グローバル都市における住民の所得格差とネオリベラル化―東京・大阪・ニューヨーク・ロンドンの事例―」、『人文地理学会大会　研究発表要旨　2022年人文地理学会大会』人文地理学会、2022年、68〜69頁。
6）清成忠男『中小企業読本　第3版』東洋経済新報社、1997年、清成忠男・田中利見・港徹雄『中小企業論―市場経済の活力と革新の担い手を考える―』有斐閣、2004年。
7）前掲書『中小企業読本　第3版』196〜198頁参照。
8）小熊和夫「地域経済を担う中小企業」、百瀬恵夫編著『中小企業論新講』白桃書房、2000年、141〜159頁。当該セクションでは特に中小製造業を対象に議論が行われており、地域産業全般にあてはまらない記述も存在する。
9）小熊和夫「地域経済を担う中小企業」、前掲書『中小企業論新講』154〜155頁より一部引用、参照。
10）梶原豊『地域産業の活性化と人材の確保・育成』同友館、2009年。
11）伊藤正昭・土屋勉男『地域産業・クラスターと革新的中小企業群』学文社、2009年。
12）前掲書『中小企業論―市場経済の活力と革新の担い手を考える―』34頁参照。
13）奥山雅之『地域中小製造業のサービス・イノベーション―「製品＋サービス」のマネジメント―』ミネルヴァ書房、2020年。
14）永田瞬「地方都市における中小製造業の特徴と地域経済―群馬県高崎地域を中心に―」、『中小商工業研究＝Quarterly Small Business Journal』第155巻、全商連付属・中小商工業研究所、2023年、83〜90頁。
15）川島和浩「中小企業におけるSDGs経営の実践と地域金融機関の役割」、『東北工業大学紀要　理工学編・人文社会科学編』第43巻、東北工業大学、2023年、65〜77頁。
16）倉阪秀史「脱炭素社会に向けた政策と地域的な対応―中小企業参入の可能性―」、『日本政策金融公庫論集』第59巻、日本政策金融公庫総合研究所、2023年、73〜100頁。

17) 長山宗広編著『先進事例で学ぶ地域経済論×中小企業論』ミネルヴァ書房、2020年、9〜15頁参照。奥山雅之「北海道十勝地方における食関連の産業集積」、前掲書『先進事例で学ぶ地域経済論×中小企業論』34〜43頁。遠山恭司「福井県鯖江市の眼鏡産業集積」、前掲書『先進事例で学ぶ地域経済論×中小企業論』69〜90頁。中島章子「墨田区の印刷業」、前掲書『先進事例で学ぶ地域経済論×中小企業論』117〜135頁。許伸江「台東区のモノマチ」、前掲書『先進事例で学ぶ地域経済論×中小企業論』137〜152頁。長山宗広「神奈川県鎌倉におけるアントレプレナーシップ促進の地域プラットフォーム」、前掲書『先進事例で学ぶ地域経済論×中小企業論』231〜259頁。

18) 池田潔『地域・社会と共生する中小企業』ミネルヴァ書房、2022年。

19) 中小企業家しんぶん、2023年6月5日号、「中同協第55回定時総会議案について」。

20) 舛山誠一「東海地域中堅企業の国際化・国際経営」、『産業経済研究所紀要』第18巻、中部大学産業経済研究所、2008年、81〜106頁。

21) 若杉隆平・戸堂康之・佐藤仁志・西岡修一郎・松浦寿幸・伊藤萬里・田中鮎夢「国際化する日本企業の実像—企業レベルデータに基づく分析—」、『RIETI Discussion Paper Series』08-J-046、経済産業研究所、2008年。

22) 山本聡・名取隆「国内中小製造業の国際化プロセスにおける国際的企業家志向性（IEO）の形成と役割—海外企業との取引を志向・実現した中小製造業を事例として—」、『日本政策金融公庫論集』第23巻、日本政策金融公庫総合研究所、2014年、61〜81頁。

23) 本項の記述は、明治大学政治経済学部森下正中小企業論研究室が2016年5月19日に実施した『埼玉県秩父地域における地域産業及び中小企業支援に関するヒアリング調査』およびその報告書に基づく。本調査は、秩父地域の企業、支援団体、協同組合を23団体訪問し、筆者も同行している。いずれの団体も代表者、あるいはそれに代わる経営や活動に携わる責任者が調査対象者である。また、みやのかわ商店街振興組合のホームページ（http://www.miyanokawa.com/、2018年9月30日所収）も参照。

24) 以下の記述は竜浩一「中小企業の社会貢献活動による持続的経営への方法論」『社会環境論究』第11号、社会環境フォーラム21、2019年、69〜92頁より、事例部分を一部再編したものとなる。

第 8 章

AI/IoT 化と匠の技の対立と融合

第1節　少子高齢化で消えゆく手仕事による匠の技

　1947〜1949年生まれの団塊の世代が70歳を迎えた「2017年問題」、いわゆる熟練技能者の人材不足の話題が叫ばれてすでに久しい。中小企業は、定年退職年齢の延長措置が取られるようになる以前から、人口減少と少子高齢化に伴う労働力市場の縮小により、人材の採用・育成、特に熟練技術・技能工の採用・育成で困難を極めてきた。

　ちなみに、製造過程が手工業的、つまり手仕事による匠の技によって支えられている伝統的工芸品産業に従事する従業者数は、1979年の約28.8万人をピークに減少し続け、2020年には約5.4万人へと約5分の1に減少してしまった[1]。

　また、産地が有する集積のメリットの中で「熟練技術・技能工の確保が容易である」「人材の育成が容易である」「一般労働者の確保が容易である」など、人材面でのメリットが失われつつある。特に、熟練技術・技能工の確保については、2017年時点で60.7％の産地でメリットが失われつつあるとしている。その結果、技術・技能の継承について、「技術・技能の後継者が次第に少なくなり、心配な状況にある」とする産地が59.5％で最も多く、次いで「技術・技能の後継者が不足し、継承に支障が出ている」も31.8％にも及んだ。一方、「技術・技能の後継者が大勢おり、円滑に継承されている」はわずか5.8％に過ぎなかった[2]。

　このように匠の技を支える技術・技能の後継者の不足の解決策として、マシニングセンタやNC工作機械などによる機械化や産業用ロボットの導入

による自動化、あるいはAI/IoTによるデジタル化が切り札となるといわれているが、自動化やデジタル化を含む中小企業による設備投資の大企業との格差は縮小傾向にはあるが、開いたままである。

　中小企業庁『2023年版　中小企業白書』によると（図表8-1参照）、2008年以降、中小企業の設備投資は、リーマンショック後の2009年に大幅に落ち込んだが、2012年以降、緩やかに増加傾向となった。しかし、2016年以降、ほぼ横ばいで推移したが、2021年以降、再び緩やかに増加傾向となった。大企業との格差も、2008年以降、縮小傾向を続けたが、2010年以降、その格差は縮まることなく、2022年に至っている[3]。

　とはいえ、中小企業による今後の設備投資における優先度は、大きく変化してきている。『2023年版　中小企業白書』は（図表8-2参照）、2017年度と

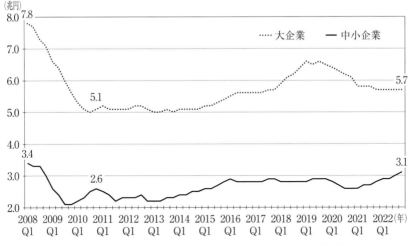

図表8-1　企業規模別設備投資の推移（後方4四半期移動平均）

注1：ここでいう大企業とは資本金10億円以上の企業、中小企業とは資本金1000万円以上1億円未満の企業とする。
注2：金融業、保険業は含まれていない。
注3：設備投資は、ソフトウェアを除く。
資料：財務省「法人企業統計調査季報」。
出典：中小企業庁『2023年版　中小企業白書』日経印刷、2023年、Ⅰ-12頁（https://www.chusho.meti.go.jp/pamflet/hakusyo/2023/chusho/excel/b1_1_09.xlsx、2024年8月9日所収）より作成。

図表 8-2　今後の設備投資における優先度の推移

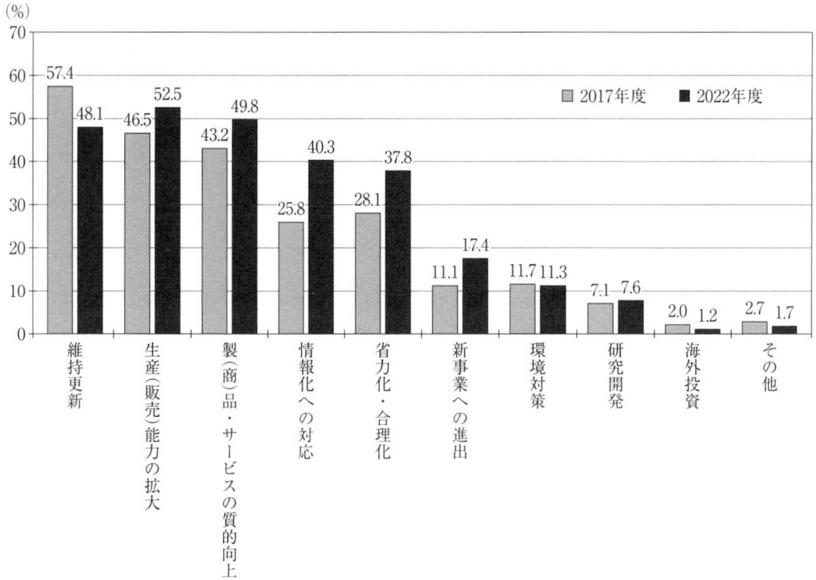

注1：ここでいう中小企業とは資本金1000万円以上1億円未満の企業とする。
注2：データの制約上、2017年度については7〜9月、2022年度については10〜12月のデータを用いている。
注3：各年度における設備投資のスタンスとして、重要度の高い3項目について集計している。
注4：複数回答のため、合計は必ずしも100％にはならない。
資料：内閣府・財務省「法人企業景気予測調査」。
出典：中小企業庁『2023年版　中小企業白書』日経印刷、2023年、Ⅰ-16頁（https://www.chusho.meti.go.jp/pamflet/hakusyo/2023/shokibo/excel/b1_1_13.xlsx、2024年8月9日所収）より作成。

　2022年度を比較すると、中小企業は「維持更新」よりも「生産（販売）能力の拡大」や「製（商）品・サービスの質的向上」を優先する傾向にあるとしている。また「情報化への対応」が最も増加し、次いで「省力化・合理化」が大きく割合を増加させた[4]。
　しかし、設備投資における中小企業と大企業との格差は開いたままで、縮小する傾向が依然としてみられない。とはいえ中小企業も、機械化やロボット化による自動化を実現する「省力化・合理化」、そしてデジタル化につなが

第8章　AI/IoT化と匠の技の対立と融合　**187**

る「情報化への対応」を目的とした設備投資を優先的に実現しようとしていることは事実である。

　現実問題として、匠の技を支える技術・技能の後継者不足を抜本的に解決するためには、これまでは機械化できず、職人による匠の技に依存してきた作業を自動化しなければならないという困難な問題がつきまとう。すでに工作機械メーカーによって製造、販売されている作業標準化された工作機械や産業用ロボットを単純に導入することだけで問題を解決できるとは限らない。

　例えば、新潟県燕市 D 社は、長年、産地の製造業向けに自動化装置として各種専用機、搬送設備を開発し、またプラントの設計・製造・据付工事・保守点検などの業務を展開してきた。同社は産地の技術・技能の担い手不足に対応して、職人による匠の技に依存してきた鏡面研磨の自動化を実現する自動化装置の開発を行ってきた。現在、手作業と同精度 (品質) で同じ形をした製品だけではなく、異なる形状の製品の研磨を完全自動化するために、産学官連携による研究開発を推進してきた。と同時に、多額な金額を要する研究開発費を工面するために、中小企業庁によるものづくり補助金も活用し、開発を進めてきた結果、実現にこぎつけている(5)。

　このように匠の技を自動化しようとした場合、特定の技によって担われている作業工程のための専用の機械を特別に開発しなければならない状況に直面せざるをえない。つまり、特注の専用機を開発する必要があることから、そのための資金繰りの手立てと新しい製造技術の開発が必要となる。その結果、開発のための資金力に余裕がある、あるいは資金調達が可能な中小企業であり、かつ技術開発に必須の高度な技術者が在籍している中小企業ではない場合、匠の技を自動化することは困難を極めるものと思われる。

　またデジタル化についても、自動化と同様に多額な資金を必要とする。実際に情報システムを提供する業者が販売するハードとソフトを、企業がそのまま導入することは一般的にはない。実際は、新しい情報システムを導入する企業の業務内容にマッチさせるためのカスタマイズ (改良) が必要となる。つまり、新規にシステムを導入するコストそれ自体に加え、導入準備期間、および導入後の不具合修正、新システムへ従業員が習熟するための訓練費用

と時間なども追加で必要となる。結果的に投資金額が多額になるため、大企業のように資金力と人材に余裕がない中小企業にとっては、デジタル化も二の足を踏んでしまうことになるのである。

第2節　世界有数のロボット生産国日本の中小企業の課題

国際ロボット連盟（IFR）『世界ロボット 2023 年報告書』によると、世界の産業用ロボット市場において 2022 年に新たに設置された台数で日本は、中国の 29 万 258 台に続いて 5 万 413 台と世界第 2 位を占めていた。また、同年の産業用ロボットの生産で世界市場シェアの 46 ％を誇る日本は、産業用ロボットの一大生産国でもある。しかも産業ロボット生産台数も、国内生産量のみで 2022 年は前年比 11 ％増の 25 万 6807 台となり、過去最高を更新し、2017〜2022 年までに年平均 4 ％の成長を遂げてきた[6]。

また、産業用ロボットの導入による工場の自動化状況を明らかにする従業員 1 万人あたりのロボット台数、いわゆるロボット密度は、2022 年時点で世界平均が 151 台と過去最高に達し、2017 年の 2 倍以上に達した。日本も 2017〜2022 年の間に年平均 7 ％で成長し続け、2022 年には 397 台となり世界第 4 位であった。しかし、産業用ロボットの導入が世界で最も進んでいるロボット密度が第 1 位の国は韓国で 1012 台、第 2 位はシンガポールの 730 台、第 3 位はドイツの 415 台であった。なお、中国は約 3800 万人という潤沢な製造業就労者数にもかかわらず 392 台で、日本に次いで第 5 位であった[7]。

産業用ロボットの一大生産国でありながら、しかも深刻な労働力不足に陥っている日本のロボット密度は、韓国、シンガポール、ドイツには及ばず、ロボットの導入による工場の自動化の余地は依然として残された状況にある。

このように製造業を中心に導入が進む産業用ロボットのほかにも、サービスロボットがある。このサービスロボット台数が世界で最も多いのは消費者向けサービスロボットで、そのほかにも専門サービス・医療向けサービスロボットとして、①運輸・物流、②ホスピタリティ（おもてなし、接客）、③農業、④清掃、⑤医療・ヘルスケアの 5 つの主要分野がある[8]。

また製造業や建設業などで人と協働して作業を行う協働ロボットも登場している。この協働ロボットは、産業用ロボットよりも導入時のハードルが低いことから、中小企業への導入も期待されている。

　しかし、産業用ロボットの導入による自動化に際しては、ロボット本体に対する投資に加えて、周辺機器や装置、通信システムなどの導入も必要不可欠となる。というのも、産業用ロボットは「半完結製品」といわれ、生産材としては特殊な製品だからである。つまり、一般的な生産材として工作機械のような生産設備として完結している「製品」、あるいはモータや通信ユニットのように機能が限定されて性能が明確な「部品」とは異なり、ロボットはシステムに組み込まれて初めて価値が確定する製品なのである。そのため、様々なロボットや付属機器をユーザーの目的と用途に応じて適宜組み合わせる必要がある。この半完結製品であるロボットの生産財としての価値を明確化するプロセスをシステムインテグレーションといい、そうした役割を担う企業のことをシステムインテグレータと呼ぶ。なお、システムインテグレータには、生産設備構築を専門とする独立した事業者のみならず、ユーザー側のメーカーの組織である生産設備導入部門やロボットメーカーのシステムエンジニアリング部門などもある[9]。

　なお具体的に必要となる付属機器や作業には、①原材料や部品、そして完成品などを自動搬送するためのコンベアや搬送用ロボット、②目的とする作業に応じたハンドや溶接トーチなどのエンドエフェクタ（ロボットアームの先端に取り付けられる人が手作業で行っていた動作を担う機器）の取り付け、③プログラミングやロボットティーチングよる動作の確定、④センサーやカメラなどの外部機器との接続、および外部機器との通信ネットワーク構築、⑤パトライトや信号灯などの動作状態を外部から把握するための表示機能などの実装、⑥ロボットを含む生産システムの作業領域への人の侵入を防ぐ安全柵や防護柵の設置などがある[10]。

　そのため中小企業の場合、大企業のように自動化を進める際には様々な困難を伴わざるをえない。実際、IoT、ビッグデータ、AI（人工知能）、ロボットなどの新技術の活用に向けた課題について『2017年版　中小企業白書』によ

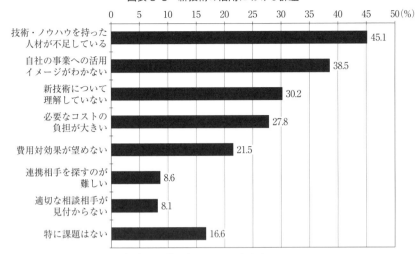

図表8-3 新技術の活用における課題

注1：複数回答のため、合計は必ずしも100％にはならない。
注2：新技術を活用していない企業について集計している。
資料：中小企業庁委託「中小企業の成長に向けた事業戦略等に関する調査」（2016年11月、（株）野村総合研究所）。
出典：中小企業庁『2017年版　中小企業白書』日経印刷、392頁（https://www.chusho.meti.go.jp/pamflet/hakusyo/H29/h29/excel/b2_3_42.xlsx、2024年8月4日所収）より作成。

ると（図表8-3参照）、「特に課題はない」とする中小企業は少なく、「技術・ノウハウを持った人材が不足している」とする企業が非常に多い。このことは経営資源に限りのある中小企業の場合、ロボットの導入に際して必要となるシステムインテグレータの機能を担う自社の組織である生産設備導入部門を大企業のように自らが保持するには至っていないことを物語っている。

また「必要なコストの負担が大きい」「費用対効果が望めない」といった課題を抱える中小企業も多い。つまり、自社独自にシステムインテグレーションできない中小企業では、システムインテグレータの機能を担う生産設備構築を専門にする事業者やロボットメーカーのシステムエンジニアリング部門などに外注せざるをえないのである。結果的に、投資金額が増え、その回収に見合った収益が見込めない中小企業の場合は、自動化に向けた投資に躊躇する、あるいは見送らざるをえない状況にあるといえる。

第3節　AI/IoT 化の可能性と限界

　匠の技を支える熟練した技術や技能の後継者の不足を工作機械や産業用ロボットの導入によって自動化する際、特に産業用ロボットの場合、それまで手作業で行っていた動作をロボットに記憶させなければならない。いわゆる、ロボットティーチングといわれる工程が必要不可欠となる。実は、このロボットティーチングを担うティーチングマンと呼ばれる技術者や熟練工が産業用ロボットの導入の際に必要不可欠となる。しかし、このティーチングマンが不足しているために、産業用ロボットを導入してもその成果を十分に引き出せない、あるいはティーチングマンの人件費が値上がりしているために、外注費用も高騰しているといった課題が生じている[11]。

　また、産業用ロボットのシステムインテグレータや関連技術者の数も圧倒的に不足しているといわれている。さらに、中小企業がロボットを導入しても、それをメンテナンスする人材がいないため、使われなくなってしまうケースもあり、ユーザー側のリテラシー向上も課題となっている[12]。

　こうした課題に対応して、産業用ロボットへの AI/IoT を活用した AI ティーチングに対する期待が高まっている。この AI ティーチングは、AI を活用してロボットに動作を教える先進的な方法だが、膨大なデータと計算リソースが必要となり、初期導入コストが高い。また AI の学習プロセスは時間もかかる。迅速なティーチングが求められる現場では導入が難しく、かつ AI の決定プロセスがブラックボックス化することもあり、その動作をロボットが完全に理解することも難しい場合もある。なお、ロボットティーチングには AI ティーチングのほかに、オンラインティーチング、オフラインティーチング、ダイレクトティーチングがある。オンラインティーチングは、ロボットとコントローラーをオンラインで接続し、実際にロボットを動かして、直感的かつリアルタイムでロボット各部の動作を記録する方法である。オフラインティーチングは、コンピュータ上で事前に作成したプログラムをロボットに読み込ませる方法である。最後にダイレクトティーチングは、ロ

ボットを手動で動かしながら、各動作を直接教える方法である[13]。

いずれにせよ、ティーチングマン、システムインテグレータ、メンテナンスなどの人材不足や高額な人件費の負担、中小企業側のリテラシー向上といった今日的な課題は残されたままであり、抜本的な解決には至っていないのである。

第4節　消費者と生産者の多様性維持に資する熟練の担い手

産業用ロボットによる自動化は、一朝一夕には進みそうにはない。オンラインティーチングとオフラインティーチングについては、ロボット各部の動作を記録させることのできる技術者が必要不可欠となる。またダイレクトティーチングの場合には、直接、ロボットに直接、動作を覚えさせる必要があることから、機械加工、溶接、組立などの作業工程を熟知し、自らがそれを体現できる熟練工の育成と確保ができて初めて自動化への実現を一歩前に進めることができる。

というのも、様々な産業用ロボットや付属機器をユーザーの目的と用途に応じて適宜組み合わせ、ロボットを生産財として価値あるものとするシステムインテグレーションそれ自体も、容易にできる作業ではないからである。実際、ロボット周辺機器の開発と製造、実動に向けたセッティングや調整といった工程は、結果的にオーダーメイドの専用機を作り上げる作業とならざるをえない。

また日本国内における多様化する消費者ニーズや消費行動と価値観、ライフスタイルの変化などに伴い、少品種大量生産より多品種少量生産や特注生産への対応が今後も企業側に求められることは確かである。

こうした状況下で、経済産業省のロボットによる社会変革推進会議は、ロボットの機能を自動化と自在化の2つに分けて説明している。つまり、自動化とは人間の代わりに、危険作業、繰り返し作業など人間がやりたくないことを行うこと、あるいは高い信頼性が求められる作業のことである。それに対して自在化とは、人間がやりたいことを支援する技術（人間の身体能力・知覚

などを拡張させる技術）のことで、マズローの欲求五段階説の上の方にあたるもの、自己実現、表現、コミュニケーション、社会的承認を満たすものである(14)。

　したがって、産業用ロボットによる自動化は、多品種少量生産や特注生産より少品種大量生産を行う複数の工程で成り立つ分業の各工程において、推進すべき技術なのである。一方、多品種少量生産や特注品生産を一人の熟練技術者や技能工が複数の工程を一人ないしはごく少数の人数で担う一貫生産においては、依然として熟練した技術や技能を有する熟練技術者や技能工の採用・育成が必要不可欠なのである（図表8-4参照）。

　実際、2016年に創業した新潟県燕市のM製作所(15)は、地域の伝統的な職人技を継承することと、それまでの大量生産のモノづくりから多品種少量、あるいは特注や工芸的な一品物の生産の実現を目指して創業した。この目的の実現のために同社では、鉄や非鉄金属の薄板を打ち抜く加工から、へら絞り、焼きなまし、研磨、鎚起の仕上げ加工に至るまでを一人の職人が一貫して生産を担っている。こうした取組を通じて、圧倒的な納期の短縮と顧客からの多種多様な要求への迅速な対応を可能としている。同社では伝統的な職人技を生かして、分業することで生じる大幅な取引コストの削減と工期の短縮を、同時に実現したのである。

　また創業期より若手社員の技能習得を推進し、創業8年を経た現在では一人で一貫生産可能な複数の職人の育成にも成功している。週休2日の採用や

図表8-4　自動化と生産体制との関係

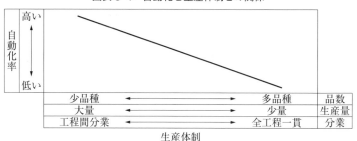

出典：筆者作成。

働きやすい職場環境を整備することと並行して、平日の水・木曜日を休日とした土日営業によるオープンファクトリー化、工場併設のショールームと直売場の開設を通じて、一般消費者のみならず法人向けの営業にも注力している。特に、オープンファクトリー化により、日常的に顧客と職人の接点が構築されたことで、社員のモチベーション向上と試作開発の円滑化も可能となった。

　従来からの大量生産のモノづくりの発想から脱却する新たな視点を持つことで、熟練技術者や技能工の採用・育成は今日でも実現することが可能となる。つまり、多様な消費者とユーザーへの要求は、自動化に向いている少品種大量生産の製品だけで満たすことはできない。逆に、自動化には適さない多品種少量生産や特注品生産の製品を求める消費者やユーザーからの要求にも応えていく生産者自体の多様性の維持と発展も必要不可欠なのである。

注

1 ）伝統的工芸品産業に従事する従業者数は、原岡知宏『地域サプライチェーンと小規模事業者の関係〜工芸業界の場合〜』日本工芸産地協会、2018 年、2 頁（https://www.chusho.meti.go.jp/koukai/shingikai/syoukibokihon/2018/download/181012syoukiboKihon04.pdf、2024 年 9 月 4 日所収）、および製造産業局伝統的工芸品産業室『経済産業省説明資料』経済産業省、2022 年、4 頁（https://www.bunka.go.jp/seisaku/bunkashingikai/bunkazai/kikaku/r03/09/pdf/93743201_06.pdf、2024 年 9 月 4 日所収）を参照。なお、総務省行政評価局『伝統工芸の地域資源としての活用に関する実態調査　結果報告書』(2022) によれば、伝統工芸品とは、一般的に古くから日常生活の用に供され、手工業により製造されるものを指すとされる。その数は約 1400 あるといわれ、織物、染色品、和紙、陶磁器、漆器、木工品・竹工品、金工品、人形・こけしなど多種多様な種類が存在する。こうした伝統工芸品を製造する業界は、しばしば地域の雇用を支える「地場産業」と称される。経済産業省は、伝統的工芸品産業の振興に関する法律（昭和 49 年法律第 57 号）に基づき、産業振興と地域経済の発展を目的として、2022 年 3 月時点で 237 品目を「伝統的工芸品」として指定している。

2 ）日本総合研究所『全国の産地〜平成 27 年度産地概況調査結果〜』経済産業省、2016 年、10〜11 頁参照（https://dl.ndl.go.jp/pid/11279674、2024 年 9 月 4 日所収）。

3 ）中小企業庁『2023 年版　中小企業白書』日経印刷、2023 年、Ⅰ-12 頁参照。

4 ）同上書、Ⅰ-16 頁参照。

5 ）D 社の事例については、明治大学政治経済学部森下正中小企業論研究室が 2013 年 11 月 13 日に実施した『新潟県燕三条地域における地域産業に関する調査報告』に基づく。

6 ）国際ロボット連盟『日本のロボット設置台数 9 ％増—国際ロボット連盟（IFR）レ

ポート』2023 年（https://ifr.org/downloads/press2018/JP-2023-SEP-26_IFR_press_release_on_Japan_-_japanese.pdf、2024 年 9 月 4 日所収）、および日本機械工業連合会『2023 年度　ロボット産業・技術振興に関する調査研究報告書』2024 年、5 頁（https://www.jmf.or.jp/jmf/wp-content/uploads/2024/04/23rbaw_h.pdf、2024 年 9 月 4 日所収）参照。

7 ）国際ロボット連盟『韓国、シンガポール、ドイツが世界のロボット競争をリード』2024 年（https://ifr.org/downloads/press2018/JP-2024-JAN-10-IFR-press_release_Robot_Density-Japanese.pdf、2024 年 9 月 4 日所収）参照。

8 ）See, IFR-International Federation of Robotics, *Welcome to the presentation of World Robotics 2024*, IFR-International Federation of Robotics, 2024, pp.31-32（https://ifr.org/img/worldrobotics/Press_Conference_2024.pdf, Collected on September 4, 2024).

9 ）小平紀生『産業用ロボット全史―自動化の発展から見る要素技術と生産システムの変遷―』日刊工業新聞社、2023 年、5 頁参照。

10）同上書、5～6 頁参照。

11）リンクウィズ『〈コラム〉ティーチングマンが足りない？ロボット導入後の落とし穴とは？』2020 年（https://linkwiz.co.jp/topics/column/teachingman_20200306/、2024 年 9 月 4 日所収）参照。

12）ロボットによる社会変革推進会議『第 4 回　ロボットによる社会変革推進会議　議事要旨』経済産業省、2019 年（https://www.meti.go.jp/shingikai/mono_info_service/robot_shakaihenkaku/pdf/005_03_00.pdf、2024 年 9 月 4 日所収）参照。

13）ものづくりコラム運営『ロボットティーチングとは？期待できる効果、主なティーチングの手法』テクノワ、2024 年（https://www.techs-s.com/media/show/197、2024 年 9 月 4 日所収）参照。

14）前掲書『第 4 回　ロボットによる社会変革推進会議　議事要旨』（https://www.meti.go.jp/shingikai/mono_info_service/robot_shakaihenkaku/pdf/005_03_00.pdf、2024 年 9 月 4 日所収）参照。

15）M 社の事例については、明治大学政治経済学部森下正中小企業論研究室が 2014 年 10 月 6 日に実施した『燕三条工場の祭典における現地企業調査』に基づく。

第 9 章

21世紀の新しい中小企業らしさを目指して

第1節　SDGsに基づく社会的責任の担い手としての中小企業

17の目標から構成されるSDGs（持続可能な開発目標）は（図表3-3参照）、企業を取り巻くステイクホルダー、いわゆる6つの利害関係集団（図表3-4参照）に加えて、地球環境（環境問題）と社会環境（社会問題）への対応を企業に求めるものである。

しかし、中小企業によるSDGsに対する認知は、決して高いとはいえず、「SDGsについてはよく分からない」とする中小企業の経営者が半数を超えている（図表9-1参照）。

とはいえ、実際に自社で行っているSDGsに関連する様々な取組について棚卸をしてみると、すでに多くの中小企業が何らかの取組を行っているのである。例えば、「節水」「ゴミの分別」「ムダな電気の消灯」などは、半数近くの企業がすでに実施しており、実施予定と検討中を含めると7割を超える。

図表9-1　中小企業によるSDGsの認知

(n = 297)

内容項目	割合
SDGsという言葉を聞いたこと、あるいはロゴを見たことがある	23.6 %
持続可能な開発を目指すうえでSDGsが経済、社会、環境の統合を重視	21.5 %
SDGsが17の目標、169のターゲットから成ることを知っている	16.2 %
2030年までに達成すべき目標であるということを知っている	11.8 %
SDGsについてはよく分からない	55.6 %

資料：明治大学政治経済学部森下正中小企業論研究室『中小企業の持続的発展と危機管理に関する調査』2019年11月25日～12月20日実施より作成。

197

図表 9-2　中小企業による自社における SDGs 関連の取組状況

取組内容	すでに実施（％）	実施予定（％）	検討中（％）	未実施（％）	目標番号
「節水」「ゴミの分別」「ムダな電気の消灯」等の実施	48.7	9.1	16.5	25.7	7, 12, 13
生産・輸送・販売時の事故・不良・欠品の防止	39.1	9.4	20.6	30.9	8, 12
社員の給料の見直し・向上	38.3	13.6	25.5	22.6	1, 3, 8
福利厚生の見直し・向上	33.0	10.7	33.0	23.2	1, 3, 8
地域イベントへの従業員の参加や協賛・寄付	28.4	5.2	21.1	45.3	11
社員研修・教育を通じて従業員の能力向上支援	27.9	13.3	28.3	30.5	4
発電・蓄電・省エネ機器、設備・車両等の導入	24.3	7.4	23.0	45.2	7, 11, 12, 13
障害者雇用の実施	20.6	4.3	20.2	54.9	3, 10
女性・外国人の管理職への登用	20.0	7.4	23.0	49.6	5, 8, 10
環境負荷の少ない原材料・製品の利用	19.3	6.6	28.1	46.1	7, 11, 13
産学官（金）の連携組織の構築	6.2	4.4	21.6	67.8	2, 8, 9, 11
組合等連携組織を通じた新製品・新技術の開発	3.1	1.3	21.4	74.2	9, 17

資料：図表 9-1 と同じ。

また「生産・輸送・販売時の事故・不良・欠品の防止」「社員の給料の見直し・向上」「福利厚生の見直し・向上」も、すでに 3 割を超える企業で実施されており、実施予定と検討中を含めると 7 割前後の企業に達する。また、「産学官（金）の連携組織の構築」と「組合等連携組織を通じた新製品・新技術の開発」を除くその他の取組についても、すでに実施に、実施予定と検討中を含めると半数以上の企業が取組を開始する見込みである（図表 9-2 参照）。

以上のように、中小企業は今後も持続的に発展するために、SDGs に基づく社会的責任の担い手としての機能と役割を果たしていくことが期待されるのである。

第 2 節　グローバル化への対応力強化

中小企業が新規で販売や生産の拠点を海外に求める場合のみならず、来日する外国人観光客へ対応、いわゆるインバウンド需要への対応も求められる時代となった。しかし、1 社単独では大企業と比較して「ヒト・モノ・カネ・

情報」の経営資源に限りがあるため、中小企業はその対応が困難な状況に陥る可能性がある。すでに、国内のみで事業展開している中小企業にとっても、為替相場や原燃料価格の変動に対するリスクがある。さらに、国外で事業展開している中小企業は、現地国の法規制の改正や政変などに加え、様々な地球環境の悪化に伴い発生する災害に遭遇するリスクがある。こうした中、中小企業によるグローバル化への対応力の強化は必要不可欠なのである。

　まず、中小企業の海外展開の実態について、中小企業基盤整備機構広報・情報戦略統括室総合情報戦略課『中小企業の海外展開に関する調査（2024年）』によれば、中小企業の13.3％が海外展開を行っており、その中で「海外へ直接輸出している」が44.4％で最も多く、以下順に「海外への直接投資を行っている」が39.8％、「海外企業へ生産・販売を委託している」が38.3％であった。また、海外展開を実現できた要因として、「信頼できる現地パートナーの開拓」が54.9％で最も多く、以下順に「製品等の現地市場ニーズへの適合」が33.8％、「顧客の開拓」が33.1％、「既存の取引先からの要請」が31.6％であった[1]。

　海外展開を実現できた要因を鑑みると、グローバル化への対応力として、まずは信頼できる現地パートナーを開拓するために、現地パートナーとのマッチング機会の創出力が必要不可欠となる。具体的には、進出予定国で開催される商談会や展示会への出展、進出予定国の言語で作成した紹介冊子の配布やプロモーション動画の配信などである。こうした取組は、これまでも多くの中小企業が単独、あるいは事業協同組合など連携組織を通じて挑戦してきた。

　また、現地パートナーとのマッチング機会を活用して、来訪者を対象に自社製品やサービスに対する評価を得るためのアンケート調査やテスト販売を行い、現地市場ニーズに製品やサービスを適合させていくことが通例である。つまり、自社の製品やサービスを現地市場ニーズに適合させるためには、潜在顧客となりうる来訪者への直接的なアプローチとフィードバックを何度も繰り返すことで実現可能となる。

　しかし、その後、海外展開の事業を円滑に進めていくためには、企業とし

ての組織体制整備が必要となろう。具体的な組織体制整備に求められること
は、輸出入、現地販売・生産、人事労務および会計などの管理を行う人的な
体制を整備することである。ここに至ってようやくグローバル化への対応力
が整えられる。

　次に、インバウンド需要への対応は、中小企業庁『2024年版　中小企業白
書』によれば、宿泊業、飲食サービス業、小売業、運輸業などを中心に、す
でに現場での接客業務の経験を積み重ねてきた。ちなみに、日本に訪日外国
人観光客をターゲットとした事業を展開している宿泊業の場合、多くの中小
企業がWEBサイトの多言語化、決済方法の多様化、施設内の外国語対応、
外国語対応人材の配置などの取組を行っている。また、飲食サービス業では、
メニューの外国語対応、決済方法の多様化（電子マネーやクレジットカードなど）
を行っている中小企業が多い[2]。

　また、インバウンドへの対応としては、外国人観光客向けに多言語による
宣伝・広報、接客などの体制整備のみならず、働く人の誰もが日常業務にお
いて安心して外国人観光客を受け入れることのできる体制整備も欠かせない。
とりわけ、訪日外国人観光客を受け入れていない事業者の多くは、人手や人
材不足のためにインバウンドを受け入れる余裕がない。あるいは、外国語対
応スタッフの雇用ができない、多言語インフラの整備が不十分といった課題
を抱えている[3]。

　こうした課題に対して、東京都個人タクシー協同組合では、組合員の誰も
が活用できる共同事業を展開している。実際、同組合には、TOEIC600点程
度の英語スキルを持つ組合員も数名いるが、組合員のすべてが訪日外国人観
光客に対応できるわけではない。そのため、外国語電話通訳会社と業務提携
し、携帯電話番号を登録している組合員全員が利用できる電話同時通訳の
サービス体制を確立した。現在、365日24時間、全21言語に対応している[4]。

　経営資源が不足する中小企業の場合、自社および自組合だけでは解決でき
ない課題については、他社との連携や業務提携を通じて、解決することが可
能なのである。

　最後に、その他のグローバル化への対応力で強化すべき重要な点としては、

為替相場の変動、海外他社による模倣、そして海外他社からの訴訟などに対するリスクがある。

まず、為替相場の変動に対しては、輸出入の契約時に為替変動に伴う損失を回避するために先物為替取引を活用することで、事前に受取代金や売買価格を決めておくことが望ましい。次に、海外他社による模倣に対しては、模倣防止策として自社製品それ自体と製造技術や設計図面、ネーミングなどを特許や商標、意匠登録などの知的財産の権利化を図っておく必要があろう。さらに、海外他社からの訴訟リスクに対しては、特に他社の知的財産権を故意に侵害しないための事前調査と他社知財侵害調査意見書（FTO）の準備が求められる[5]。

しかし、大企業と比較して経営資源に限りがあり、特に専門人材が不足する中小企業の場合、1社単独でグローバルへの対応力を強化することは難しい。そこで、輸出入や海外拠点の進出を進める際は、中小企業にとって身近な支援機関である商工会議所や商工会、あるいは海外展開支援の専門機関であるジェトロ（日本貿易振興機構）を活用することが求められる。また知的財産権に関わる支援については、工業所有権情報・研修館（INPIT）の海外展開知財支援窓口や産業財産権相談窓口などを活用することで、不足する経営資源を補うことが可能となり、グローバル化への対応力を強化することができよう。

第3節　地球環境問題への対策と環境重視経営は必須

地球環境問題の悪化に伴い発生するリスクは、「極端な異常気象」や「大規模自然災害」といった形で生じる。そのため、日本の国内外で中小企業が事業の維持、存続に支障をきたすほどの大規模災害の被害に遭遇するケースがみられるようになった。

例えば、2011年にタイのチャオプラヤ河の氾濫で発生した大規模洪水により、7つの工業団地に立地する全725社の日系企業のうち約447社が被害に遭った。工場建屋自体が浸水し、被害に遭った工場の多くが操業停止に陥っ

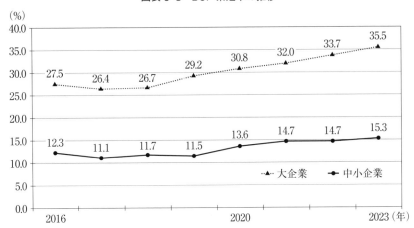

図表 9-3　BCP 策定率の推移

出典：中小企業庁『2024年版　中小企業白書』日経印刷、2024年、I-148頁（https://www.chusho.meti.go.jp/pamflet/hakusyo/2024/chusho/excel/b1_3_42.xlsx、2024年10月11日所収）より作成。

た。また長期にわたってサプライチェーンが寸断されたことから、日本国内のみならず他国に展開している工場でも減産を余儀なくされた[6]。

　必然的に地球環境問題への対策は、万一の大規模災害に備えた事前準備と計画の策定が必要となる。したがって、自然災害をはじめとする大規模災害に備えた危機管理として、事業継続計画（BCP）の策定は必要不可欠なのである。

　しかし、中小企業庁『2024年版　中小企業白書』によれば、中小企業によるBCPの策定状況は、大企業と比べて大幅に遅れたままである（図表9-3参照）。中小企業庁も2006年2月に「中小企業BCP策定運用指針」を公開し、中小企業自らがBCPを策定し、運用できるノウハウの提供に努めているが、近年、大企業との格差は拡大する傾向にある[7]。

　なお、中小企業が事業中断のリスクに備えて実施、あるいは検討中の内容について、中小企業庁『2024年版　中小企業白書』によれば、半数以上の企業が「従業員の安否確認手段の整備」「情報システムのバックアップ」に取り組んでいる。また「緊急時の指揮・命令系統の構築」「災害保険への加入」

図表 9-4　組合等加入による BCP・環境関連事業の状況

共同事業	加入目的	成果あり	今後期待
事業継続計画（BCP）の策定	5.0 %	14.0 %	41.6 %
業務遂行上の環境負荷低減	4.1 %	8.1 %	44.8 %
環境保全・再生活動	5.8 %	11.3 %	43.3 %

出典：明治大学政治経済学部森下正中小企業論研究室『中小企業の経営実態に関する調査』2023 年 11 月 15 日～12 月 25 日実施より作成。

や「事業所の安全性確保 (建物の耐震補強、設備の転倒・落下対策など)」も 3 割を超える企業によって取り組まれている。いずれも 1 社単独で実施できる取組であり、「生産・物流拠点の分散」や「代替生産先・仕入先・業務委託先・販売場所の確保」など、1 社単独での実施が困難な取組は 2 割弱に留まった[8]。

　こうした 1 社単独で実施することが困難な取組である「BCP の策定」について、組合等連携組織へ加入している場合も、現在、すでに成果を上げている中小企業は、前述した『2024 年版　中小企業白書』の報告とほぼ同様の状況である。しかし、今後については、4 割を超える企業が組合等の共同事業を通じ「BCP の策定」を推進することに期待を寄せている (図表 9-4 参照)。

　また、地球環境問題への対策としての「環境保全・再生活動」、および環境重視経営に資する「業務遂行上の環境負荷低減」に関する共同事業についても、「BCP の策定」と同様に、今後の期待が大幅に高くなる傾向がある。このことから、中小企業は地球環境問題へ対策と環境重視経営を推進していくにあたっては、事業協同組合など組合等連携組織への加入を通じて、複数の中小企業による共同事業として取り組むことが望ましい。

　そこで、ISO14001 をはじめとする環境関連マネジメントシステムの認証規格の活用が中小企業にも求められる。特に、環境重視経営を中小企業でも展開していくために環境省は、1996 年に幅広い事業者が取り組むことができる「環境活動評価プログラム」を策定した。そして、2004 年に環境経営を支援し、企業価値を向上させる仕組みとして「エコアクション 21　2004 年版」へ発展させ、認証・登録事業が開始された。その後、大企業は環境経営を発展させ、より戦略的な環境への取組を加速させていると同時に、環境面の法

図表 9-5　年度別認証・登録事業者数の推移（累計）

（件）

8,000 / 7,000 / 6,000 / 5,000 / 4,000 / 3,000 / 2,000 / 1,000 / 0

155　728　1,431　2,215　3,256　4,382　6,127　6,971　7,308　7,516　7,554　7,690　7,791　7,946　7,945　7,760　7,543　7,443　7,445　7,521　7,558

2004 2005　2010　2015　2020　2024（年度）

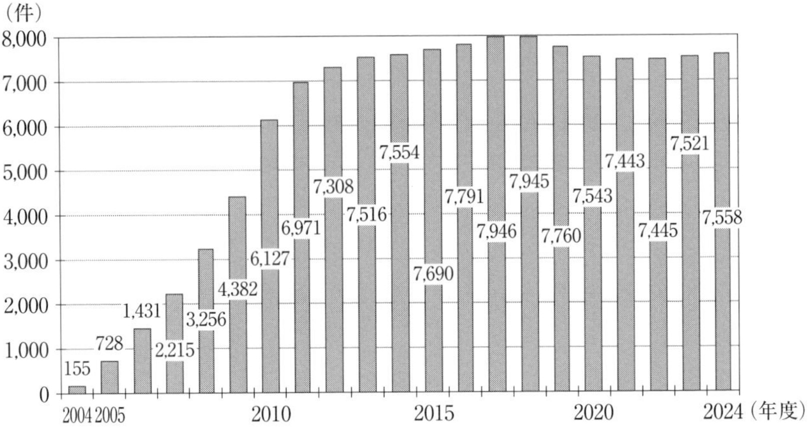

出典：エコアクション21中央事務局『エコアクション21認証・登録制度の実施状況（2024年10月末現在）』（https://ea21.jp/files/ninsho_search/ninsho.pdf、2024年10月31日所収）より作成。

令遵守や環境コミュニケーションといった取組も進化させている。このような状況の中で中小企業も、経営の中に環境への取組を位置付け、自らの事業を発展させるツールとするために「エコアクション21　2017年版」が新たに策定された[9]。

　ちなみに2004年の認証・登録事業開始以来の年度別認証・登録事業者数の推移（累計）をみていくと（図表9-5参照）、初年度の155件から一貫して増え続け、2017年度にはピークに達した。しかし、それ以降は、一進一退を続けているが、今後も中小企業による認証・登録事業者が増え、環境重視経営が実践されていくことが期待される。

第4節　地域の文化と伝統に基づく経営の実践

　経済活動のグローバル化は、単純に競争激化することによる事業リスクの台頭だけではない。逆に、各国あるいは地域ごとに特色ある産業が発展するチャンスも与えてくれる。こうした産業は、各地域が持つ固有資源や産業風

土の活用を基盤として成り立つのである。しかも、単なる価格競争に巻き込まれることなく、地域固有の産業として、性能、品質、納期、標準化規格などの非価格競争力を有することで国際競争力を確保することにもつながる可能性が高い。

　まず地域固有の資源の活用については、中小企業支援政策として、今日でも重要視されている。ちなみに、国の中小企業支援政策として、2007年6月に施行された中小企業地域資源活用促進法は、中小企業成長促進法の施行に伴い、2020年10月に廃止された。しかし、長年にわたって自社が存立する地域にしかない固有技術や技能、農林水産資源、観光資源などの地域資源を活用し、個別企業、あるいは複数の企業群が有する経営資源と有機的に結び付けた連携事業を通じて、新しい地域産業おこしにつなげていくことが期待されてきた。なお同法は、2017年7月に施行された地域未来投資促進法に引き継がれている[10]。

　一方、地域の産業風土は、新規開業や新分野への進出、あるいは経営革新や技術革新を目指す企業が特定地域において影響を受ける、①経済・社会的環境、②法的・政治的環境、③技術的環境、④歴史的・文化的環境、⑤自然的環境などの諸要因を包括するものである[11]。

　言い換えると、地域の産業風土は企業の存立形態、企業間取引形態、企業間分業体制、金融システム、公的規制などを規定しているために、国や地域ごとに企業の誕生・成長・発展過程、あるいは産業の集積過程が異なるものといえる。

　実際、中小企業経営に関わる実証的な実態調査・研究を進めていくと、地域固有の経営指向が存在することに気づかされる。

　例えば、愛知県名古屋地域の中小製造業は、規模の大小に限らず無借金の堅実経営の企業が多い。と同時に、蓄積された内部留保に基づく設備投資、研究開発投資なども旺盛である。あるいは、大阪府東大阪地域の中小製造業は、下請受注企業の割合が少なく、逆に自社製品を持とうとする指向が強く、自社オリジナル製品やトップシェア製品を有する企業の割合が高いことなどがあげられる[12]。

一方、イギリスのケンブリッジに集積するハイテク企業の多くが、会社の所有と事業の永続性よりも、むしろ成功した技術を売り物にして、既存の大企業や資本家による企業買収を望む。さらに、アメリカのシリコンバレーでは、ベンチャー・ビジネスの経営者だけではなく、その従業員である技術者同士の個人的なつながりが強く、企業の枠を越えた新技術・新製品の開発が日常化していることなどがある[13]。

　したがって、中小企業は国内外の先進的な他社や他地域での成功パターンを安易に部分的、かつ形式的に模倣、あるいは導入するのではなく、自社を取り巻く地域の固有資源や産業風土を今一度再確認する、あるいは再発見することで、地域の文化と伝統に基づく経営を目指す必要があろう。

第5節　基本的マネジメント力としての地域・従業員・顧客重視

　企業規模にかかわらず現代社会において、好業績、かつ良好な経営体質を有する企業に共通する基本的マネジメント力の源泉となる経営指向と姿勢として、「地域社会貢献指向」「従業員と顧客重視の経営姿勢」がある。しかも、こうした経営志向と姿勢を養う前提として「自主・自発的な従業員の能力」を開発する必要がある。もちろん、経営者自身の能力開発や思考習慣の転換も、必要不可欠である。

　実際、中小企業の多くが「自主・自発的な従業員の能力」を開発するために、誰しもが社員の教育と研修の必要性があることを認識している。しかし、経営資源に限りのある中小企業は、大企業のように従業員の採用から教育・研修を担う専門部署が整備され、そこが中心となって、教育・研修を実施していくことは難しい。そのため、経営者自らが、あるいは総務や経理、生産や販売などを担う担当者が兼務する形で実行せざるをえない。また、日常業務に追われ、教育と研修に時間をかける余裕のない中小企業も多い。

　こうした厳しい状況にある中小企業であっても、自社独自にできる従業員の能力開発に加え、中小企業組合を通じて複数の企業による共同事業として実施できることはいくらでもある。

例えば、自社独自にできることとしては、朝礼の活用、オンライン教材の活用、日常業務を通じた改善活動などがある。

　まず朝礼の活用は、スキル面のためというよりも、働くことへの意義や地域貢献、顧客重視の考え方など、マインド面での教育と研修となる。一部の企業では、倫理法人会の月刊誌『職場の教養』やPHP研究所の月刊誌『PHP』などを教材として活用し、経営者を含む全従業員が資質の向上を目指す取組を長年にわたって実施し、成果を上げている。

　専門部署がなく、しかも日常業務に追われている中小企業であればこそ、朝礼を単なる業務の報告と連絡の場に終わらせず、教育と研修の場として生かすことで活路を見出すことにつながるのである。

　次に、オンライン教材の活用は、インターネットの普及により、スマートフォンやタブレット端末があれば、誰もがいつでもどこでも学習することが可能となった。

　例えば、T工業組合は、2022年度の東京都中小企業団体中央会委託事業の中小企業新戦略支援事業（団体向け）に係る特別支援「デジタル技術活用による業界活性化プロジェクト」を活用して中小印刷業の活性化プロジェクトを実施した。デジタル化による印刷需要が減少する中、従業員の雇用の維持・継続のためには、新たな知識や技術の習得が必要不可欠である。しかし、小規模事業者が多数を占める印刷業界では、リスキリングを実践する人材が不在であると同時に、学習するための教材も保有していない。そこで、同組合は、組合および組合員の希望と業界の必要性にマッチしたeラーニングを提供できる企業と共同して、組合員向けにeラーニングを提供する事業をスタートさせた。現在、この事業は47都道府県にある印刷工業組合からなる連合会の事業として引き継がれている[14]。

　そして最後に、日常業務を通じた改善活動は、改善提案制度を基本とし、現場の従業員の自主的な活動として展開されてきた。具体的には、「QC（品質管理）サークルなどによる小集団活動」とQCを設計・販売・経理などの間接部門も含めて全社一丸となって行う「TQM（全社的品質マネジメント）」といった手法がある。また、整理・整頓・清掃・清潔・躾のいわゆる5S活動

や 6Σ 運動、あるいは国際標準化機構による ISO9001（品質マネジメントシステム）などの各種手法もある。

したがって、中小企業は、経験と勘に頼ることなく、こうした各種手法を活用することで、従業員自らが日常業務の改善を進めていくことが今後も必要不可欠である。この改善活動を通じて、コストダウンや売上増加といった物質的、金銭的な効果が直ちに現れてくるものではない。しかし、改善活動を継続することで、生産性や品質の向上を果たしながら、従業員の自主・自発的な能力の成長につながっていくのである。

注

1）中小企業基盤整備機構広報・情報戦略統括室総合情報戦略課『中小企業の海外展開に関する調査（2024 年）　アンケート調査報告書　令和 6 年 3 月』2024 年、2、5、6 頁（https://www.smrj.go.jp/research_case/questionnaire/fbrion0000002pjw-att/kaigaitenkai_202403_2_report_C1.pdf、2024 年 9 月 24 日所収）参照。

2）中小企業庁『2024 年版　中小企業白書』日経印刷、2024 年、Ⅱ-213 およびⅡ-215 頁。

3）日本旅行業協会『インバウンド旅行客受入拡大に向けた意識調査　第 3 回アンケート分析結果報告』2024 年、7 頁（https://www.jata-net.or.jp/wp/wp-content/uploads/administrator/2409_3rd_inbopinipaper.pdf、2024 年 10 月 1 日所収）参照。

4）東京都個人タクシー協同組合『マルチリンガルサポートタクシー』（https://www.toukokyo.or.jp/service/multilingual.html、2024 年 9 月 4 日所収）参照。

5）為替相場の変動に対する先物為替取引の活用については国際通貨研究所『直物為替取引・先物為替取引』（https://www.iima.or.jp/abc/sa/2.html、2024 年 9 月 24 日所収）を、他社知財侵害調査意見書（FTO）については Dickinson Wright『他社知財侵害調査意見書（FTO 意見書）とは何か。なぜ重要か？』（https://www.dickinson-wright.com/news-alerts/je-freedom-to-operate-opinions、2024 年 10 月 1 日所収）に詳述されている。

6）国土交通省『タイの洪水について』2011 年（https://www.mlit.go.jp/river/shinngikai_blog/shaseishin/kasenbunkakai/shouiinkai/r-jigyouhyouka/dai02kai/dai02kai_siryou7.pdf、2024 年 10 月 1 日所収）参照。

7）中小企業庁は『中小企業 BCP 策定運用指針』2012 年（https://www.chusho.meti.go.jp/bcp/index.html）にて、詳細な情報の提供を行っている。

8）前掲書『2024 年版　中小企業白書』Ⅰ-149 頁。

9）環境省『エコアクション 21 ガイドライン　2017 年版』2017 年、1～2 頁（http://www.env.go.jp/policy/j-hiroba/ea21/guideline2017.pdf、2017 年 9 月 9 日所収）参照。

10）中小企業地域資源活用促進法については経済産業省関東経済産業局『地域産業資源活用事業』2024 年（https://www.kanto.meti.go.jp/seisaku/chikishigen/index.html、

2024年10月14日所収)、地域未来投資促進法については経済産業省『地域未来投資促進法』2024年（https://www.meti.go.jp/policy/sme_chiiki/chiikimiraitoushi.html、2024年10月14日所収）に詳述されている。

11）百瀬恵夫「地域産業の風土性とコミュニティ」、百瀬恵夫・木谷一松編著『地域産業とコミュニティ』白桃書房、1986年、2〜3頁。

12）愛知県名古屋地域の企業については、明治大学地域産業人材開発研究センター『2003年度　名古屋地域ヒアリング調査業種別報告書』2003年、および大阪府東大阪地域の企業については、明治大学地域産業人材開発研究センター『2003年度　京滋阪地域ヒアリング調査業種別報告書』2003年に基づく。

13）イギリスのケンブリッジについては、森下正「地域社会と中小企業の共存・共栄」、社会環境フォーラム21『社会環境論究—人・社会・自然—』創刊号、2009年、3〜4頁、およびアメリカのシリコンバレーについては、森下正「ベイエリアの挑戦する中小企業—in San Francisco Bay Area—」、全国地方銀行協会『地銀協月報』11月号、全国地方銀行協会、2002年、17〜18頁、およびMichael J. C. Martin, *Managing Innovation and Entrepreneurship in Technology-Based Firms*, John Wiley & Sons, 1994, pp.289-292.

14）東京都印刷工業組合『中小印刷会社向けeラーニングを活用したリスキリングによる業界活性化プロジェクト事業実施報告書』東京都印刷工業組合、2023年、13頁参照。

おわりに：謝辞

本書『持続可能社会を築く中小企業経営―環境・歴史・文化・地域との共生を目指して―』の執筆計画は、2019 年から始まった。しかし、コロナ禍のため、実際に資料収集、調査研究が軌道に乗ったのは、2022 年の初夏であった。

その後、今日に至るわけだが、通常の中小企業論にはない、今日的な中小企業を取り巻く経営課題を設定し、かつ日本経済における中小企業の根源的な役割とあり方を追究した。また、中小企業の持続的発展に資する経営手法を老舗に学び、競争優位の獲得に必要な事業創造と生産・物流・流通構造の改革にも触れた。さらに、地域経済に根付く中小企業であっても、グローバル化の潮流にいかにして適応していくのか、あるいは AI/IoT、ならびに DX などの最新技術を生かしつつ、新たな熟練技術も必要不可欠となるなど、かなり挑戦的な内容を目指した。

中小企業論を学ぶ大学生に読まれることのみならず、中小企業経営や中小企業支援に携わる人々にも対応するために、できる限り具体的な考え方や手法をふんだんに記述した。その一方で、一般的な学説とは乖離した内容も多々あることは、今後の研究課題としておきたい。

最後に、八千代出版株式会社代表取締役森口恵美子さまにおかれましては、私たちの執筆が思うように進まないために、多大なご迷惑をおかけしたことを深くお詫び申しげるとともに、本書の出版に向けて根気よく、私たちを見守り続けていただいたことに、深く御礼申し上げる次第である。

2024 年 12 月吉日

明治大学政治経済学部　専任教授　**森下　正**

索　引

ア　行

ISO9001	208
ISO14001	64
IoT	62
アントレプレナーシップ	134
一貫生産	194
一極集中	5
イノベーション	115-6
インバウンド需要への対応	198, 200
AI	62, 130
SDGs	65, 197
オープンファクトリー化	195

カ　行

海外展開	199
開業率	88
外国人労働力	3
改善提案制度	207
階層別の研修体系	100
価格競争	61
家訓・社是・社訓	90
価値観の変化	22, 64
環境関連マネジメントシステム	203
環境変化適応力	101
完全週休2日制	21, 28
企業間ネットワーク	72
企業城下町	7, 164
企業の社会的責任	67, 128
既存産業	113
技能実習生	15

基本的マネジメント力の源泉	206
吸引力	6, 69
QC	207
QCDF	149
競争戦略	112
競争優位	96, 102
競争優位性	137
共同事業	78
協働ロボット	190
グローバル市場	59
グローバルリスク	23
経営環境変化	101
経営の安定化	81
経営理念	77
経済的弱者	33
経済的地位の向上	78
経済道徳	77
傾斜生産方式	33
原材料の枯渇と新素材の登場	8
後継者の選出	94
後継者問題	93
高速交通網の整備	63
公的医療制度	17
公的年金制度	16
高度経済成長	36
5S	140
コーポレート・ベンチャー・キャピタル	123
顧客志向の組織	104
コスト競争力の向上	79
コミュニティ・ビジネス	70

212

コモディティ化	61	──の経営者	93
コンプライアンス違反	89	──の出現率	21

サ 行

サービスロボット	189	老舗大国の日本	87
サイクルビュー	154	地場産業	34
在留外国人	9	社会課題	132
在留資格	10, 12, 15	社会環境	197
サプライチェーン	153	社会環境問題	25, 63
産業集積	32, 43	社会経済的事業	71
産業の空洞化	60	社会経済的問題	70
産業用ロボット	189	社会的企業	52, 125
三方よし	91	社会的責任	125
CSR	67, 128	社会保障制度の課題	16
CVC	120	社会問題	132, 197
JIT	148	社内ベンチャー	119
事業型	52	社風・社員像	99
事業協同組合	106	集積の経済	6
事業継続計画（BCP）	64	集積の縮小	60
──の策定	202-3	集積のメリット	185
事業再構築	114	循環型社会	151
事業承継	94	循環経済	153
事業創造	110	少子高齢化	1
思考習慣の転換	206	情報化への対応	187
仕事のやりがい	22	静脈物流	150
自在化	193	省力化・合理化	187
市場の拡大	59	職業倫理の崩壊	8
市場の変化	7	諸国産物廻し	91
システムインテグレーション	190	シリコンバレー	72
持続可能社会	50	新規事業	111
下請取引構造	37	新規市場	111
6Σ	145	人口減少	1
自動化	186, 193	人材育成（研修）の取組	75, 99
老舗	87	人材採用の方針	73
老舗企業	31, 87	人材採用の方法	74
		人材の能力開発	79
		人材不足	2, 58

索　引　**213**

新事業創造	118, 121	地域の産業風土	205
信用・信頼のネットワーク	106	地球環境（環境問題）	197
信用力	103	地球環境の悪化	23
ステイクホルダー	67	地球環境問題	63
——との関係性	105	知的財産の権利化	201
スピンアウト	122	中小企業	31
スピンオフ	122	——の機能	78
スピンオフ・ベンチャー	122	中小企業基本法	34
生活基盤産業	60	中小企業組合	54, 69
生業型	52	中小企業憲章	41
生産・技術・流通の変化	7	中小企業政策	51
生産年齢人口	1	中小企業地域資源活用促進法	205
成長目標	96	賃金格差	20
選択と集中	80	都度採用	99
先端テクノロジー	129	DX	25, 62
増分効用	61	TQM	144
ソーシャル・ビジネス	126	TQC	142-3
Society5.0	67, 129	TPS（リーン生産）	138, 146
組織体制整備	200	デジタル化	26, 186
組織力	104	電子マネー	26

タ 行

大企業志向	20	伝統的工芸品産業	185
		東京一極集中	50, 161, 163
第三者評価	97	倒産確率	21
第4の経営資源	62	道徳観	90
多角化（分社化）	80	動脈物流	150
卓越性	105	特定活動	12
匠の技	188	特定地域づくり事業協同組合制度	71
多言語インフラの整備	200	都市機能	5
多品種少量生産	193	——の空洞化	5
地域機能	169, 172	取引構造	53
地域経済	42, 165

ナ 行

地域固有の資源の活用	205	内製化	82
地域産業	40, 167	二重構造	33-4
地域中小企業	174	2017年問題	185

日本的生産管理システム	137
任意団体	55
ネット社会	62
年間休日総数	28
農商工連携	129
能力開発	206

ハ 行

廃業率	88
パラダイム	57
パラダイム転換	57
半完結製品	190
BOP ビジネス	127
非価格競争力	205
ヒューマンネットワーク	72
4P	149
福祉国家	51
プッシュ／プルビュー	154
物的・社会的インフラ	6
不法残留者	15
分業体制	37
報徳思想	92

マ 行

マーケティング活動	104
持下り商い	91

ヤ 行

有効求人倍率	2

ラ 行

リーマンショック	39
リスク・ヘッジ	59
流通革命	35
流通体制（サプライチェーン）の変化	9
倫理観	91
労働時間の短縮	18
労働力不足	8
ロボットティーチング	192
ロボット密度	189

ワ 行

「和」の精神	90

・執筆者紹介

森下　正（もりした　ただし）　　　第1章・第3章・第4章・第8章・第9章
明治大学政治経済学部　専任教授
明治大学大学院政治経済学研究科経済学専攻博士後期課程修了　博士（経済学）
主要著書論文
『空洞化する都市型製造業集積の未来―革新的中小企業経営に学ぶ―』同友館、
2008年
「M&Aによる中小企業の事業承継の可能性に関する研究」、『政経論叢』第91巻
5・6号、明治大学政治経済研究所、2023年
「中小企業の持続的発展に資する組合事業の在り方と実践―拡大する社会的責任によるSDGsの実現―」、『商工金融』第70巻4号、商工総合研究所、2020年

竜　浩一（りゅう　こういち）　　　第2章・第5章・第6章・第7章
阪南大学経営学部　専任准教授
明治大学大学院政治経済学研究科経済学専攻博士後期課程修了　博士（経済学）
主要論文
「中小企業における人材活用を通じた社会的責任達成の重要性」、『阪南論集』第
56巻2号、阪南大学学会、2021年
「中小企業の社会貢献活動による持続的経営への方法論」、『社会環境論究』第11
号、社会環境フォーラム21、2019年

> ### 持続可能社会を築く中小企業経営
> ―環境・歴史・文化・地域との共生を目指して―

2025年3月31日　第1版1刷発行

著　者―森下　正・竜　浩一
発行者―森口恵美子
印刷所―美研プリンティング（株）
製本所―（株）グリーン
発行所―八千代出版株式会社

〒101
-0061 東京都千代田区神田三崎町2-2-13

TEL　03-3262-0420
FAX　03-3237-0723

＊定価はカバーに表示してあります。
＊落丁・乱丁本はお取替えいたします。

© 2025 Tadashi Morishita, Koichi Ryu　ISBN978-4-8429-1891-4